国家十二五规划重点图书
贵州省出版发展专项资金资助

"世界意义的
中国发明"丛书
王渝生 主编

国家十二五规划重点图书

CHINA'S GLORIOUS
BRONZE AGE

中国光辉的青铜时代

覃国宁 著

贵州出版集团
Guizhou Publishing Group
贵州民族出版社

图书在版编目（CIP）数据

中国光辉的青铜时代 / 覃国宁著. -- 贵阳 : 贵州民族出版社, 2014.7（2020.7 重印）
（世界意义的中国发明）
ISBN 978-7-5412-2124-8

Ⅰ. ①中… Ⅱ. ①覃… Ⅲ. ①青铜时代文化—介绍—中国 Ⅳ. ①K871.3

中国版本图书馆 CIP 数据核字（2014）第 068136 号

中国光辉的青铜时代

著　　者：覃国宁
出版发行：贵州民族出版社
社址邮编：贵阳市观山湖区会展东路贵州出版集团大楼　550081
电　　话：0851-86826871
传　　真：0851-86826871
印　　刷：山东龙岳文化传媒有限公司
开　　本：787mm×1092mm　1/16
字　　数：280 千
印　　张：19
版　　次：2014 年 7 月第 1 版
印　　次：2020 年 7 月第 2 次印刷
书　　号：ISBN 978-7-5412-2124-8
定　　价：128.00 元

序 言

王渝生 ※

提起近现代科学技术三四百年来的发展，欧美处于世界领先地位似乎已成为不争的事实。但是在一千多年前，美洲还是未经开发的地区，欧洲则处于黑暗的中世纪时期。而此时东方的中国、印度和阿拉伯地区，则经历了科学技术大发展的全盛阶段。

中国是世界四大文明古国（古巴比伦、古埃及、古印度和古代中国）之一。古老的中华农业科技文明可以追溯到至少六七千年以前。四五千年以前的科学知识萌芽和农、牧、手工业以及青铜冶铸等技术都有了长足的进步。可以说，在四五千年甚至六七千年以前，世界文明四分天下的话，中国有其一。

两三千年以前，中国逐渐形成了农学、医药学、天文学和数学等独特的科学体系，在地学、生物学以及制陶、矿冶、纺织、建筑等技术领域也取得了辉煌的成就。此时在欧洲地中海沿岸，崛起了一个新兴的奴隶联邦制的古希腊，后来是古罗马的文明，而此前的古老文明，除中华文明外，其他的都衰亡了下去，出现了中断现象。可以说，在两三千年前，古代中国和古代希腊罗马的文明就像两颗璀璨的明珠，一颗在东方，一颗在西方，交相辉映，那时的世界文明两分天下，中国有其一。

一千多年以前，中国则先后完成了指南针、造纸术、印刷术和火药这闻名于世的四大发明，“并在 3 到 13 世纪之间保持一个西方所望尘莫及的科学知识水平。”（李约瑟：《中国科学技术史》）事实上，直到 14 ~ 16 世纪，从“四元术”及“招差术”到“十二平均律”，从《授时历》到《本草纲目》，从《农政全书》到《天工开物》，都在世界科技史上占有一席之地。也就是说，一千年前，中华文明在世界上一枝独秀！

从四分天下到半壁江山到独领风骚，中华文明一直在大踏步前进。

而在西方，到了一千多年前，也就是公元 476 年西罗马帝国灭亡到 14 世纪文艺复兴兴起，差不多一千年左右，欧洲处在黑暗的中世纪，科技经济的发展和社会的进步受到了极大的阻碍。

到了 14 ~ 16 世纪，西方出现了宗教改革、文艺复兴、科学革命三大近代化运动，出现了思想启蒙运动、资产阶级革命和资本主义生产方式，一下就把在封建老路上蹒跚爬行的中华封建大帝国远远抛在了后面。然而，西方的近代科学和资产阶级革命的进步和发展，中国古代科技成就在其中是产生了巨大推动作用的。培根在 1620 年曾指出，印刷术、火药、指南针“这三种发明已经在世界范围内把事物的全部面貌和情况都改变了”；马克思则在 1863 年这样评论道，“火药、指南针、印刷术——这是预告资产阶级社会到来的三大发明”；而英国科学史家贝尔纳 1959 年在为其《历史上的科学》中译本所写序中则说：“中国许多世纪以来，一直是人类文明和科学的巨大中心之一……中国在技术上的贡献——指南针、火药、纸和印刷术——曾起了作用，而且也许是有决定意义的作用。”

富有科技传统和四大发明成就的中华帝国，在三四百年前没有顺应历史潮流发展，没有像西方那样从封建时代进入资本主义时代，从农业文明进化到工业文明，后来又遭受帝国主义侵略，沦为半封建半殖民地国家，因此我们落后了。

中国近现代科学技术的发展经历了一条充满艰辛与屈辱，而又有奋斗与辉煌的曲折道路。今天，我们在为实现国家富强、民族振兴、人民幸福的“中国梦”的奋斗过程中，回顾中华文明历程，展示我国科技发明奥秘，这对于促进当代科技发展和创新，实现中华民族的伟大复兴，是有积极意义的。

事实上，中国古代远不止这四大发明，在粟作稻作、农具农耕、筹算珠算、天文仪器、机械制造、钻井探矿、油煤开采、青铜冶铸、钢铁冶炼、建筑营造、造船航海、陶器瓷器、雕塑髹漆、蚕桑丝绸、纺织印染、发酵酿造、中医中药等方面都取得了丰硕而巨大的成就，这些与国计民生、与人们的日常生活密切相关的领域中所取得的科技成就和发明创造，有力地推动了中国古代生产力和经济社会生活的进展。中国传统科技发明不仅创造了中国古代光辉的科技成就，更重要的是，吸收和应用内在基因，开发现代科技，往往可以有大的创新。

为此，贵州民族出版社策划《世界意义的中国发明》系列丛书。这套丛书并不以百科全书和全景式展示为目标，而是在中国传统技术的多个领域中选取一些专题，它们均代表了传统科技文化的某一个侧面，反映了中国人对某一种自然的认识以及与这种认识相应的科技文化形态，以及其对于世界的意义。希望能让更多的中国人更了解自己的科技与文明，也希望能让世界更了解中国的科技与文明。

本丛书在语言上以叙述为主，力求深入浅出，通俗易懂，适应现代读者特别是青少年的需求，对于书中涉及的科学原理、规律不做学术性和过于专业的解释，而是用浅显通俗的语言介绍，语言整体风格生动活泼。

在本丛书即将付梓之际，我乐于向广大读者推荐，是为序。

2013 年 12 月于北京

※ 王渝生：中国科学院博士、教授、博导，中国科技馆研究员、原馆长，国家教育咨询委员会委员。

目录 Contents

引言

奔腾不息的黄河、长江孕育了悠久而璀璨的中国古代青铜文化。

中国的青铜时代自公元前2000年左右形成，经夏、商、西周和春秋时代，大约经历了15个世纪。在商的晚期和西周早期，青铜的冶铸业作为生产力发展的标志而达到高峰。在当时的亚洲大陆上，商周的青铜冶铸业所产生的青铜艺术，是一颗光彩夺目的明珠。

中华人民共和国成立以来，大量的出土实物资料和历代文献业已证明，中国古代的先民早已开启了灿烂的文明，先秦文献《易经 · 文言》曾有“天下文明”句，《尚书 · 舜典》有“睿哲文明”句。在文明的创造和发展进程中，青铜的冶炼和铸造是其重要因素之一。光辉的青铜时代既是人类社会物质文明发展进步的一个重要时期，也是中国古代科技成就辉煌灿烂的时代。青铜器的铸造不仅代表了当时社会的最高生产力和科技发展水平，而且促进了农业、手工业和科学文化等多方面的进步与发展。

中国古代青铜器的铸造，形制独特，变化万千，颇具中国特征；中国古代青铜器的制作工艺，采取了陶范法、石范法、失蜡法，并发明了分铸法、拍印法、焊接法以及嵌石、错金银、鎏金、漆绘、彩绘等工艺，丰富多彩，创造了大量的艺术杰作，举世瞩目；中国古代青铜器随葬品，庞大的数量组合，令人震撼；中国古代青铜器纹饰艺术，思想内涵极其丰富、纯厚，极富中国民俗文化；尤其值得一提的是，由于中国古代奴隶社会礼乐制度的特点，铸造了种类繁多数量颇巨的青铜礼乐器，这一特点是其他文明古国所不具备的。总之，中国古代青铜器之铸造硕果累累，其青铜文明在世界古代史上独树一帜，璀璨绚烂，在世界文明史上占有重要的地位。

青铜时代是人类文明的开始。中国青铜文化之源及其发展一直是学者们的研究热点。

瑞典著名汉学家，哥德堡大学教授、校长，远东考古博物馆馆长高本汉(Bernhard Karlgren. 1889 ~ 1978年)对中国古代青铜器的研究颇有建树，如他研究的主要论著有：《早期中国的青铜镜铭》、《殷周中国青铜器》等。高本汉在他的研究论著中，评价中国古代青铜器为“优雅”与“质朴”。

日本著名考古学家梅原末治在中国的考古学方面，对商周青铜器，战国、汉代、魏晋南北朝的铜镜等，都有一定的研究。其主要著作有《鉴镜的研究》（1927）、《铜铎的研究》（1927）以及欧美、日本所藏中国古代铜器精品的大型图集等。

已故美籍华人著名学者张光直先生曾不无自豪地指出：已经出土的中国青铜器的数量，是世界出土青铜器数量的总和；已经出土的中国青铜器的种类，是世界出土青铜器种类的总和。

在悠久的历史岁月里，中华民族创造了灿烂的辉煌的青铜文化，中国古代的冶炼技术和青铜文明，是中国古代最先进的科学技术发明。青铜器不仅在中国古物中占有崇高的地位，即使在全世界古铜器中，也是出类拔萃的。

英国皇家学会会员、剑桥大学冈维尔－凯斯学院院长李约瑟博士在研究中国科技史后著文说，中国的“科学技术发明，走在那些创造出著名的‘希腊奇迹’的传奇式人物的前面，和拥有古代西方世界全部文化财富的阿拉伯人并驾齐驱，并在公元3世纪到15世纪之间保持一个西方所望尘莫及的科学知识水平”。中国古代青铜文化艺术和科学技术上的卓越成就，印证了李约瑟博士的上述论断。

一件件中国古代青铜器，岁岁年年，朝朝代代，历经沧桑，幸存下来，弥足珍贵，而这些青铜瑰宝，它们的起源与发展充分地印证了中国古代人民的无比智慧和无穷创造力。

第一章

神州之光

从中日两国古代铜镜清华展说起

2011年4月18日，“百面中国铭文镜和百面日本和镜展”在清华大学美术学院美术馆拉开帷幕。展品是清华58级校友、国内知名的铜镜收藏家王纲怀向母校捐赠的自己多年的珍藏——百面中国古铜镜和百面日本古铜镜。古铜镜的捐赠对中国古代工艺美术史中设计史论的研究将带来重要的贡献。

西汉七乳四神镜

铜镜是我国古代历时最久、传播最广的文物种类之一。中国历代铜镜蕴含诸多特色，铸制历史连贯，考古断代便捷，文化内涵博大，审美情趣彰显，证史直观翔实，书体映照生辉。其中尤以汉唐两代铜镜对东邻日本有重大影响。王纲怀1958年考入清华大学土木建筑系，多年来醉心于铜镜的收藏与研究工作。在2003年出版的《三槐堂藏镜》一书中，王纲怀说，“一部铜镜铭文史，近似一部中国书法史，与石碑、简牍、帛书的书法艺术相比，镜铭文字毫不逊色”。

与此同时，清华大学出版社还举行了《清华铭文镜》、《清华藏日本和镜》两本新书的首发仪式。

日本19世纪花鸟小镜

遗落东瀛的汉唐宋镜

2012年，一枚铜镜在日本新潟县胎内市古坟时代遗址内出土，后经有关学者研究鉴定，发现该铜镜是中国后汉或魏晋时代的“盘龙镜”。

日本新潟大学考古学教授桥本博文指导了这次挖掘工作，他表示，这件中国“盘龙镜”在东日本的出土文物内实属罕见。

“盘龙镜”直径约10厘米，中心雕有一只张口的独角龙，而且还留有一个可以穿绳子的小孔，这是中国古代铜镜的通用形式，便于使用。

《三槐堂藏镜》书影

中国和日本一衣带水，两国在文化等诸多方面有着特殊的密不可分的渊源关系。早在弥生时代，中国有大批移民迁至日本列岛，带去中国的先进文化和技术。徐福东渡的传说正发生在这一时期，其事迹亦可见于两国史籍。《秦始皇本纪》载：始皇帝二十八年（前219年）始皇“南登琅邪……作琅邪台，立石刻，颂秦德……既已，齐人徐市（福）等上书，言海中有三神山……仙人居之，请得斋戒，与童男女求之。于是市发童男女数千人，入海求仙”。日本《罗山文集》记为：“徐福之来日本，在焚书坑儒之前六七年矣。”徐福入日本后，大规模推广水稻及养蚕桑织技术。此外，还有徐福建倭国的传说，故徐福被日本人奉为“农耕之神”、“纺织之神”，甚至被日本人尊为祖宗，奉为神灵。虽无法考证“倭国”是否为徐福所建，但从《史记》、《汉书》、《后汉书》、《三国志》、《日本刀歌》等古籍记载来看，徐福确有其人其事，而且是古代东渡日本的移

徐福像

民代表。公元前两三百年前后北九州之所以出现先进的水稻耕作文化，并进一步向东发展，把水稻耕作推广到全日本，最后促成了日本国家的产生，其最大的原因是一大批外来移民，特别是包括徐福一行在内的中国移民的影响。

入汉以后，日本成为中国的臣属之国，文化交流更加频繁。1784年，在日本九州福冈志贺县海滨出土的一方金印“汉委奴国王”即为东汉光武帝颁赐“汉委奴国王”印的原物。这表明日本此时已接触到汉字。403年，日本最早使用汉字，时值履中天皇四年八月，始设官记言诗以达四观之事。汉字的传入促进日本的文化和思想的发展，而汉镜传入日本，则促进了日本制镜业的发展。据《三国志》记载，景初二年（238年）六月，魏明帝曹睿赠送日本女王卑弥呼的物品中有“铜镜百枚”。 迄今，日本北九州出土中国汉镜、三国制造的铜镜达300多件。可见中国汉镜对日本制镜业产生了深远的影响。

盛唐时期，中外交往异常频繁，“丝绸之路”上各国商贾往来不绝。唐都长安聚集了许多外国使节、商人、留学生、僧人等。中国繁荣的经济、绚烂的文化给外国以深刻的影响，以丝织品为主的许多物品通过各种渠道向外输送，唐代的铜镜也在这频繁的交流中被运送出去。

西汉昭明镜

唐代铜镜在国外多有发现，其中以在日本的最为著名。日本在唐时受到中国政治、经济、文化许多方面的深刻影响。当时许多舶载镜运到日本。就拿唐瑞兽葡萄镜来说，正仓院南仓收藏了5件，其中4件圆形，1件方形；此外，一些神社、寺庙，如千叶县香取神宫、四国伊予大山祇神社、奈良春日大社都收藏有传世的瑞兽葡萄镜；奈良县明日香村高松塚古坟、法隆寺五重塔以及群马县、爱知县、三重县、兵库县、福冈县、京都府、大阪府、冈山市等处都出土了不少海兽葡萄镜。有学者认为这些收藏传世镜的神社、寺院都是历史久远的大寺、名刹。如正仓院所在的东大寺是与圣武天皇有关系的寺，法隆寺从圣德太子以来与天皇皇室关系深远，春日神社、香取神宫是与藤原氏关系密切的神社，而高松塚古坟的死者，从其壁画、漆绘木棺、随葬品等推测，至少是天皇皇室成员或与其关系亲近的豪族中居高位者。至于上述那些出土铜镜的地区，或者是古代重要的政治中心、文化繁荣的地点，或者是与大陆交往的交通要冲。可以看出这些瑞兽葡萄镜运到日本后深受重视，被视为珍宝，以至今日仍然是探讨日本古代历史以及中日文化交流的瑰宝之一。

唐银背菱花镜

高松塚古坟出土的海兽葡萄镜说来还有一段小插曲。高松塚古坟的发现曾在日本引起轰动，但是由于古坟中缺乏明确的纪年物，故墓主是谁，葬于何时，一直是个谜，令日本的学者们探讨和争论不休。作为随葬品的海兽葡萄镜自然就成为确定古坟年代的重要依据之一。由于高松塚古墓海兽葡萄镜的出土，于是，日本学者又开始了对海兽葡萄镜在日本的流行时期的重新审视和争论。说来也巧，恰在这时，《西安郊区隋唐墓》一书出版了，其中一面独孤思贞墓出土的武则天神功二年（698 年）的海兽葡萄镜在日本引起了强烈的反响。中国学者王仲殊在其书中分析指出，这面镜子的纹饰、尺寸、重量与日本高松塚古墓出土的海兽葡萄镜是同范铸造的。日本、中国这两面镜子的直径和重量分别是 16.8 厘米、重 1220 克和 16.85 厘米、重 1210 克。且两镜钮都是伏兽状，内区饰 6 只瑞兽、葡萄果实及葡萄枝蔓。外区纹饰由许多兽、鸟、蝶及葡萄组成。内区与外区饰一周凸棱相隔，边缘都呈斜面内倾，遍饰云纹。

还有日本法隆寺五重塔出土的一面海兽葡萄镜。自明治时代以来，日本学术界关于法隆寺创建的历史一直有分歧。一派认为这是圣德太子

唐狩猎纹镜

时期（574 ~ 622 年）创建的建筑；一派却认为是天智天皇九年（670 年）四月三十日该建筑被火烧毁后重建的。“非重建说”与“重建说”阵营分明，争论不休。大正十五年（1926 年），因法隆寺五重塔中心柱底端腐朽进行修建时，在柱础石的穴内与舍利容器一起发现了一面海兽葡萄镜。这面镜子的断代就成了解决这场争论的重要资料之一。如果它是隋镜（581 ~ 618 年），则对“非重建说”有利；如果它是唐镜（618 ~ 907 年），则对“重建说”有利，因为唐代的镜子不会埋在唐建国不久修建的法隆寺五重塔中心柱础石中。后来的发掘工作发现了火灾的遗迹，它既证明了法隆寺是重建的，也证明了海兽葡萄镜确实是唐镜。在日本出土的这两面海兽葡萄镜，是中日两国人民友好往来和文化交流的珍贵的佐证实物资料。

除了瑞兽葡萄镜外，在日本还藏有别的镜子。如正仓院收藏的 55 面镜子中，有金银平脱镜 2 面，螺钿镜 9 面，银鎏金镜 1 面，琉璃钿背七宝镜 1 面，铁镜 1 面，其他 41 面。一般认为其中从唐舶载来的镜子占多数。

唐代中国繁荣的经济和文化给外国以深刻的影响。但同时，各国的经济文化也在中国得到交流和传播。唐代社会生活的许多方面都可以看到这种交流的影子。

例如麒麟狮子镜、骑士玩波罗球镜、黑昆仑奴舞镜、太子玩莲镜等，皆可以看到其融合外来文化的痕迹。

宋代湖州石家念二叔铜镜在日本也有出土。据日本学者苌岚先生研究：在 11 ~ 12 世纪，除北海道以外，日本各地的经冢中经常发现宋代湖州镜作为随葬品，与日本铜镜、刀子、中国铜钱和瓷器一起出土于经筒中。日本发现的湖州镜（除去羽黑山出土的湖州镜）共29种85面，其中27种83面是湖州石家老铺商号，又以石念二叔家镜子最常见，共有26面。在这26面中，标有铭文“湖州真石念二叔家照子”的有14面、“湖州真石家念二叔照子”的有12面。在明治末年到昭和初年期间，在羽黑山顶遗址先后发现的五六百面镜子中，除去434面日本和镜，湖州镜有29面，确定有“湖州真石家念二叔”铭文的镜子多达13面。

截至2001年3月，在全日本22个县72处共发现的281面湖州镜中，标明有“石家念二叔”铭文的铜镜多达49面，约占13.5%。可见，湖州镜，特别是石家念二叔镜子在当时已是中国对日本的主要出口产品之一。

无疑地，湖州镜对日本铜镜的发展乃至和镜的最终形成也产生了巨大的影响。在日本羽黑山遗址出土的29面湖州镜中，其中11面的背面有飞天蝶纹、飞云蜻蜓纹和草花纹，在中国未见出土。有学者猜测：它可能为日本在湖州石家老铺定制的特种湖州镜，或为日本制作的仿湖州镜。

日本从仿制中国铜镜到形成本国“和镜”，并于桃山、江户时期以贸易方式销往中国。和镜精湛的工艺、似锦如画的纹饰，赢得了中国的市场，使中国制镜作坊纷纷仿制，一时间日本式铜镜在中国尤其是在东南沿海地区流传。

出现在中国的日本铜镜在我国清代金石典籍中早有记录，如冯云鹏道光元年（1821年）编著《金索》附录中收载有“日本国镜”10件，文曰：“镜画松竹龟鹤，铭为‘藤原义卷’四字，盖铸镜之地名人名，是从日本海舶携来而得，出自长旗国。因忌讳贾客避折日之音，故称长旗耳。”长崎是江户时代德川幕府对外开放的通商贸易港。现藏中国国家博物馆的蓬莱纹镜，1947年出土于福建泉州开元寺，其直径75厘米，厚2.5厘米，重

宋“湖州石家”亚字形竹鹤镜

48千克，镜铭“天下一木濑大和守藤原信重作”。据考证，该镜可能为明万历三十五年（1607年）泉州许丽寰到日本萨摩贸易或开元寺僧人赴日本弘传佛教带回。广西壮族自治区博物馆藏“高砂柄镜”直径17.8厘米，通长27.2厘米，低窄缘短柄，柄中部缠有藤皮，裸露处布满绿锈。细粟地，浅浮雕工艺，在蓬莱纹基础上添加行书“高砂”两字，镜铭“天下一青山和泉守荣信”。“高砂”是日本地名，日文“风景美丽”之意。传说该处有一棵古松，松树下常有一对翁媪仙侣相伴而现。从该镜的造型、纹饰、铭款及锈蚀鉴定，此镜当为江户后期镜，约为清嘉庆至道光年间传入中国。

在日本和镜中，最具扶桑民族特色的当属有柄镜。16世纪中叶，室町后期的战国时代与安士桃山之际，日本“禁里御用”的皇家镜师木濑净阿弥、青冢次等相继出现，他们为日本和镜开创了一个新局面，其重要成果就是制造了一批著名的有柄和镜。

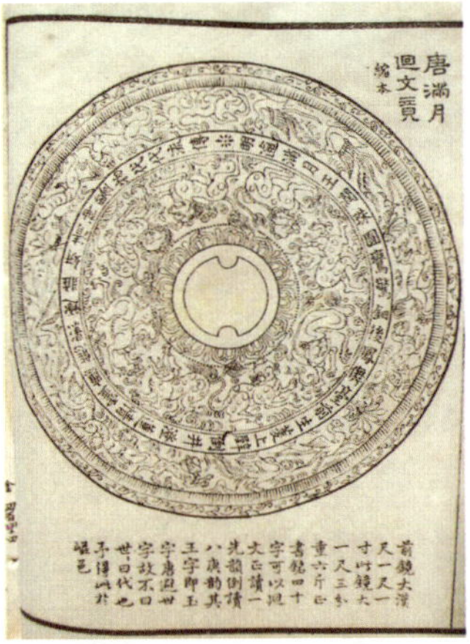
《金索》书影

中国汉、唐、宋朝的铜镜，工艺最为精美，制作难度最大，青铜的浇铸工艺达到极致，可谓中国古代经典艺术品。它们遗落东瀛，表明了汉、唐和宋朝时期经济、文化给日本以影响，与此同时，日本的经济文化也在中国得到交流和传播，可见，中日两国经济、文化之交流源远流长。

关于中国古代铜镜之美的精髓，清末民初的著名学者罗振玉在《古镜图录》中有过精辟的解读：“古刻画之精巧，文字之瑰奇，辞旨之温雅，一器而三善备，莫镜若也。”中国古铜镜随历史社会的发展而各有不同形态、纹饰、铭文、内蕴、技艺等，各具特色，令人所喜爱。

交趾的暮鼓晨钟

铜鼓，如今已成为越南的主要标志之一。现在，越南许多国家重要机构都以铜鼓为图案标志，乃至其国家官员的名片上也印有铜鼓。中国是亚洲珍藏铜鼓最多的国家，而越南珍藏铜鼓数量仅次于中国。

越南出土的铜鼓、铜钟、铜缸等传世青铜器，都与中国的极其相似，它们有着怎样的渊源？

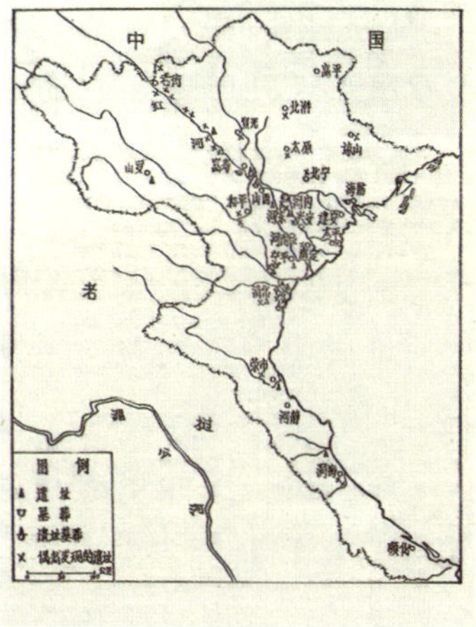

越南青铜时代诸遗址

在上古青铜时代，东南亚已成为多族群互动融合与文化交流频繁的历史文化区域。公元前后，在大陆商周王朝青铜文明的影响下，这里的许多地区都相继进入了青铜时代和方国文明社会，后来在秦汉王朝的统一进程中，中国南疆及东南亚的部分地区也先后归入了秦汉中央王朝的版图。

越南与中国的文化交流源远流长，绵延两千多年，通过经济交通、文化艺术、战争宗教等方式，彼此的了解得到加深，在文化融合的过程中文明得到了发展。更何况，在秦汉王朝的统一进程中，从汉武帝经营西南夷，设立交趾郡、益州郡，一直到东汉时期设立永昌郡，打通西南夷道，西南并入秦汉中央王朝版图。期间虽有反复，但这一历史进程毕竟还是大大加强了中国南部边疆与内地中原的经济文化联系，也极大地推动了中国与越南地区的交流。上述史实在公元前后的中国古文献中，尤其是在现代中外考古发现中都有鲜明的反映。

近 30 多年来的考古发掘表明，广西蕴藏着丰富的铜矿，此外，还发现了武鸣元龙坡铸造遗址、北流铜石岭冶铸遗址、灵山县洞穴冶炼遗址等，岭南青铜文化的起源，当是在中原地区青铜文化的影响下独立发展起来的地方性青铜文化，而冶铸地则是在中国岭南地区。

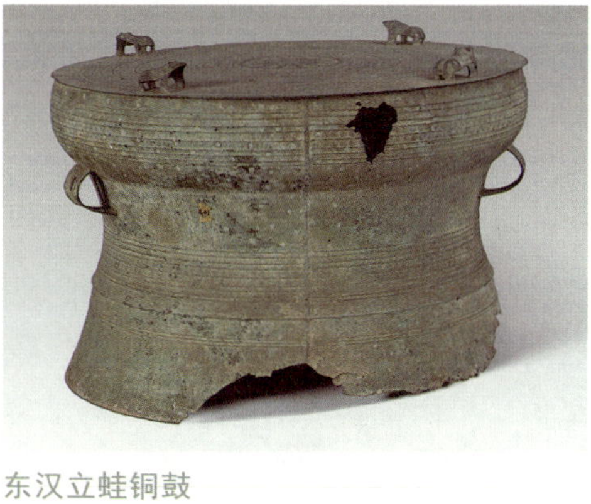
东汉立蛙铜鼓

详细地考察越南东山文化，所出土的青铜器都具有中国西南地区青铜时代的样式和风格。东山文化遗址出土了磨制石斧、有肩石斧及青铜制作的鼓、武器、容器和装饰品，还有陶器、玉器、货币等，是典型的汉文化遗物。而更值得关注的是铜鼓这一器类，鼓面和鼓壁上装饰着圆弧纹、锯齿纹、飞鸟纹、船纹、蛙纹，制作精巧，装饰性极强，这都与中国云南、广西等地出土的战国至汉代铜鼓相仿。可见，东山文化遗址出土的青铜器，既反映了中越文化的交流与融合，又反映了本民族鲜明的文化特征。

铜鼓说。按照奥地利铜鼓学者黑格尔的巨著《东南亚古代金属鼓》（1902 年）所提出的分类法，铜鼓分为 4 个类型。黑格尔在研究了 165 个铜鼓后，将当时所知道的铜鼓划分为 4 个基本类型和 3 个过渡类型，以越南的沱汀鼓（即慕列鼓）和中国的开化鼓为代表，列为 I 型鼓。这类铜鼓差不多都是大型或特大型鼓。鼓身自上而下明显分为 3 节，上为胸部，膨大突出；中为腰部，收缩成直筒形；下为足部，向下垂直或先收后张，形成一个向外扩展的截头圆锥体。胸腰间附两对并列的扁耳，耳上有编织状花纹。有的在 4 只耳旁还附有 2 只另外式样的副耳。鼓面中央太阳纹一般为 12 芒，后期的铜鼓在鼓面边缘有 4 只青蛙塑像，有时还夹有两个骑士塑像。鼓面和鼓身满布纹饰，组成各种装饰纹带。

黑格尔当时描述了 35 个 I 型铜鼓，认为这类铜鼓是铜鼓的最早形式，其他类型铜鼓都是由这类铜鼓发展而来的。1924 年东山遗址出土铜鼓以后，有人将黑格尔 I 型铜鼓与东山文化联系起来。1968 ~ 1971 年间，越南学者正式将黑格尔的 I 型铜鼓命名为“东山铜鼓”。

黑格尔不仅为铜鼓研究提供了划分类型和断定时代的基础，他还大胆地指出，铜鼓的发源地应当在中国南部和越南北部一带。从此，铜鼓研究就成为东亚南部民族文化研究的显学。铜鼓作为一种古文明的纽带和民族精神的伟大象征，已成为追溯东亚南部民族起源和探索相关文化源流发展的关键。自然，铜鼓故乡也就成为中外学术界关注的焦点。

中国华南的考古发掘证明，从 20 世纪 50 年代至今，在已发掘的成百上千处先秦两汉的墓葬中，最著名的有云南晋宁石寨山滇王墓地、昆明羊甫头滇族墓地、江川李家山古墓群、广西贵县罗泊湾汉墓等。在众多的出土文物中，不乏古代铜鼓的精品，同时期的广西左江越人崖画还表现了时人使用铜鼓的盛况，它们雄辩地证明，云南和广西堪称古代早期铜鼓的王国。

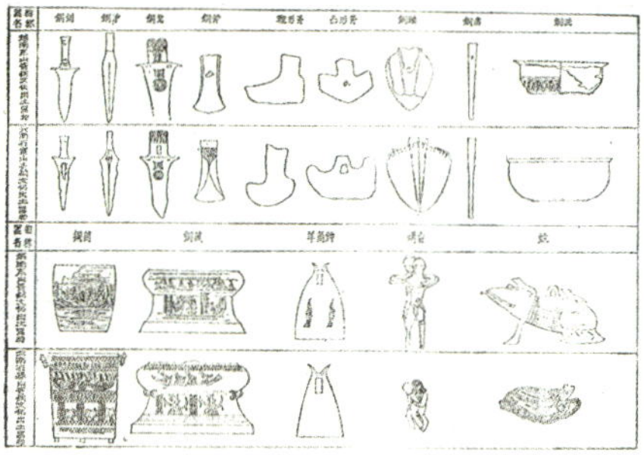
云南石寨山文化与越南青铜器对比

按照量来说，越南是仅次于中国的世界第二大铜鼓大国。越南的铜鼓虽然受到过中国的影响，但是也有其独特的审美特征，从造型和纹饰看，有些图案是中国所没有的。除了铜鼓上有，在其他的铜器以及石器铁器上也有类似的纹饰图案。比如广西的铜鼓鼓面上，迄今只看见过两只青蛙重叠，而东山铜鼓是三蛙重叠。

羊角钮铜钟说。越南大量的考古资料表明，相当于中国的战国至汉代，越南地区的民族和中国岭南地区的先民一样，曾大量地铸造礼乐器羊角钮钟。一般来说，羊角钮钟为陶范法铸造，六个或四个一组出土，其造型为半橄榄形，且大小不一，即由大到小依次递减，并且每件钮钟都可以敲击出两个音，一个音在钮钟的中心位置发生，另一个音在钮钟侧面发生，但是，每件钮钟发出的音均不同。顶端有一对外侈的羊角形钮，钮下有一个长方形镂孔，钟面大都为素面，但中国南部的钮钟却有装饰人面纹、弦纹和翔鹭纹的，而越南仅有装饰翔鹭纹的。此器形制奇特，古朴而不乏典雅，浑厚中透出精巧，造型和中原地区的青铜钟迥然不同，它呈现出不落俗套的民族风格，是岭南和越南北方少数民族青铜文化的

汉羊角钮钟

典型代表，是杰出的青铜乐器艺术品。

铜筒说。在中国岭南地区和越南都出土了一定数量战国时期和汉代的容器铜筒。其体呈圆筒形，直口，口沿左右两侧各饰一圆条状蛙形耳，筒面纹饰一般装饰几何纹、竞渡船纹、羽人纹、弦纹等，陶范法铸造，套足。目前，最大的铜筒口径为40厘米、高45厘米、底径36厘米；最小的铜筒口径为15厘米、高20厘米、底径12厘米。

靴形钺说。铜钺，是古代的兵器，亦是礼器，其在中国的中原地区及民族地区皆有大量出土。其既有纹饰装饰的，也有素纹的。但靴形铜钺这一器形，设计思维独具匠心，目前仅发现于中国岭南地区和越南地区，它们造型相同，但纹饰装饰迥异，反映了地域文化和民族习俗之特色。一般来说，越南的靴形钺装饰的纹饰有几何纹、竞渡船纹、对蛇纹、羽人纹、弦纹等。

铜剑说。“国之大事，在祀与戎。”东山青铜文化中，兵器占了很大比重，有的兵器纹饰精美，极富装饰性，实为礼器。如人形柄铜短剑（公元前5世纪～1世纪），剑柄呈立姿人形，双手叉腰，辫发后垂，额系头巾，戴有耳环和手镯，胯下系一带，体现了当时东山文化居民的装束特点和社会生活习俗。又如人面纹短剑，目前仅发现于中国岭南地区和越南北方地区，其人面纹装饰是在剑脊上，与北方游牧民族和滇文化青铜剑装饰迥异，因为上述两地青铜剑皆是在剑柄上装饰圆雕人像。尽管越北与两广青铜剑都各具特色，在人面纹装饰上却有颇多相似之处。另外，在广西和越南北部发现的曲刃短剑和触角式短剑，两者都明显受到滇系剑形制之影响。

铜瓮说。铜瓮（公元前5世纪～1世纪），容器，一般为葬具，用于盛放尸骨。圆形直口，斜肩，鼓腹，圈足，带盖。器盖和器体之面装饰四组男女交媾图案。该器形有着鲜明的地域特色，为越南东山文化所独具。

铜盖盅说。铜盖盅（公元前5世纪～1世纪），容器，圆形折沿口，上饰弦纹和圆雕蛙饰，圆筒形腹，素纹，平底，形似提篮，用于盛放陪葬品，放于墓葬中。一般盛放的陪葬品为铜矛、犁铧和铜斧之类。该器有着鲜明的地域特色，为越南东山文化所独具。

越南民族制造与使用铜器的历史悠久，越南铜器既有鲜明的特色，也表现与其他外来文化之间的渗透与交融，综观越南出土的青铜器艺术品，其造型精美，纹饰绚烂，风格独特，反映了越南人民的智慧和创造能力，同时亦反映了这是一个热爱生活、有一定审美能力、擅长装饰艺术的民族，他们还在装饰艺术中注入了自己的生活习俗、文化观念和宗教信仰等，从而创造出了令世人瞩目的，既有中国古代青铜文化元素又有本民族特点的越南青铜文化。

欧洲闻名遐迩的“中国馆”

历来，人们给予博物馆的美称是很多的，例如“立体的教科书”、“艺术的殿堂”、“知识的海洋”、“科学的长城”、“终身教育的课堂”、“激发思维和创造才能的场所”等。总之，博物馆既是历史文化遗产的收藏机构，也是文化艺术宣传教育的重要场所。

一、美国纽约大都会艺术博物馆中国馆

美国纽约大都会艺术博物馆是全世界最丰富多彩、最令人眼花缭乱的博物馆，其藏品数量之多堪称人类历史之最。其古今艺术珍藏，无论数量，还是质量，都使绝大多数其他城市的知名艺术博物馆相形见绌。在收藏和生动展示方面，世上几乎没有别的博物馆能与大都会博物馆匹敌。这座博物馆宫殿占地约 7 公顷，拥有约 300 万件艺术品，其文化时代跨度超过 5000 年，这里有地球上任何文明的重要代表。这里收藏了中国古代数百件商周、春秋、战国、西汉、唐时期的青铜器，有中国古代青铜器专题陈列。珍藏的著名青铜器有：商兽面纹铜方鼎、商兽面纹铜圆鼎、商兽面纹铜觥、商铜爵、商铜斝、

美国纽约大都会艺术博物馆

商铜钺、商铜尊、商铜觚、商铜卣；西周铜禁、西周兽耳铜壶；战国错金铜带钩、战国蟠螭纹铜壶、战国瑞兽纹铜戈、铜刀、战国鎏金铜双龙；汉龙纹铜镜、唐葡萄纹铜镜等。

二、英国大英博物馆中国馆

英国国家博物馆，又名不列颠博物馆，位于英国伦敦新牛津大街北面的大罗素广场，成立于1753年，1759年1月15日起正式对公众开放，是世界上历史最悠久、规模最宏大的综合性博物馆，也是世界上规模最大、最著名的博物馆之一。博物馆收藏了世界各地的许多文物和珍品，藏品之丰富、种类之繁多，为全世界博物馆所罕见。英国国家博物馆拥有藏品600多万件。由于空间的限制，还有大批藏品未能公开展出。

英国大英博物馆是收藏中国流失文物最多的博物馆。联合国教科文组织的数据表明，中国流失文物多达164万件，被世界47家博物馆收藏。大英博物馆收藏中国文物的历史可追溯到1753年建馆时期，目前收藏的中国文物多达23000件，长期陈列的约有2000件。大英博物馆的33号中国馆展厅是专门陈列中国文物的永久性展厅，与古埃及、古希腊、古罗马和印度展厅一样是该博物馆有限的几个国别展厅之一。该馆收藏的中国文物囊括了中国全部艺术类别，远古石器、商周青铜器、魏晋石佛经卷、唐宋书画、明清瓷器等中国历史上各种登峰造极的国宝在这里皆可见到，可谓门类齐全，美不胜收。

大英博物馆收藏的中国青铜器种类齐全，涵盖了酒器、水器、食器、兵器、车马器等常见器形。虽然这里也有汉唐铜镜，但以商周时期的青铜文物为主。其中一些精品具有很高的历史、艺术、科学价值，均为中国古代青铜器巅峰之作。

商双羊尊是大英博物馆中国馆展厅里一件特别引人注目的藏品。它铸造于公元前13世纪至前12世纪，同妇好墓出土器皿造型相似，属于南方青铜器风格。这件青铜器的形状为两只背对背联结为一体的公羊，四只羊腿被巧妙地用作支撑，羊背上驮着的圆柱体则是器皿的口。两只羊都长着弯曲的羊角，眼睛、嘴巴和胡子也被塑造得惟妙惟肖，让人联想起著名的国宝“四羊方尊”。柔和素雅的铜绿、四平八稳的对称、纷繁复杂的纹饰和厚重拙朴的质感赋予双羊尊无法用语言形容的魅力，令观者陶醉不已、沉迷其中。

英国大英博物馆

西周时期的康侯簋于1931年在河南浚县辛村卫侯墓出土，战乱中流落海外，最终“定居”在大英博物馆。此簋身高24厘米，口径41厘米，两个对称的半环形把手上都装饰翘鼻兽头。簋的口部和足部相间排列着火纹和目纹，腹部刻画流畅密集的竖直条纹。特别有意义的是，康侯簋底部刻有24字铭文，记载了周王伐商，命令康侯建国于卫地的历史，同时说明簋的主人渣司徒铸造这件器物是为了纪念他死去的父亲。成段铭文是西周青铜器的一大特色，因为商代青铜器大多只刻有一两个字。周人在祭祖器物上写下他们的功绩，希望祖先在享用供品的时候得以知晓。所以，西周青铜器对铭文的重视大于纹饰，对含义的追求胜过表象。笔画遒劲的铭文不但是中国书法的一种字体，它们还给相关史书提供了确凿有力的证据。

《西清古鉴》书影

周伯启卣也是一件西周青铜器，它浑圆的腹部给人雍容华贵之感，弓形提梁表现出明快的张力，同时以饱满弧线打破了青铜器固有的沉闷和死板。提梁和卣身连接之处巧妙地设计出两个立体兽头。卣身遍布精美纹饰，抽象的神鸟图案最为引人注目。学术界认为，这种鸟形纹饰在西周中期才开始用来点缀青铜器和玉器，可以看作鉴定器物制造年代的标准器。值得一提的是，被劫掠到英国之前，周伯启卣曾为乾隆皇帝的私人藏品，记载清代宫廷所藏青铜器的大型谱录《西清古鉴》证明了这个事实。该书用线描手法勾绘出周伯启卣的形状及图案，与真实器物几乎完全吻合。另外，《西清古鉴》还翻译了卣身和卣盖上的铭文，对研究西周中期历史大有帮助。

三、法国卢浮宫艺术博物馆中国馆

卢浮宫，是世界上最古老、最大、最著名的博物馆之一，位于法国巴黎市中心的塞纳河北岸（右岸），始建于1204年，历经800多年扩建、重修达到今天的规模。卢浮宫占地面积（含草坪）约为45公顷，建筑物占地面积为4.8公顷，全长680米。它的整体建筑呈“U”形，分为新、老两部分，老的建于路易十四时期，新的建于拿破仑时代。宫前的金字塔形玻璃入口是华人建筑大师贝聿铭设计的。同时，卢浮宫也是法国历史上最悠久的王宫。

法国是继英国之后欧洲收藏中国文物的第二大中心。在法国，国家图书馆、池努奇博物馆和枫丹白露宫均收藏有大量中国文物。卢浮宫博物馆收藏中国文物在3万件以上，以原始社会的彩陶器、商周青铜器、瓷器为主，收藏6000多件。

吉美亚洲艺术博物馆的典藏中，青铜器象尊属最为罕见的稀物。虽然象尊背部的顶盖已失，象鼻也大部分被毁，但仍不失为目前世上所知的动物型尊中最大的一件。

象尊应该属于殷商晚期的作品，甚至可追溯到西周初期。传说象尊出土于湖南长沙，但无处查证，不过其自然写实的造型和纹饰风格使得专家判断更倾向于“它出自长江流域中部盆地的工匠之手”。

称象尊为镇馆之宝，可能并不夸张。1903年象尊被法国收藏家卡蒙多伯爵以3000法郎收入手中后，直到2004年被借到上海博物馆，才首次与中国观众见面。

据说法国枫丹白露宫中国馆内所藏文物中只有一小部分是1861年暹罗大使进献的礼品，而大部分都是1860年法国从圆明园掠去的文物，件件都是无价之宝。

该馆所藏的圆明园文物至今未正式公开，参观者亦不允许拍照，许多情形不得其详。

在中国馆内最显著的位置摆放着一座巨大的佛塔，两米高，青铜鎏

法国卢浮宫艺术博物馆

金，通体各层镶嵌着绿宝石。塔的左右摆放着一对象牙和一对青铜雕龙，与故宫、避暑山庄等处皇帝宝座前放置的青铜龙形制一样。这对青铜龙可能是圆明园正大光明殿皇帝宝座前的摆放之物。

圆明园鎏金佛塔是为数不多的后世保存下来的鎏金器物，显得弥足珍贵。

世界青铜器的发源地

世界各国及地区使用青铜器的时间不一样，其中以伊朗南部、土耳其和美索不达米亚一带使用青铜器最早，距今约有五千多年历史。这里曾是世界文明最早的发祥地之一。其次是欧洲，再次是印度，有四千多年，与中国差不多。非洲稍晚，比中国晚一千多年。美洲的青铜历史始于何时还不清楚，大约是公元以后的事情了。中国的青铜器制造年代在世界各国中是比较早的。

在印度河流域，使用最普遍的青铜器是工具与武器，有斧、镰、锯、刀、剑、镞、矛头等。还有手镯、脚镯之类的装饰品。越南的青铜器制品与中国相仿。东南亚各国的青铜器受到中国南部青铜器的深刻影响。与中国北方邻近的国家与地区的青铜器，如曲柄刀、短剑、锛、弓形器等，显然与中国北方出土的某些器物相似。日本的青铜剑、戈、矛等是由中国传去的。公元前1600年以后，欧洲迈锡尼文明兴起，装饰豪华的青铜武器是其代表。在此之前的米诺斯文明已进入青铜时代。巴尔干和东南欧也曾以青铜文化发达而著名。其中铜斧、三棱短剑、四棱锥子很有特点。而在西班牙与葡萄牙一带，青铜也多铸成武器，如刀、斧、剑、戟、箭镞。总而言之，中国以外的世界其他国家与地区的青铜制品

米诺斯文明遗存

显然以武器与工具为主，生活器皿为辅。而在中国恰恰相反，以生活（包括祭祀用的礼器）器皿为主，武器与工具虽然不少，但所占比例较小。

在印度河流域，青铜铸造技术较为发达。匠人们熟练运用热加工、冷加工和焊接技术制造青铜器具。在公元前 10 世纪前后，欧洲人已知用失蜡法铸造铜器，而埃及在公元前 1567 年至前 1085 年之间已发明了脚踏风箱这样的冶炼设备。世界各地的冶炼铸造技术的发展不平衡，有的地区很先进，有些地区则落后。而中国始终走在世界的前列。

世界各地的上古青铜器绝大部分没有铸刻铭文。只有印度河流域等地区发现有少量刻有铭文的青铜器。而中国有大批铭文的青铜器与之形成鲜明对比。

打开美国隐形飞机的大门

一、古钟声波传信息

美国人设计隐形飞机，也是从中国古铜钟造型的声波传感技术上汲取信息。隐形飞机是一种能躲避雷达侦测的先进武器，但在研发过程中曾遇到许多难题，其中飞机上的电磁波天线之一，即微波反射器的锯齿形边缘设计，就困扰了工程师很久。而中国历史上钟匠们为了控制音色，以求声音完美，也被钟缘问题困扰了许多年。直到不断尝试将钟缘形式加以变化改进，才形成了现在我们看到的荷花瓣形缘口。所以荷花瓣形缘口并不是简单的装饰，它实际上是解决了声波传送的大问题。可以说钟的缘口就是钟的天线，其声波原理与隐形飞机上的电磁波具有共同的物理特性。美国隐形飞机的设计者，中国台湾学者厉名强正是受到了战国曾侯乙编钟和永乐大钟的启发，在美国提出了借鉴钟缘口原理改进隐形飞机微波反射器形式设计的观点，获得成功，轰动一时的中国古代科技成就，就这样融入了现代的高科技产品中。

美国隐形飞机

二、失蜡法技术与精密机械

湖北随县曾出土了一座战国时期的“曾侯乙墓”，墓中出土了许多用失蜡法铸造而成的青铜器，完全可以用“鬼斧神工”、“精美绝伦”、“空前绝后”等词来形容它。

中国战国时期发明的失蜡法，可以制造极其繁缛精密的铸件，还可以铸造极其复杂的器型。直到20世纪，这项技术在西方被广泛应用于精密机械铸造。

三、硫化工艺

世界上最早的青铜硫化处理技术产生于中国。锋利无比的越王青铜剑，不仅显示了它在武器技术上举世无双的成就，它在物理化学上的成就也是令人惊叹的。它那精美绝伦、永不生锈的黑色菱形花纹是经过硫化处理的，而在西方，直到近代才发明了硫化处理技术。

四、金属铬化技术

世界上最早的金属铬化技术是在金属表面镀铬防锈。这是近代科技史上的重大成就。

在中国古代青铜器中，有一种叫“黑漆古”的青铜器，虽在地下埋藏了数千年却光泽如新，没有丝毫锈蚀。科学家研究发现，它的表层含

沈括像

有铬元素，原来，这青铜器数千年不朽的秘密，就是它经过了“铬化技术”的处理。

五、光学聚焦原理

周代《礼记 · 内则》记载：做儿媳的每天凌晨都要将“金燧”等日用工具佩戴在身上，到父母那里去问候安宁。这“金燧”就是用青铜制作的光学聚焦镜，古代又名“阳燧”，今日则叫“聚光镜”或“凹镜”。它的用途是向阳取火，让太阳光点燃艾条之类的“火媒”，用以烧火煮饭。由此可知，中国在周代，就已懂得了用凹镜取火的科学原理了。在中国的考古发掘中，也经常出土“金燧”的实物。因此，中国人不但是最早发现光学聚焦原理的，中华民族也是世界上最早利用光学原理制造聚焦镜（凹镜）的民族。

假若你在照镜子时，突然看见了镜子背面的花纹，你一定会感到太不可思议了。但是，在中国商周时期的青铜镜中，有一种被称为“透光镜”的青铜镜，却真的可以做到这一点。1832 年，中国的“透光镜”首次传到了西方，立刻引起了西方人的极大震惊，被西方人称之为来自东方的“魔镜”。 许多西方科学家使尽了浑身解数，也无法破解其中奥秘。中国宋朝的科学家沈括在他的《梦溪笔谈》一书中说道：“文虽在背，而鉴面隐约有迹，所以于光中现。”沈括科学地解答了这个问题。而在西方，这个问题直到 1932 年，才被一位英国的科学家威廉 · 布拉格爵士找到答案。20 世纪研究中国古代科学的英国专家李约瑟博士曾评价道：这是中国科学家“在通向掌握金属表面微细结构的道路上迈出的第一步”。

第二章

睿哲清明

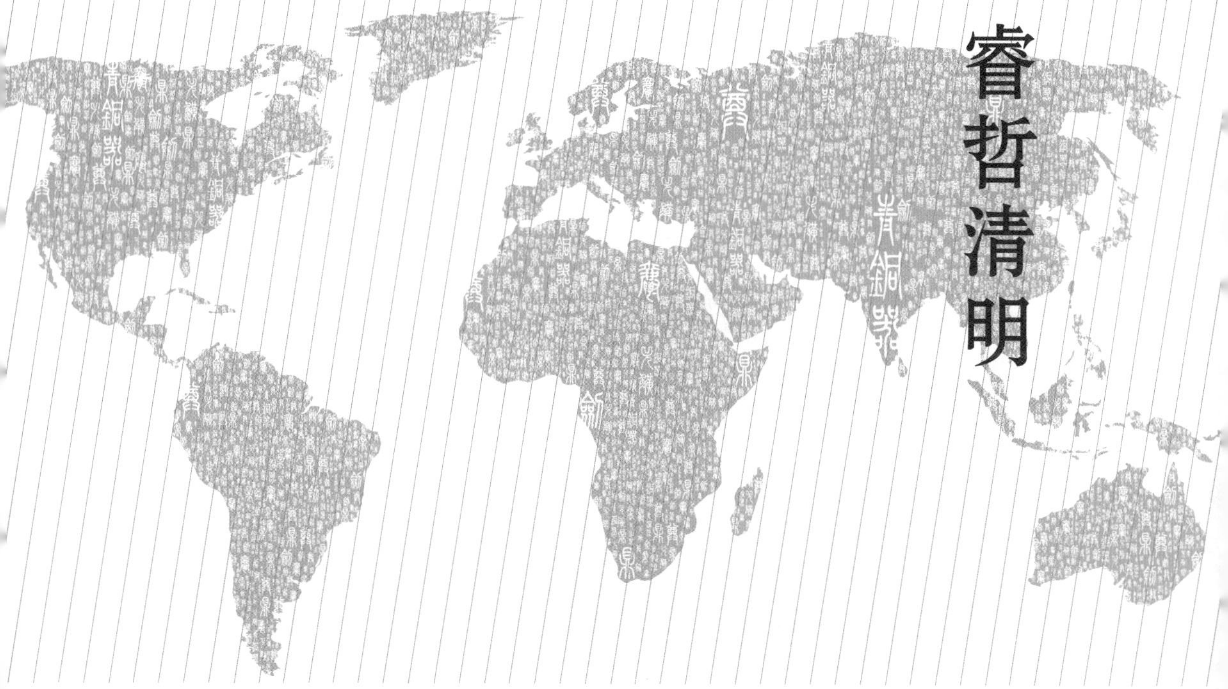

工具与武器的广泛使用

商代，尤其是到了商代晚期，青铜冶铸业已经有了高度的发展。在河南安阳苗圃北地发现的商代晚期的铸铜作坊遗址，面积达 10000 平方米以上，熔铜炉直径达 0.83 米，出土陶范及陶模 19000 多块，主要是青铜礼器范，其中 1 件鼎范长达 1.14 米，比著名的后母戊方鼎还要大。这时，已经广泛地使用青铜来制作农业生产工具与手工业生产工具，从而推动了商代农业和手工业的蓬勃发展。

农业生产工具主要有镬、铲、耒、耜、犁铧、锄、镰等，用于刨地、破土、起土、间苗、耘田等。1959 年，河南郑州二里冈出土的铜镬，高 6.3 厘米，弧刃，上部有十字形纹饰。郑州南关外商代中期铸铜遗址曾出土大量的铜镬陶范，说明当时铜镬的生产量是很大的。1953 年，河南安阳大司空村出土的商代晚期铜铲，长 22.45 厘米，刃宽 8.5 厘米。湖北黄陂盘龙城出土的商代中期铜耜，长 17 厘米，刃宽 19 厘米。耜是起土的农具。中国古代农业起土工具主要是耒、耜，一般是木质。铜耜套在木耜头部使用，体略呈长方形，扁圆中空，下端为弧形刃。

在商代，渔猎在经济生活中仍占有一定的地位，考古发现用青铜制作的渔猎工具主要有鱼钩及镞。河南偃师二里头出土的商代早期铜鱼钩，长约 2.7 厘米。镞既是渔猎工具，也是重要的兵器。

偃师商城宫殿遗址

手工业青铜生产工具主要有斧、锛、凿、锯、刀、锥和钻等，主要用于砍伐、砍削、凿孔、开槽、截断等，是制作木器、骨牙器、玉石器、蚌器等的工具。例如，1974 年河南灵宝东桥出土的商代晚期铜斧，长 12 厘米，弧刃。1976 年河南安阳妇好墓出土的商代晚期铜锛，长 13.5 厘米，刃宽 4.1 厘米。1956 年，郑州二里冈出土的商代中期铜凿，长 18.2 厘米。河北藁城台西出土的商代晚期铜锯，呈刀形，下部为锯齿，后部有柄，长 14.7 厘米。安阳殷墟妇好墓出土的商代晚期铜刀，长约 15 厘米。同墓出土的铜削，柄端呈圆环状，长 13.9 厘米。偃师二里头出土的 1 件商代早期铜锥，体扁平，并向一侧弯曲，四棱向前聚成尖锋，长约 8.5 厘米。

上述这些青铜生产工具坚硬、锐利、耐用，远比石器性能优越，从而使生产效率大大提高。由于广泛使用青铜生产工具，商代的手工业发展生机勃勃。

与钺有关的画像

据文献载，夏代奚仲发明了车，但是，迄今，考古中并没有发现。而商代的木车在考古发掘中已屡屡有发现，并能够根据材料复原商代木车的结构。其特点是双轮独辕，辕前端缚有衡，衡上系轭，用以驾马。而为了结实和美观，往往在木车及马头上配有青铜构件或饰物，成为车马器。主要有軎、辖、镳、轭、衡、当卢、泡等。商代的车子主要是用于作战和狩猎。

商鸟纹三戈

商代的奴隶主贵族为了巩固政权和统治，用当时最珍贵的青铜来制造大量的兵器。考古发现的商代青铜兵器主要有戈、矛、剑、钺、刀、胄、镞和弓柲等。

殷墟博物馆远景

商代青铜兵器铸造技术水平熟练高超，这时，铸造的兵器数量很大。例如在安阳殷墟1座商代晚期王陵的墓道中，就发现有随葬的铜戈69件和成捆的铜矛700件以及铜胄数10件，从这里，可以看出商王用青铜兵器武装了大量的军队。

据甲骨文记载，商王1次出兵3000人，甚至多达5000人。可见，商战的规模与激烈程度。商代的铜戈有直内、曲内、銎内三种形制，后来又发展为短胡1穿、2穿的戈等，其最具中国特色。安阳殷墟出土的1件商代晚期铜刀，长约80厘米，宽约12厘米。钺既是兵器，又是刑具，且还有仪仗的功能。例如安阳殷墟妇好墓出土的大铜钺，平肩，肩部有2个长方形穿，直内。钺身上部饰双虎欲吞食人头的纹饰，人头置于2个张大的虎口之间。钺身1面中部有铭文“妇好”2字。长39.5厘米，刃宽37.3厘米，重9000克。

妇好像

在河北藁城台西及北京平谷刘家河发现了商代晚期的铁刃铜钺。藁城台西铜钺，残长11.1厘米，宽8.5厘米。钺身用青铜制成，饰有两排乳钉纹。刃部已残，经鉴定系用陨铁锻打而成。它表明商代先民已经利用陨铁来制作兵器了。

器以藏礼

古代青铜器的类别颇多，品种过百，名称近千个。如果你不是专门从事文物工作的学者或专家，那么，你不一定能知道它们的名称和功用。因此，对器物进行分类，是文物考古工作者经常涉及的研究课题，而对于藏家、鉴赏家、初学者和一些爱好者来说也毫无例外，这是首先必然要碰到的一个问题。

我们知道，分类的主要目的是为了清楚地区别器物的性质和作用，有利于研究各自形成的器形体系，当然了，分类的主要依据来自于器物的实际用途，而且这种分类是正确区别器物质地的重要方法。例如，从质地上可以分为青铜、书画、陶瓷、金银器、玉器、骨器等。从用途上又可以把器物分为酒器、乐器、兵器、饪食器、生活用品等。这样，实际青铜器就是从质地上划分出来的一个类别。迄今为止，青铜器的分类是青铜器研究的重要内容和基础，自古以来，就受到研究者的重视。如宋代《考古图》、《博古图》等书，都已对青铜器进行了分类，自清代到近现代，海内外研究者对青铜器分类更充分地予以重视，并出现了一些新的分类方法。一般来说，青铜器主要分为农具、工具、兵器、饪食器、酒器、盥水器、乐器、生活用品、车马器、货币、度量衡、符及玺印 12 个类别。

在商周时代，物质和精神文化较之前的社会有着高度的发展，它的经济基础还是农业生产。从愈来愈多考古发现的实物资料看，在商周时代的农业中使用青铜农具已是一个确定的现象，至今已发现的青铜农具主要有耒、耜、铲、镬、锛、锸、锄、鎒、镰、犁铧等。上述农具有挖窖穴和开沟渠的；有起土、铲土、耘苗、除草和松碎表土的；有开垦土地、做垅、间苗和收割的。

青铜的使用最早是铸造生产工具，这就是说，青铜技术一旦为人们所掌握，首先就在各种劳作中发挥它的先进作用。传世或考古发掘所得的古代各种生产工具，数量相当多，要比农具多得多。河南郑州南关外商代二里冈时期的铸铜遗址中，出土了相当多的铸造生产工具的陶范，说明了工具的生产不是个别的现象。在南关外的铸铜遗址中还发现了废弃的工具范，安放得很集中，说明青铜工具在铸造作坊中是有分工的。青铜工具主要有斧、斤、锯、凿、削、锥等。而这些工具用来砍伐、凿孔、挖槽和用于切割木、竹、骨、角等器及割削、钻孔等。

青铜兵器在商周时代曾大量铸造，它是当时军队必不可少的先进装备，为了铸造在作战中能取胜的利器，奴隶主国家毫不吝惜珍贵的青铜。虽然经历了战争的大量消耗，在遗存的青铜器中，青铜兵器仍然是一个大的类别。按它们的用途，可分为两大类。一类为攻击型兵器，这类兵器又可以分为长兵器、短兵器、远射程兵器，器形主要有戈、戟、矛、铍、钺、戚、殳、刀、剑、匕首、弩机、矢镞。另一类为防御性兵器，器形有胄、甲。这些兵器主要用以钩杀、冲刺、格斗、飞射等，有的为刑器以及作为权杖使用。

商周社会中，贵族使用的饪食器种类繁多，并且制作十分精美考究。商周丰富的饪食器，折射了当时的社会性质与社会时尚，折射了贵族们追求财富权势与奢华。按照用途，它们或用于烹煮肉食、实牲祭祀、宴飨，或用于煮粥、蒸饭，或用于盛放黍、稷、稻、秫，或用于盛放腌菜、肉酱、调味品，或用于盛饭、盛水、盛冰等。主要有鼎、鬲、甗、簋、盨、簠、敦、豆、铺、盂、盆、鍪、俎、匕。饪食器多为礼器，是贵族的身份和地位的象征，甚至还象征着立国建邦和统治的权力。

在商代，由于酿酒业的发达，青铜器制作技术提高，酒器达到前所未有的繁荣。在出土的殷商青铜器中，酒器占了相当大的比重，说明了当时社会饮酒的风气非常盛行。酒器就其用途，可分为贮酒器、盛酒器和饮酒器三类。青铜酒器是贵族之具，多用于王室贵族间的宴飨、朝聘、会盟等礼仪交际场合，是一种奢侈品；而用于陪葬的青铜酒器，便如同铭功颂德的纪念物品。所以现在我们见到的商代酒器，或出土或传世，都属于奢侈品。主要有爵、角、觚、觯、壶、杯、斝、尊、卣、方彝、觥、罍、盉等。

青铜水器中绝大部分用于盥洗。一般可分为承水器、注水器、盛水器和挹水器 4 种，包括盘、匜、鉴、汲壶、浴缶等。

青铜乐器是古代音乐文化中最具代表性、最重要的历史遗存。它深刻地体现了中国古代青铜乐器发展的脉络和重大成就。乐器也是青铜器中的一个重要类别。常见于秦汉时期以前的青铜乐器有铙、钲、钟、镈、铎、铃、钩镴、錞于、鼓等。

青铜生活用具主要有镜，照容面具；带钩，束腰皮带一端的挂钩；洗，日常盥洗用具；耳杯，秦汉时期常用的饮酒器；樽，容酒器；燎炉，燎炭取暖的用具，即今之火盆；薰炉，焚香用的器具；熨斗，熨烫衣服的用具；鐎斗，军中的炊器；灯，照明用具。

车马器主要有軎、辖、毂、轴饰、辕首饰、衡饰、銮铃、轭、镳、当卢、马冠、泡、节约等，为车马的构件。

货币主要有布币，仿照青铜农具铲的形状铸成，原始空首布出现在西周时期，大量铸造在春秋时期；刀币是仿造削铸成，目前所见的刀币都是战国时期的；贝币是仿自穿孔的海贝；圜钱，其形制仿自圆形玉璧，中有圆孔或方孔。

周公像

度量衡主要有尺、量、衡、权。

符及玺印，符是传达命令或调遣兵员的凭证，一符剖为左右两半，分存两方，使用时两半相合，称为“符合”，表示命令验证可信；玺印，官私书信往来和相互交往的凭证。

青铜器中有一大特殊的种类，这就是礼器。所谓礼乐制度，就是通过国家立法，明文规定了奴隶主的不同阶层（如天子、诸侯、卿、大夫、士）的社会地位、道德规范及艺术需求。其内容包括在政治、军事、法律，以至于衣、食、住、行、婚、丧、嫁、娶各个方面。

商周奴隶主统治阶级为了加强和巩固政权，建立起庞大的国家机器，规定了森严的等级差别，残酷镇压奴隶的反抗，以维护奴隶制统治秩序。同时，礼乐制度的建立，赋予了各个不同等级地位奴隶主贵族的种种特权。因此，青铜器对奴隶主贵族来说是至关重要的，因为，从礼制来看，青铜器是贵族世家的标志，是祭祀、宴飨、赏赐、记功的宝器，礼器使用的多寡，更是奴隶主贵族尊卑的象征，充分显示了“贵贱有等，上下有别”的等级制度，即所谓“器以藏礼”（《左传·成公二年》）。为了适应统治阶级的需要，青铜器的制造也为这种礼乐制度服务。这种青铜器就是礼乐器，简言之，亦即礼器。

青铜礼器别具中国特色，是中国古代青铜器有别于世界其他国家青铜器最显著的特点。中国号称礼义之邦，敦礼重义早就为世人所称道。只是号称“礼义之邦”的中国，是指过去的中国而言的。孔子说：“夫

安阳殷墟遗址全貌

礼先王以承天之道，以治人之情。故失之者死，得之者生。”《诗经》中说：“相鼠有体，人而无礼。人而无礼，胡不遄死。”在中国古代的圣人和先贤看来，礼为人类的必要仪式活动，有礼则为人类，无礼则为兽群，礼与人群是密不可分的。因此做任何事情都要讲究礼仪，任何行为都要讲究礼仪，而其中又以祭礼最为重要。

青铜礼器是由日常生活实用器转化而来的。根据奴隶主礼乐制度的需要而赋予某一部分器具以特别神圣的意义。这种礼器只能由子孙沿袭使用，别人不得染指，以此来维护和显示该家族的社会地位。

商代晚期，青铜礼器的发展已经十分成熟，主要有食器、酒器、水器及乐器。

一、食器类

在青铜礼器中，鼎是最重要的一种。铜鼎是仿陶鼎而来的，其形制大多为圆腹、三足、立双耳，少数是方形四足，多用来煮牲祭祖，是重要的祭器。此外，鼎更是国家政权的象征。据《史记·封禅书》等文献记载，夏禹铸造了九鼎，从此，九鼎成为王权的象征、传国的宝器。以后“桀有乱得，鼎迁于商”（《左传·宣公三年》），周灭商，成王又迁九鼎于洛邑。春秋时期周定王元年（前606年）楚庄王伐陆浑之戎，陈兵于洛邑附近，定王派王孙满前去慰劳，楚庄王乘机探问九鼎的“大

夏禹像

小轻重”，遭到王孙满的有力驳斥：“周德虽衰，天命未改，鼎之轻重，未可问也。”（《左传·宣公三年》）这就是历史上有名的“问鼎”故事。1939年，河南安阳殷墟出土的商代晚期的后母戊（司母戊）鼎，长方形腹，口沿上有两个直耳，腹下有四个圆柱足，腹部饰夔纹和兽面纹，腹内壁有铭文“后母戊”三字。形体巨大厚重，高133厘米，口长79.2厘米，重875千克。不仅是中国古代，也是世界古代最重的青铜器，代表了中国古代青铜冶铸业的高超技艺和中国古代先民的无穷智慧与创造力。

食器中重要的还有簋、鬲、甗和豆等。簋，是盛放煮熟的黍、稷、稻、秫等饭食的器具，也是重要的礼器，常与鼎配合使用。青铜簋出现在商代早期，即二里冈文化时期，但数量较少，晚期逐渐增多。一般是圆腹，腹部有双耳，且大多在腹部饰有精美的纹饰，圈足。西周时代，簋和列鼎制度一样，在祭祀和宴飨时以奇偶数配合使用。据记载，天子用九鼎八簋，诸侯七鼎六簋，大夫五鼎四簋，元士三鼎二簋。鬲，是煮饭和盛粥的器具，青铜鬲最早出现在商代早期，大圆口，袋形腹，其下有三个较短的锥形中空足。袋形腹的作用主要是为了扩大受热面积，较快地煮熟食物，但商代晚期以后，袋腹逐渐蜕化，且多数鬲有繁

商兽面乳钉纹方鼎

缛富丽的纹饰，不宜于火煮，当为盛粥器。西周中期以后，青铜鬲很盛行，常成组出土。一组铜鬲的形制、大小、纹饰、铭文基本相同。甗，是蒸饭器，全器分为上下两部分，上体用于盛米，称为甑，下为鬲，用于煮水，中间的箅通气以蒸于甑。青铜甗在商代早期已有铸造，但为数甚少，至商代晚期和西周早期数量已较多，特别是西周末、春秋初，甗是绝大多数殉葬铜礼器的墓中必有之器，它和鼎、簋、豆、壶、盘、匜、盉组成一套随葬礼器。1976 年河南安阳殷墟妇好墓出土的三联甗，高 68 厘米，长 103.7 厘米，形体巨大，十分罕见。豆，是用于盛放腌菜、肉酱、调味品的器具，常以偶数组合使用，但也有使用奇数组合的。形制上有圆盘，柄粗而长，下为圈足。青铜豆出现在商代晚期，盛行于春秋战国时期。山西保德县出土的商代晚期带铃铜豆，是目前已知的最早的铜豆。

二、酒器类

酒器爵，是最早出现的青铜礼器。《说文·鬯部》载：“爵，礼器也，象爵之形，中有鬯酒。又，持之也，所以饮酒器象爵者，取其鸣节节足足也。”青铜爵在二里头文化中开始出现，商代墓葬中陪葬青铜饮酒器至少是一爵，有一爵一觚成组合，也有爵与斝单独成组合的。最大的青铜爵群出土于河南安阳殷墟妇好墓，有数种形式的爵 40 件。一般的爵，前有流，即倾酒的流槽，后有尖锐的状尾，中为杯，一侧有鋬，下有三足，流与杯口之际有菌状柱。

盛酒器斝，商代早期就有出土，形状似爵而个大，圆口，有两个菌状柱，无流无尾，一侧有鋬，下有三足，也有方腹四足的。

容酒器尊，商代早期就有出土，大侈口，多为圆腹，颈较高，下部收敛，呈大喇叭状，肩甚宽而微鼓，自肩下折为腹，呈弧形收敛作圜底状。也有方腹的。另有一类尊，整体做成鸟兽形，有鸮、象、牛、羊等形状，称为鸟兽尊。

饮酒器觚，商代早期就有出土，圆腹，高体，侈口，高圈足，呈喇叭形。也有方腹的。觚与爵是一组最基本的青铜器，常伴随出土，也有和斝成组合的。郑州白家庄三号墓、安阳殷墟小屯 338 号墓中均出土二觚、二爵、二斝。

觯，饮酒之杯，商代晚期开始出现，扁体或圆体，口宽相近或小于腹宽，器体颈较长而狭，相应的腹下有较大的鼓出，有盖。

盛酒器觥，觥出现于商代晚期，沿用至西周早期。体呈椭圆形或长方形腹，前有流，后有鋬，下有圈足，腹上有盖，制作精巧，纹饰繁缛。1959 年，山西石楼桃花庄出土的龙纹觥，器身呈牛角状，下有圈足，上有盖。觥首作昂起的龙头形，双角突出，牙齿外露，腹部饰鼍纹和龙纹，构思奇特。高 18.8 厘米，长 24.1 厘米。

商御尊

卣，盛酒器，商代晚期出土，有长颈圆体、扁体、椭方体、筒形和方形等几类。其特点是有提梁。

盛酒器罍，见于商代晚期。有圆形和方形两种。敛口短颈，肩圆不广，两侧有耳，器身最大直径在腹中线稍高处，下腹浑圆敛收，平底。

盛酒器方彝，商代晚期出现，其形状是方腹有盖。1976 年，河南安阳殷墟妇好墓出土的商代晚期的偶方彝，器身横长两倍多于纵长，有斜肩，腹壁亦斜鼓，自下收敛，长方形圈足，两侧有附耳，上如长屋之盖，中空作长槽形，通身饰兽面纹和鸟纹，腹内底有铭文“妇好”，高 60 厘米，长 88.2 厘米。

盛酒器壶，商代早期出现。青铜壶在历史上使用的时间自商至汉，因而变化的形式相当复杂。多为圆口或方口，颈略长，垂圆腹，腹上部有贯耳，圈足。

三、水器类

水器主要用于行礼时盥手以表示虔敬。盉，商代早期开始出现，是盛水以浇手的器具，形状似今天的茶壶，多为圆腹，前有管状流，后有鋬，下有三足。商代中期又有流在顶部，腹下有三个袋足的。商代晚期也有方腹的。盘，承水器，用以承接洗手之水。商代早期出现，商周时期宴飨用之。一般作敞口平缘，腹似浅锅，圈足较低。盘底多饰龙纹、

商兽面纹鼓

龟纹、鱼纹。

四、乐器类

奴隶主贵族在行礼时，一般要奏乐来增加气氛，以便使礼得到充分的体现。青铜乐器铙是一种打击乐器，商代中期开始出现，流行于商代晚期，周初沿用。体似铃而稍大，口部呈凹弧形，铙体横截面呈阔叶片状，两侧角尖锐，底部置有一中空圆管状的短柄，与体腔内相通，柄中可置木段。河南殷墟妇好墓出土有五件成组合的铜铙，大小依次递减，据实测音频试验，其不能演奏完整的乐曲，而是与其他的乐器相配合的节奏性打击乐器。青铜乐器铃是我国最早出现的青铜乐器。1962 年，河南偃师二里头出土了商代早期的青铜铃，器壁薄，形体小，横截面似单叶，两侧倾斜呈矩形，顶部有半环形小钮，侧面有单翼，高 9.4 厘米。

由于青铜礼器蕴含着特殊的神圣的意义，因而制作工艺极其考究，不仅造型凝重，而且表面还装饰有繁缛的纹饰。商代，特别是商代晚期，青铜礼器大多以很细的云雷纹作为地纹，再在上面饰凸起的兽面纹、夔纹、龙纹、凤鸟纹、蝉纹。这些纹饰诡秘雄浑，形成了一种庄严静穆、森严可怖的效果，从而增加了青铜礼器的社会功能。

从商代开始在青铜礼器上铸造和刻凿的文字，一般称为青铜器铭文，又称金文、钟鼎文。青铜礼器铭文内容最丰富，史料价值最高，有许多可以视为信而有徵的历史文献。如商代晚期青铜器四祀邲其壶铭文载帝辛四祀十二月自乙日祭文武帝乙连续三日；二祀邲其卣铭文记正月丙辰祭大乙的配偶妣丙事；周武王时天亡簋铭文记王在辟雍，祭天以文王为配。铭云："乙亥，王又大豊，王凡三方。王祀于天室降，天亡佑王。衣祀于王丕显考文王，事喜上帝……"

手工业的进步

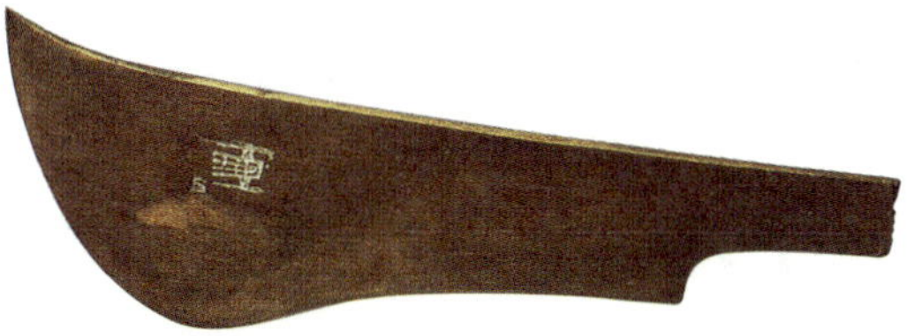
战国铜削刀

青铜器是中国古代文化中的瑰宝。冶金技术的发展直接影响着古代社会的生活和生产，它既是生产力发展的推动力，又是生产力进步的标志。中国古代璀璨的青铜文化促进了青铜时代手工业的蓬勃发展。制瓷业、治玉业、漆器、牙雕等手工业成果辉煌，其艺术品享誉世界。而锋利的青铜工具，如铜刀、铜錾子、铜锥、铜锯、铜砣、铜斧、铜凿等，提高了古代制瓷、治玉、漆器和牙雕的生产效率，使商周时期的手工艺品达到了很高的水平。

一、原始青瓷的萌芽

早在新石器时代，陶器已有了广泛的应用，并有了高度的发展。商朝中期，由于青铜工具的使用，各类手工业有了进一步的发展，制陶业也不例外。正是在制陶业高度发展的基础上，青瓷开始出现，成为中国古代青铜文化的一项重要内容。在河南、湖北、河北、江西等地都有原始青瓷的产地，其中又以长江下游为盛。青瓷以含铁量低于1.5%的高岭土为原料，坯体施青色石灰釉，经过1200℃的窑温烧成，胎质较坚硬细密，胎色青中泛白，故名青瓷。

原始青瓷首先在长江下游得到了较大的发展，商周时期多用泥条盘筑法，部分产品在器表也留有拍印残痕，如瓷刀、瓷纺轮等的残痕。原始瓷釉形成并不间断发展，北方最迟在仰韶文化时，就发明了在陶器表面上涂白色涂料（即所谓“白衣”、“陶衣”）的工艺。例如，郑州出土的刻纹白陶豆，大口浅盘，矮粗柄，盘腹部饰

仰韶文化红陶人头壶

仰韶文化博物馆

云雷纹，柄饰火纹，高13厘米，口径22.5厘米，是精美艺术品。在南方，湖南澧县新石器时代早期陶器就采用了千峰翠色陶衣的技术。商、周时期的原始瓷釉叫石灰釉，它的主要优点是熔融温度较低，黏度较小，釉面光泽较好，硬度较大，透明度亦较高。白陶、印纹硬陶的发明和发展，分别在胎质、釉质上为原始瓷的出现创造了条件，才使原始青瓷得以出现。

河南郑州二里冈出土的商代中期的原始瓷尊，侈口，敛颈，折肩，圜底，肩部和腹部拍印细方格纹。高11.5厘米，口径10.5厘米。胎呈青灰色，经化验是用高岭土制成，上施一薄层淡黄绿色釉。烧制温度在1200℃左右，质地硬，吸水性弱。

二里冈陶文

商代晚期的原始瓷器在河南安阳殷墟遗址、辉县琉璃阁、河北藁城、山东济南大辛庄、益都及江西清江吴城等地均有发现。原始瓷器选料不精，工艺简陋，釉层厚薄不匀，且易剥落，釉色青黄或黄褐，与真正的瓷器尚有距离。西周时期的原始瓷器发展比较普遍，如北京琉璃河，河南洛阳，陕西长安、宝鸡，甘肃灵台，安徽屯溪，江苏句容等地均有发现，比商代的原始瓷器有了较大发展。

诸多考古实物资料表明，中国是世界上最早发明瓷器的国家，商代原始青瓷的制作是中国古代人民对世界文明作出的一个重大贡献。

商王武丁

二、精美玉石器

在商代，虽然青铜工具已经广泛使用，但是石器工具在生产中仍然发挥着重大的作用。在原始社会已经产生并有一定发展的玉器，到了商代有了很大的发展。如安阳武官村大墓出土的商代晚期的虎纹石磬，十分精美。磬是中国古代重要的乐器之一。大量的精美的玉器是商周青铜文化的一项重要内容。如商王武丁的配偶妇好去世，陪葬了许多精美的玉石雕件。妇好墓1976年发掘于河南省安阳市小屯村西北，保存完好。出土玉器计有755件，是商代玉器出土最多、最集中的墓葬，另有63件石器，47件宝石器。

妇好墓玉器的玉料基本是新疆和田玉，属软玉，主要成分是硅酸钙，属角闪石类，其中以青玉最多，白玉、青白玉、黄玉、墨玉等次之。如妇好墓玉戈呈黄褐色，有黑斑。援较宽，大于援长的三分之一，有中脊和边刃，中脊由前锋通至内。内呈长方形，也有边刃，后缘近直。内前端有圆穿，

商玉凤

战国云纹铜削刀

靠援处有安柲痕迹（柲痕宽3.5厘米）。通长38.6厘米，援长26.4厘米，援宽10.1厘米，穿径1厘米，内厚0.6厘米。内后端一面刻铭6字："盧方□入戈五"。此外，殷墟18号墓朱书玉戈为新疆青玉材质，在小屯村北出土时残为三段。援较宽，有中脊和边棱，内短而薄，较援略窄，内上有上下并列的两个小圆穿。通长20.5厘米，内1.3厘米，援宽6.6厘米，内宽5.5厘米，内厚0.5厘米。援上一面用毛笔朱色书写7字。

石器以大理石、石灰岩等为原料。如殷墟妇好墓石牛为大理岩质，泛白色，圆雕。牛形作伏卧状，前肢跪地，后肢前屈，短尾下垂。昂首，张口露上下齿，两角向后，眼、耳、鼻清晰，背脊与尾雕节状纹，有些部位饰云纹。长25厘米，高14厘米。妇好墓石磬青灰色，为碳酸盐岩质，略呈长条形，上窄下宽，上端近平，下端微外凸。两侧棱角明显，两端磨去棱角，较薄。近顶端中部有一圆穿，穿径1.8厘米，其上端因长期悬挂而形成坠痕。石器表面光滑，长44厘米，宽8.5厘米×12厘米，厚2.4厘米×3.2厘米。石磬一侧上端刻写4字："妊竹入石。""妊竹"应是部族人名，表明该石磬本是妊竹入贡妇好的贡器。

宝石器由绿晶、玛瑙、绿松石、孔雀石4种材料加工制成。

纵观妇好墓玉器，其形态各异，体现了很高的制玉水平，可分为礼器、仪仗、工具、生活用品、装饰品、杂器6类。如琮、圭、璧环类等礼器；钺、戈、矛、戚、大刀等仪仗用品；柄形器及各种配饰等。其中尤以各种圆雕或平雕的人和虎、象、熊、龙、鸮、鹰等动物形象生动，线条流畅，表明琢玉技术与抛光技术已达到了相当高的水平。其中一件圆雕的双面玉人，淡灰黄色，高12.5厘米，宽4.4厘米，厚1厘米，头上有双角，一面为男性，一面为女性，其雕刻装饰手法具有明显的时代特色。

1985年，在安阳殷墟刘家庄南地M42、M54、M57、M64等10余座商代墓葬中，发掘出土一批带有朱书文字的玉璋残片，今可辨识文字

商玉虎

者共有17片。1991年，在安阳后岗1座商代晚期小型墓葬（91M3）盗坑中，发掘出土了6件玉质柄形器，每件器上用朱书文字分别写有“祖甲”、“祖丙”、“祖庚”、“父□、“父辛、“父癸”等祭祀对象的称谓。

1982年春天，考古工作者在河南安阳苗圃北地编号为M80的商代墓葬中发现5件砺石，其中1件残石上刻有6组各由6个数字组成的卦数。这件砺石呈长方形，青灰色细沙质，长8～9.5厘米，宽7厘米，厚2厘米。6组卦数的位置为正面3组，背面2组，侧面1组。

三星堆商代遗址不仅出土了大量商代青铜器杰作，同时也出土了许多精美的玉石器。石器主要种类有石璧、石圭、石珠、石斧、石锥、石刀、石杵、石跪人、石锛、石虎、方石等；玉器种类主要有玉琮、玉璧、玉管、玉簪、玉璋、玉瑗、玉环、小玉块、玉锛、玉斧、玉锄、玉凿、玉矛、玉镞、玉戈、玉斤、玉刀、玉剑、玉戚形佩、玉圆凹形器、玉舌形器等。三星堆遗址出土的玉器既有蜀人固有的玉雕，也有中原的玉雕和蜀人仿中原的玉器。

金沙遗址博物馆

金沙遗址是商周时代遗址，是世界上同时期出土古代象牙最集中的遗址之一，是中国同时期出土金器、玉器最多的遗址之一。遗址所清理出的珍贵文物1000余件，包括金器30余件、玉器和铜器各400余件、石器170件、象牙器40余件，出土象牙总重量近1吨，此外还有大量的陶器出土，再现了商代晚期至西周时期古蜀文化的辉煌。

江西新干大洋洲出土有玉琮、玉璧、玉环、玉璋、玉矛、玉戈、玉璜、玉块、玉瑗、柄形器等，造型基本上受中原风格的制约，一种好孔周缘两面凸起的璧类器在造型样式和制作技术上几乎完全一样。

陕西宝鸡西周墓出土的玉器，继承商玉的优点，更加简化、夸张，生动传神。春秋战国时期玉器工艺有了广泛的发展，各诸侯国竞相碾治，精益求精。

三、 如画的漆器与牙雕

漆器是中国古代的一项重要的发明，根据考古发现，早在新石器时代已经发明了漆器。商代由于青铜工具的广泛使用，木器和漆器的制作有了很大的发展，可以雕刻出精美的花纹。但是木、漆器易朽，不易保存，故发现较少。

考古工作者在安阳殷墟奴隶主贵族墓葬中发现了雕花木椁板的痕迹及漆器。在殷墟1001号大墓、殷墟花园庄东地54号大墓、武官村大墓、小屯388号墓及其他中小型商代晚期墓中，以及在河南罗山夫湖的商代晚期墓地和山东益都苏埠屯商代晚期墓葬中都发现了商代不同时期的漆器。只是出土的商代漆器多数胎骨腐朽。时代较早的有1973～1974年在河北藁城台西村出土的商代遗址，它是几年来商代遗址发掘规模最大的一处，也是漆器收藏最丰富的一处。从目前清理的探方看，是由商代早晚两期居住遗存和早晚两期墓葬构成。在早晚两期遗址中发现了几十片漆器残片，残片大小不一。在晚期居址的F6室内外发现漆器残片26块，其中两块有画彩，其他都是先在木胎上雕刻花纹，后再涂朱、髹漆、镶嵌，表面呈现浮雕式的花纹。花纹有饕餮纹、夔纹、圆点纹、雷纹和蕉叶纹几种，在饕餮纹中还镶有绿松石。器形为圆形浅腹盘和圆形带盖盒，在一块残片花纹

战国铜雕刀

间还有原来安装合页的痕迹。在14号墓出土的一件圆盒朽痕中，还发现一段半圆形金箔饰片。该遗址为商代文化堆积，初步估计这处遗址的年代为公元前15～前13世纪。其中绝大部分遗址、遗物应为殷墟文化早期的。藁城一带土质含碱较多，这些珍贵遗物能够保存至今，实属难得。

战国蟠螭纹漆外棺

湖北黄陂盘龙城商代中期墓葬中，也发现10余块内外髹漆的木椁，外壁雕刻饕餮纹和斜角云雷纹，并填以黑红两色漆。

时期较晚的殷墟M1001大墓、武官村大墓、小屯388号等墓葬中也曾出土盘、盒、罍、鼓等漆器，特别是在安阳侯家庄1001号大墓的椁室顶板之一，发现了多件髹漆木器。其中一件器物平面呈长方形，四角各伸出一柄，似为搬运器物用的抬盘。该器物两端各雕刻一组兽面纹，上髹红漆。兽面的眼睛用圆石片嵌成。眼角、兽牙及兽面周围的装饰带，则系由蚌片镶嵌而成。在另一件漆器上，还发现用蚌片镶成的扉棱装饰。

1980年，在河南罗山夫湖的商代晚期基地出土了10件漆器。其中有敛口平底木胎碗，髹黑漆，为镟木制成，它可能是现已发现的最早的一件车镟木胎漆碗。在山东益都苏埠屯商代晚期墓葬中，也曾发现表面用蚌片和龟甲镶嵌出虎纹和兽面纹的漆器。

2000年12月至2001年2月，中国社会科学院考古研究所安阳工作站抢救发掘一座未被盗掘的高级贵族墓葬。它是继殷墟妇好墓及郭家庄160号墓之后第3座保存完好、规模较大的贵族墓葬。这座编号为花园庄东地54号的墓葬，位于殷墟花园村东约100米。墓葬二层台呈南高北低，南北二层台上均见椁盖板板灰痕迹。值得一提的是在东、西、南三面二层台上放置有用红、黑漆髹成的木棍。木棍整体顺着二层台的方向放置，其中有几根木棍上还有黑底红漆的菱形花纹。54号墓有两

战国二十八宿图漆木箱

椁一棺。外椁盖虽已腐朽下陷，但仍清晰可见。椁盖髹漆，以黑漆为主，兼有红漆与黄漆。内椁椁盖雕刻十分精美。内椁上的雕刻花纹局部保存较为完整，阴线用黑漆、阳线用红漆髹成。这在以前的殷墟发掘中是很少发现的。木棺盖上髹有较内椁红漆更鲜艳的漆。值得一提的是，在棺盖的四周断断续续发现一圈金箔，可能是镶嵌在棺盖上。此次发现的贴在棺盖四周的金箔解除了以前对其作用的疑虑。该墓为70年来发现的第三座未被盗掘的商代晚期贵族墓葬，为10年来殷考古的重大发现。

商代漆器的类别主要有豆、碗、杯、案、觚、盘、盒、罍、鼓、筒形器等。质地以木胎为主，装饰纹饰主要有饕餮纹、雷纹、夔纹、蕉叶纹、圆涡纹等。色彩均为朱漆地黑色花纹，漆面乌黑发亮，朱地颗粒细小，花纹纤细，比例匀称，表现了当时人们在晒漆、兑色、髹漆等几个方面的成就。这时制漆工艺已经出现了薄板胎，有的还在其上漆绘雕花，使漆器表面呈现出浮雕式的美丽花纹。此外，相继出现的镶嵌蚌壳、蚌泡、绿松石和玉石等各种镶嵌技术，使漆器色彩更加绚丽鲜明。不论是将磨制成圆形、方圆形、三角形的嫩绿色松石镶嵌在漆器上，还是在漆器上用蚌片和龟甲镶嵌出虎纹和兽面纹饰，都证明在距今3000多年前的商代已经出现了螺钿工艺。这说明商代漆器工艺已达到相当高的水平。

西周象牙梳

锋利的青铜工具的使用，使商代的牙雕工艺也达到了很高的水平。 商代遗址出土的牙骨雕制品颇多，如安阳殷墟出土的象牙雕制品就有象牙杯、象牙碟、象牙鹗尊、雕花象牙梳，还有数以百计的用于镶嵌的象牙饰片等。

1976 年，殷墟妇好墓中出土了 1928 件精美器物，其中牙骨雕制品就达 567 件，这些牙骨雕刻品中，艺术品、装饰品占 90% 以上。其中，妇好墓出土的三件象牙杯，杯体筒状，系用中空的象牙根段制成。其中一对夔鋬杯，高 30.5 厘米，径 11.3 厘米和 12.5 厘米，杯身细高似觚，通身雕刻兽面纹、夔龙纹等，并嵌以绿松石。另一件是带流的虎鋬杯，高 42 厘米，直径 10.6 ~ 11.2 厘米，通体雕刻精细的花纹，以云雷纹为地，镂刻浮雕兽面纹、夔龙纹、凤鸟纹等，鋬部也雕出虎、鸟等形象，并镶嵌了很多绿松石，是较大的一件象牙杯。这 3 件牙杯造型别致，装饰纹样纤细工整，镶嵌图案规范匀称，是这一时期牙雕制品中有代表性的杰出作品。

商象牙带流夔鋬杯

洛阳中州路东周墓出土的 1 把佩剑，剑鞘用整块象牙雕刻而成，有精细的蟠螭纹等装饰纹样，也是不可多得的牙雕精品。

规模巨大的城市

城市是进入文明时代的重要标志之一，是中国古代青铜文化的一项重要内容。中国早在夏代就已经出现了城市，到了商代，由于青铜工具的普遍使用，使得土木工程有了很大的发展，城市规模扩大，有了进一步的发展空间。

商代的城市遗址，尤其是都城遗址，中华人民共和国成立以来，田野考古工作中已有了重大发现。1983 年在河南偃师尸乡沟发现了商汤的都城西亳遗址。城址南邻洛河，平面略呈长方形，南北最长达 1710 米，东西最宽达 1240 米，总面积约为 190 万平方米。城墙用土夯筑而成，厚 17 ~ 19 米，残高 1 ~ 2 米。已发现北城门 1 座，东、西城门各 3 座，

偃师商城宫殿基址遗址

城内有纵横交错的干道。在城内南部发现3座方形的小城。居中的1号小城，每面长约200米，夯土围墙厚约2米，南面有1座大门。小城内有数组封闭式的建筑。城内中部偏东的4号建筑，东西长约51米，南北宽约32米。北部为正殿，坐北朝南，建于长方形夯土台基之上，东西长36.5米，南北宽11.8米，南部有4个台阶。其东、西、南3面为廊庑围绕，中间为庭院。南部廊庑中部偏东为大门，门道宽2.1～2.4米，西面廊北部还有1个宽约1米的侧门。此外，在尸乡沟西南约6千米的二里头发现了商代早期的宗庙遗址以及大型贵族墓葬。

三星堆遗址位于四川广汉南兴镇，1980年起发掘。在遗址中发现城址1座，据推测，其建造年代至迟为商代早期。已知东城墙长1100米，南墙180米，西墙600米，为人工夯筑而成。清理出房屋基址、灰坑、墓葬、祭祀坑等。房基有圆形、方形、长方形3种，多为地面木构建筑。自1931年以后在这里曾多次发现祭祀坑，坑内大多埋放玉石器和青铜器。1986年发现的两座大型祭祀坑，出土有大量青铜器、玉石器、象牙、贝、陶器和金器等。金器中的金杖和金面罩制作精美。青铜器除罍、尊、盘、戈外，还有大小人头像、立人像、爬龙柱形器和铜鸟、铜鹿等。其中，青铜人头像形象夸张，极富地方特色；立人像连座高2.62米，大眼直鼻，方颐大耳，戴冠，穿左衽长袍，佩脚镯，是难得的研究蜀人体质与服饰的资料。祭祀坑的年代约为商末周初，被认为是蜀人祭

三星堆博物馆

祀天地山川诸自然神祇的遗迹。

商朝到了第12任国王仲丁的时候，开始将国都从亳迁往隞，历史上称这件事为“仲丁迁隞”。但隞具体在什么地方，后人一直弄不清楚。

三星堆祭祀坑

1985年夏天，家住郑州市西北约20千米的石佛乡小双桥村的几位农民在村西北取土时，从地里挖出了一件青铜器，随即送交当时的河南省博物馆收藏。1989年底，村民们又在村西头发现了青铜器，经考古学家鉴定为商代前期青铜建筑构件，引起了考古工作者的极大兴趣。从此，开始了小双桥商代遗址的大规模发掘工作。

从1990年开始，经过3次大的发掘，考古工作者发现小双桥遗址的面积庞大，达到144万平方米，遗址的中心区域有多处大型宫殿建筑基址，还有用来祭祀的场所和青铜冶炼遗址，出土的青铜器有爵、斝、钩、镞和建筑构件等，其中两件青铜建筑构件造型极为奇特罕见。其中的一件正面为方形，俯视为凹字形，高18.5厘米，正面宽18.8厘米，侧面宽16.5厘米，重6千克。构件正面为单线阴刻饕餮纹，刻法如行云流水，流畅自如。中间有两枚乳钉鼓出，恰似两只睁大怒视的眼睛，近方形角向内卷，云形卷耳，整个构件给人以凝重威严的美感。构件的两个侧面中间各有一个长方形孔，长方孔的四周各饰一组龙虎搏象图，这种青铜建筑构件多为宫殿正门两侧枕木前端的装饰物，由其形体推测，该宫殿建筑规模宏大，厚重坚固，居住者非商王莫属。在遗址内还发现有大形石磬、长方形石圭、石祖等，体形庞大，制作精致，也被认为是商王用的器物。

小双桥遗址还有一项重要发掘收获，就是发现了在陶器表面书写的“朱书陶文”，约有8个字。书写用的工具是毛笔，颜料为红色的朱砂。这些文字与殷墟出土的甲骨文和朱书文字一脉相承。这是目前发现的商

王国维像

代最早的书写文字，在我国文字发展史上有着重要的意义。小双桥遗址出土的高规格器物，证明它可能就是历史上的“隞都”。

殷墟分布在河南省安阳市西北郊的洹河西岸，是商王朝后期的都城遗址，自公元前14世纪末年盘庚迁都至此，到纣王亡国为止，共经8世12王，历时273年。周朝灭商以后，都城荒废毁弃。因城原名“北蒙”，又称“殷”，故而后人称之为“殷墟”。

清光绪二十五年（1899年），王懿荣首先在殷墟中心的小屯村发现了甲骨卜辞，后来经过罗振玉、王国维等金石学家先后考释出商王朝先公先王的名谥，从而证实这里就是《史记》等史书记载的商代后期都城——殷墟。

1928～1937年，中央研究院先后对殷墟进行了15次发掘，初步揭示了仰韶文化、龙山文化和商文化的关系，此外还发现了王陵区的线索，并发掘了7座大墓，出土了丰富精美的随葬品和17000余枚甲骨片。中华人民共和国成立以后，中国社会科学院考古研究所继续进行考古发掘，工作一直进行到今天，50多年的考古发掘取得了震惊中外的丰硕成果。

考古发掘证明，殷墟是一座布局规整严谨的都城遗址，是高度发达的奴隶制社会的缩影。殷墟占地24平方千米，洹河南岸有规模宏伟的宫殿和宗庙，在其周围环列有铸铜、制骨、制陶等手工业作坊，还有居民区和平民墓地，洹河北岸分布有大面积的王陵区，都城外围是简陋的贫民居住区。在王陵区发掘了13座大型贵族墓葬，每座墓的四周都有排列密集的用以祭祀祖先的人祭坑，共发现1400余个。贵族墓内都有众多的殉葬人，如武官村大墓中殉人达200多人，其中有墓主人的亲属、侍从、驭手、领班、奴隶等，按不同的身份排列在墓主人的四周，等级森严，尊者近，卑者远。

殉葬的奴隶多是未成年的儿童，有的被砍头或锯手、足等，许多奴隶还带有刑具，其状况惨不忍睹。贵族墓内还随葬有大量的珍贵文物，如商王武丁的配偶妇好墓中随葬各种礼器、武器、车马器、装饰品等2000余件，其中许多都是商代青铜器、玉器中的珍品。

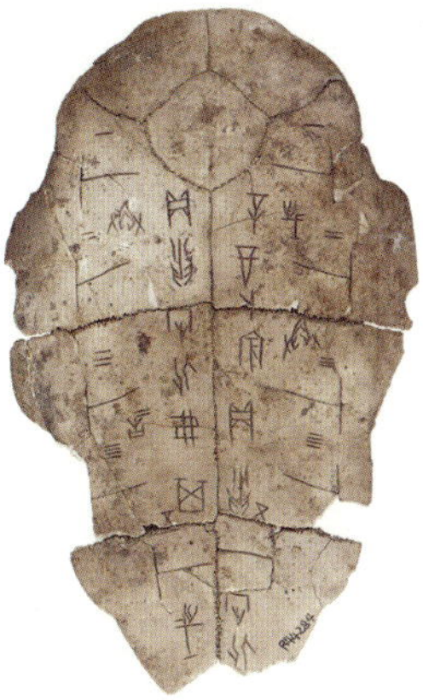

商晚期带卜辞龟腹甲

殷墟出土的青铜器、玉器、骨角器、陶器等文物数量很多。堪称世界古代青铜器之最的后母戊鼎，重达875千克，是世界上最大的青铜器。妇好墓中的三联甗、偶方彝、鸮尊等，以精美的造型、华丽的纹饰而著称于世。这些文物都是商代后期青铜工艺的杰出代表。

此外，殷墟还出土了甲骨卜辞15万多片，包括5000多个单字，其中已释读的有2000多字，这是中国迄今发现的最早的文字，也形成了以研究甲骨卜辞为对象的专门学科——甲骨学。

2002年8月，一座迄今所知的中国商代规模最宏大的宫殿，在河南安阳市郊的洹北商城内被发现。该宫殿群的发现，是中国考古史上空前的发现，具有划时代意义。

一号宫殿基址位于洹北商城南北中轴线南段，东西长173米，南北

洹北商城遗址

宽约90米，面积达1.6万平方米，整体结构呈“回”字形，很像今天北方的四合院。而这座夯土建筑只不过是宫殿区基址群中的一座。

一号基址有正殿、配殿，以及门塾（相当于今天的传达室）和廊庑。廊庑和门塾位于宫殿南部。门塾居中，两侧是廊庑。两条宽约4米的门道穿过门塾，直达宫殿的庭院。庭院南北宽68米，东西长140余米。穿过庭院是北部的正殿。目前发现的只是正殿的西部，已清理出了9间房屋，每间宽约8米，进深约5米。正殿基址面上用白灰标示的成排的圆圈。考古人员还发现正殿每个房间南面正对着的是出入房间的台阶，台阶均为木制。这种台阶竖铺条木为骨架，再横铺木板或木条，形成土木混合结构。无论是清晰的柱网结构还是木质踏步的台阶，在商代建筑遗迹中都是首次发现。台阶下还有祭祀坑，从祭祀坑里骨骼的形状来看，可以肯定是人骨。

在北部正殿的房屋之间及西部还设有通道，由于东边尚待发掘，通道情况不太清楚。正殿西部是一段20余米的双面廊，中间以一条通向后部的通道与正殿相隔。西配殿南北长85米。其面向庭院内一侧建有3个台阶，每个台阶前也都有用于祭祀的被肢解的动物骨骼。

宫殿两旁堆积着大面积的红烧土。这些烧土是基址倒塌的墙体和屋顶的残块，大部分呈红色，但接近于地面的烧土则呈黑色，这是土在受热过程中含铁的成分氧化和还原的不同结果，表明墙体和屋顶倒塌后仍在燃烧。因此这座商代宫殿很可能是毁于一场大火。

1997年，在国家文物局的支持下，中国社会科学院考古研究所安阳工作站的学者们与当时供职于美国明尼苏达大学的荆志淳博士等一起，开展了一个以考察安阳洹河流域古代人类聚落发展演变规律为目的的合作研究。这项研究被称为区域考古调查。1999年秋，工作取得了突破性进展。先是通过钻探将遗址面积从原先认为的150万平方米扩大到300万平方米，随后又在韩王度村的东南钻探出一段夯土城墙的墙槽遗迹，并于当年12月完成对全部城墙基槽的钻探，确认这是一处商朝中期的城址，实际面积约4.7平方千米。这就是我们后来所说的洹北商城，有人称它为20世纪最重要的考古发现之一。城墙的巨大规模和它特定的年代，暗示这里可能是3000年前的都邑。

直到 2001 年夏季，队员们终于在洹北商城南北中轴线附近一条现代人工沟的剖面，清理出 27 处商代夯土建筑。其中一“回”字形基址就是后来定名为一号的基址，编号为 2001HBCF1。在随后的勘察中，考古队员们又陆续在这条人工沟西部的苹果林中钻探出更多的大型夯土建筑。至此，宫殿建筑群浮出水面。

发现洹北商城及其宫殿群是一个非常曲折的过程。1999 年考古队员钻探洹北商城城墙前，洹北商城一带的发掘工作并不被一些同行看好。有人认为将精力放在洹北商城一带可能是浪费时间，但考古队员们则抱以很大希望。

这年 10 月，队员们在钻探到遗址东部时，地下的文化遗迹突然神秘地“消失”了，他们为确认遗址的东界着实困惑了好几天。直到荆志淳、安阳考古队副研究员刘忠伏在商城遗址东部的一片荒草地中，打出一个含有“文化层”的探孔（编号 99K8），大家方觉柳暗花明又一村。正是循着“著名的 8 号孔”（考古队员的戏称），刘忠伏才在遗址的最东头发现了城址的东城墙。东城墙的发现颇有些戏剧性。当时考古队乘坐的汽车恰好在埋在地下的城墙基槽上方抛了锚，在等候修车的过程中，刘忠伏让钻探队员在汽车周围打几个钻试试，结果一下子发现了大家寻觅已久的东城墙。

关于此次洹北商城和宫殿发现的意义，唐际根归纳说：“首先洹北商城及其宫殿区是主动找到的。这不能与偶然的发现相提并论。我们一定程度上掌握了古代聚落在洹河流域的分布规律。因此我们的工作具有方法论上的意义。其次，50 年代发现于郑州的商城代表商代的早期，殷墟代表商代的晚期，这是大家都熟知的考古知识。洹北商城一号基址的发掘发现，正好处在郑州和殷墟之间，填补了考古界对商代中期这段历史考古研究的空白。因此它从考古学上进一步完善了商王朝历史的编年框架。第三，正在发掘的一号基址是迄今发现的规模最大的商代宫殿。基址表面清晰的柱网结构超过以前发现的任何商代建筑。加上保存下来的台阶、门道，特别是周围倒塌着丰富的墙体和屋顶残块，可以最大限度地复原出一座规模宏大的商代宫殿。从这一点看，一号基址的确是空前重要的发现。第四，从城市布局上说，洹北商城宫殿建筑群处于城址南北中轴线略偏东的位置，显示出我国城市中轴线布局的早期特征。一号基址本身的平面结构，如果最通俗地描述，可以说是一个大型‘四合院’。‘四合院’式布局，正是我国历史上最常见的建筑布局。”

最后，唐际根博士说，殷墟是我国最著名的古遗址，曾被列为20世纪中国百项重大考古发现的首位。洹北商城发现于殷墟旁边，同为商代遗址，与之还有所重叠，因此洹北商城与殷墟的关系成为很多人关心的问题。殷墟是商代最后一个都城已是定论，洹北商城从年代上说早于殷墟，但究竟是哪一代或几代商王的都城，则还有待进一步研究。

偃师商城西门遗址

西周琉璃河燕国遗址

从1976年开始，陕西省文物管理委员会、北京大学考古系、西北大学考古系联合对西周周原遗址进行了大规模的考古发掘，取得了轰动史学界的丰硕成果。现已初步查明，宫殿建筑（或宗庙）的遗址分布在岐山凤雏和扶风召陈两处。在召陈发现了15处大小不等的建筑基址，可能是贵族的住宅。最大者东西长24米，南北宽15米，均用各式的板瓦、筒瓦、半瓦当等覆盖屋顶，瓦上饰有重环纹、绳纹等纹饰，这是中国迄今发现最早的瓦。

在遗址里还发现了多处手工作坊遗址，如云塘村南的制骨作坊、齐家村东的制陶作坊、齐镇东的制铜作坊等，都是大型的手工业作坊，其中云塘村制骨作坊规模最大。遗址中发现有丰富的石、骨料和半成品遗物，还出土铜锯、刀等各种工具，反映出了当时系统庞大的生产规模。

1977年，在凤雏建筑遗址的窖穴内，出土了17万片卜骨和卜甲，其中多是卜甲。在200多片卜甲上有刻辞，最多者30字。1979年在扶风齐家也发现了5片有字的甲骨，内容主要是记述了周人和商王朝及其他方国的关系。周代甲骨卜辞字体较小，笔画纤细，雕刻技术娴熟，是研究西周历史的珍贵史料。周原遗址最重要的发现，是出土了大量的窖藏青铜器，这些窖藏和青铜器的历史之长，数量之多，世所罕见。远在西汉、唐、宋的时候，就在此处屡有重大的发现。清代道光年间，先后出土了盂鼎、大丰簋、毛公鼎等海内外著名的铜器。20世纪以来的80年间，共发现了铜器窖藏30多个，出土了铜器1000余件，如1975年董家村一个窖藏出土了铜器37件，其中的卫鼎、卫盉等器物的铭文，记载了西周中期有关征伐、租田、诉讼等有关的内容，说明西周社会已经出现了封建制度的萌芽。

西周晋侯墓地椁室

贵族墓葬

中国的青铜时代是奴隶制社会，奴隶主贵族一生都享受着荣华富贵，奴隶主还残酷地压迫剥削奴隶，奴隶过着极其悲惨的生活。奴隶主生前还让奴隶为他们修建巨大的陵墓，随葬大批青铜器供他们死后继续享用。

商代晚期诸王的陵墓分布在安阳小屯村西北的侯家庄一带，已发现13座大墓。墓室平面呈亚字形或长方形，有4条、2条或1条墓道。陵墓规模巨大，例如1001号大墓，墓口呈亚字形，南北长18.9米，东西宽13.75米，墓室深10.5米。在墓室中用木板建成高约3米的亚字形椁室，中置木棺。在墓室的东西南北有4条墓道，墓室加墓道总面积达712.75平方米。在王陵中均发现有大量的殉葬人。以1950年发掘的安阳武官村大墓为例，在墓室中发现有殉人45个，可能是墓主人生前的侍从和姬妾；在墓室上部的填土中还发现人头骨34个，可能是埋祭时

商后母戊鼎

被杀的人牲。王室贵族墓葬中都随葬有大量的物品，以商王武丁的配偶妇好的墓葬为例，共随葬有青铜器460多件、玉器755件、骨器和牙器560多件以及陶器、蚌器等计1928件，此外还有海贝6800余枚、海螺2枚。青铜器中礼器210件，其中方鼎5件、圆鼎26件、甗10件、簋5件、方彝5件、尊10件、卣2件、壶4件、方罍2件、爵40件、斝12件、觚53件、觯2件、觥8件、盉6件、盘2件及编铙1组5件等。圆鼎中2件成对的有3套，6件成组的有2套。总的来看，以酒器为最多。在酒器中又以饮酒器爵和觚为最多，合计为93件，占全部礼器的44.6%。这充分地说明了商代礼器是以酒器为主。

在安阳侯家庄西北岗商王陵区内还发现了大规模的祭祀场，南北宽约250米，东西长约250米，历年来共发掘祭祀坑1400多座。这些祭祀坑因为排列整齐，又称为排葬坑。大多数坑中埋人牲，少数埋马、狗或车子等。埋人牲的坑多为长方形，一般长约2米，宽约1米，大多排列着10个人。坑内所埋人牲有全躯的，也有的是无首躯体。另有一种方形坑，长宽均为1.5米，是专门埋人头的。据研究，这里是商王祭祀祖先的场所，所用人牲大部分是青壮年战俘，其中最多的是羌人，一次祭祀最多时要杀300～400人。堆堆白骨鲜明地反映了商代奴隶制的野蛮和残酷，奴隶主贵族恣意地杀戮摧残奴隶，这也是商代奴隶制度腐朽黑暗的写照。

西周贵族墓地车马殉葬坑

在以安阳孝民屯为中心的殷墟西区发掘了商代

晚期平民及小奴隶主贵族的墓地，发掘了 939 座墓葬，大多是小墓，长约 2 米，宽不到 1 米，埋葬着 1 人，有木棺和随葬品。此外还有少数较大的墓，并有少量的殉葬人。这些墓葬排列有序，可分为 8 个墓区，每区之中又分为若干组群。各区的墓葬不仅在随葬品的种类方面有所差别，而且在随葬的青铜器上分别有不同族氏的铭文。这说明各个墓区分别属于不同的族氏。这种商人“族墓地”的发现，表明商人生前是聚族而居，死后同族和葬在一起，反映了在商代存在讲究血缘关系、宗族关系的习俗。

琉璃阁商墓，是商代中晚期墓群，位于河南省辉县琉璃阁附近。1950 年由中国科学院考古研究所发掘。这是继安阳殷墟之后在中原地区最早的发掘的一群商代墓葬，为研究盘庚迁殷前的商文化的面貌提供了宝贵资料。墓葬共 53 座，其中一座带墓道，余均为长方形土坑竖穴。一半墓底有腰坑。椁室多用方木垒成，最大的长 4.56 米，宽 3.22 米，高 1 米。葬式为仰身直肢葬者 32 座，俯身葬 18 座，余者不明。3 座墓中发现有殉葬人，最多的殉 10 人。22 座墓中有殉犬，最多的 3 只。随葬品有陶、铜、玉石、骨角、蚌器及海贝、金叶等。陶器数量较多，有鼎、鬲、簋、豆、罍、罐、尊、斝、觚、爵、钵等；青铜器主要有鼎、鬲、觚、爵、刀、戈、钺、镞等；玉石器有石斧、石戈、石钺、玉鱼、玉璜、玉鸟等。出土的鸭形小铜器，造型别致，纹饰精细，极为少见。此外，有一个铜鼎，造型罕见。从出土的陶器和铜器判断，大部分墓葬的年代相当于商代中期，少数墓葬的年代约为商代晚期。从墓葬规模、葬具、殉人和随葬品等方面考察，这些墓的墓主在社会地位上有明显的等级区别。

商妇好鸮尊

琉璃河燕国墓地是西周时期燕国贵族的墓地，位于北京市房山县琉璃河乡黄土坡村，面积约 5 万平方米。中国社会科学院考古研究所和北京市文物工作队等从1973年起进行发掘。这一发现为研究燕国的早期历史提供了重要的实物资料。

该墓葬的排列较有规律。已发掘墓葬近200座，均为长方形土坑竖穴，都是单人葬，有木质葬具，头朝北。葬式大多为仰身直肢，主要随葬品多数放在墓主人头前。按墓葬的形制与规格可分为大、中、小型墓。小型墓一般长2.5米，宽1米左右，都用木棺为葬具。随葬品主要是陶质明器，少数墓中放有玉石饰件或小件青铜器。中型墓长3米以上，以棺椁为葬具，随葬品有青铜器、玉石器、漆木器和陶器等。大型墓的墓室较大，有的在墓室南边设一条墓道，有的则在墓室南北各有一条墓道。这些大墓与其他地区商周时代的"甲"字形或"中"字形大墓有所不同，南墓道相当宽，平面呈梯形，墓道低端距椁顶尚有一定距离，不直通椁室，具有一定特色。

墓葬有早晚之分，早期墓随葬陶器多以鬲、簋、罐为组合；晚期墓随葬陶器以鬲、罐为主。早期墓中有的墓底设有腰坑，坑中殉狗。多座中型墓中有殉人，一般殉1～2人。殉葬人大多为青少年男女，有的放在椁顶板上，有的放在两侧的二层台上，头的朝向往往与墓主人相反。殉人身边有放置成套马具者。大型墓和一部分中型墓都有车马陪葬，车马坑多在主墓北边。每坑埋放车马数量与墓主人生前社会地位有关。少的用2匹马1辆车或4匹马1辆车，多的用14匹马5辆车或更多的车马陪葬。所用车辆有的是整车平放，有的则把车轮和车厢拆开后摆放坑中。马匹的摆放也不尽一致：整车平放者多将杀死的马匹规整地放在舆前车辕两侧的浅槽之中；车辆拆开放置者，是将杀死的马匹排放坑底，然后将车厢、辕、轴、衡等压放马匹之上，车轮斜靠坑壁。前者马身上常有成套的马具，后者则多将马具卸下，放在墓主人的椁室中。所埋车辆均为木制，双轮独辕，前有衡，后有轴，车厢放在辕和轴交接处之上。辕头上翘，辕和衡相接处有铜扣和绳索连接。车厢平面多为长方形，四边有栏杆，后边留有缺口以供上下。在辕、衡、轴等处有青铜器构件和饰物。车轮的辐有的为18根，有的则为24根。有的车上备有伞盖，平面为圆形，直径1.3米，有26根伞骨，自顶部向四周作放射形排列。

该墓地随葬品较丰富，主要有青铜器、陶器、玉石器、漆器、货币、宝石器、原始瓷器等。青铜器主要有方鼎、圆鼎、爵、甗、尊、罍、卣、觯、盉等礼器，戈戟、矛、镞、匕首等兵器及车马器等。不少青铜器上铸有“匽侯”铭文，并记述了匽（燕）侯赏赐货币、臣妾等。较为难得的是，一件铜鼎上的铭文，记载了匽侯派作器者前往宗周向太保奉献食物的事，证实了召公奭以其长子封于燕，自己则仍在宗周辅弼王室的史实。据文献记载，周武王灭商后封召公奭于北燕。琉璃河燕国贵族墓地和琉璃河遗址的发现，为推定燕国都城之所在提供了重要的根据。

上村岭虢国墓地，是西周晚期至春秋早期的虢国贵族墓地，位于河南省三门峡市上村岭。中国科学院、文化部组成的黄河水库考古工作队于 1956 ~ 1957 年进行发掘。其墓地埋葬年代最晚为公元前 655 年晋假道灭虢之时。这批墓葬的发现确定了北虢的地望，为了解西周春秋之际虢国的历史、文化，特别是丧葬制度，提供了重要的资料。

虢国博物馆

该墓地南北长 280 米，东西宽 200 米。共发掘墓葬 234 座，车马坑 3 座，马坑 1 座。所有墓葬都是土坑竖穴墓，墓底多大于墓口而呈覆斗形。墓室最大的为 5.42 米 ×3.37 米，最小的为 1.92 米 ×0.85 米。头多向北。个别墓有腰坑和壁龛，腰坑内埋狗，也有殉犬而不挖坑的。棺椁已腐朽，从遗痕看，约半数为一椁一棺，其次是有棺无椁，少数重椁罩棺，个别墓无棺椁。有的椁内外有铜椁饰。椁最大的长 4.56 米，宽 3.6 米，高 1.2 米。棺最大的长 2.6 米，宽 0.86 米，高 0.7 米。人骨大部分已腐朽，能看出葬式的多数是直肢葬，屈肢葬的约占 1/5。随葬品多数放在棺内，棺椁上多放石戈，而青铜礼器及兵器、车马器等都放在棺椁间，二层台上放置陶器。3 座车马坑都呈长方形。其中两座各埋 10 辆车、20 匹马，另一座埋 5 辆车、10 匹马。马都是杀死后埋入的。车子都是木构涂漆，少数保存较好，可以复原，弥补了西周和战国之间车制的缺环。一座马坑埋两匹马、一只狗。

随葬品中有陶器、青铜器、漆器、玉石器等，其中以陶器为最多。38 座墓中共出土青铜礼器 181 件，器形主要有鼎、鬲、甗、簠、壶、罐、盉、盘、匜等。铜器上的纹饰主要有兽面纹、夔龙纹、鱼鸟纹、云雷纹、圆圈纹、弦纹、瓦纹、重环纹、鳞纹等。一部分铜器上有铭文。铜工具及兵器有斧、锛、刀、戈、矛、剑、镞等，其中剑为圆首圆茎，年代较早。其他的有车马器、乐器和铜镜。

从墓葬的规模大小及随葬品的多寡，可以看出墓主的身份和地位的严格等级。1052 号墓出土器物最多，其中两件戈上有“虢太子元徒戈”铭文，由此可知墓主人是虢国的太子。此墓随葬的青铜礼器有列鼎 7 件、簋 6 件等，还有一组编钟，是该墓地等级最高的一座墓。

第三章

天子之国

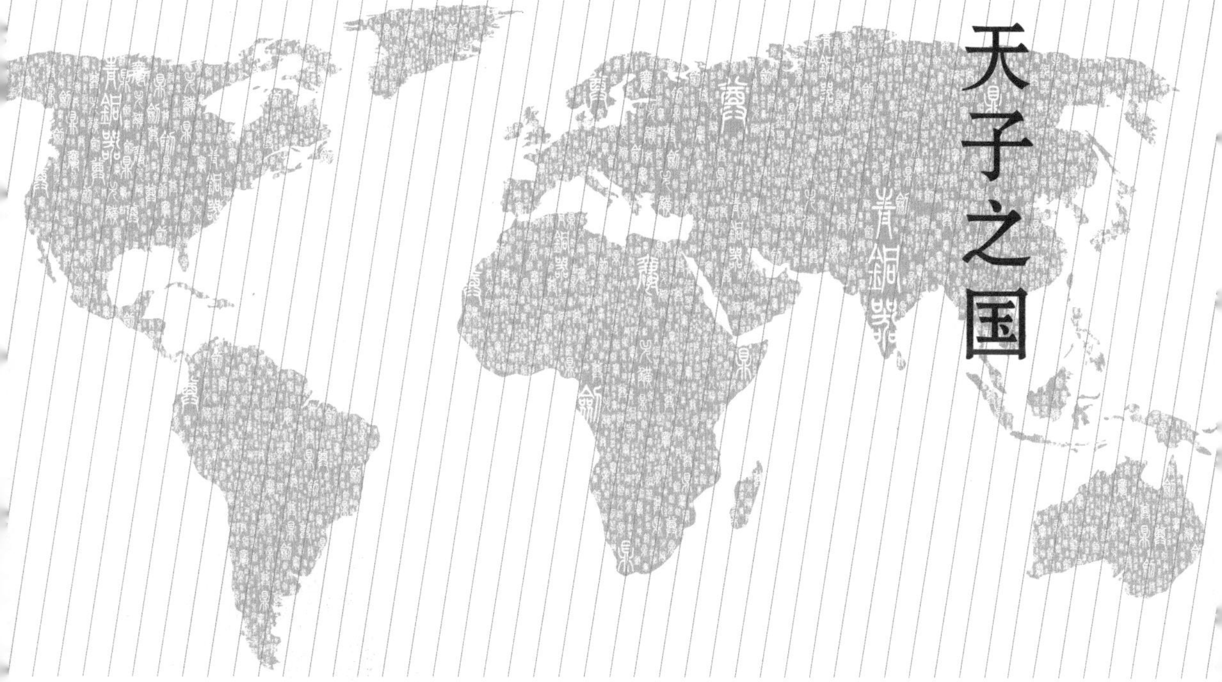

定邦与迁都

夏商周三代王朝迁都次数之多在中国历史上是罕见的，夏为 8 次，商为 12 次，周是较少的，但也有 4 次。三代王都之所以这样频繁迁徙，是为了进行扩张，目的在于一统天下，让政权更加巩固。

商朝从汤开始，到纣灭亡，共传 17 代 31 王，近 600 年。约当公元前 16 ～前 11 世纪。商朝历史上有一个很显著的现象，就是都城屡迁。汤最初建都于亳（今河南商丘市），其后五迁。

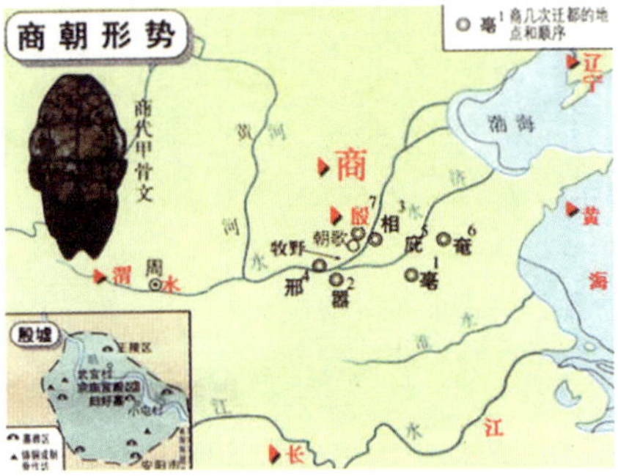

商代历次迁都示意图

盘庚迁殷在商朝历史上具有划时代的意义。在此之前，从汤至阳甲，传 10 代 19 王，约 300 年，为商朝前期。在此之后，从盘庚至纣，传 8 代 12 王，凡 273 年，为商朝后期。

商汤立国后，汲取夏代灭亡的深刻教训，废除了夏桀时残酷压迫人民的暴政，采用了“宽以治民”的政策，使商王国内部的矛盾比较缓和，政治局面趋于稳定，国力也日益强盛起来。他对四周的许多国家进行了征伐，取得了一系列胜利。所以《孟子 · 滕文公下》记有汤“十一征而无敌于天下”。《诗 · 商颂 · 殷武》也有“昔有成汤，自彼氐羌，莫敢不来享，莫敢不来王”的记载，反映了商王朝在汤的统治下，已经成为强盛的国家。

左相仲虺辅佐商汤，在处理政务、稳定政局、发展生产等方面，做出了不小的贡献。仲虺死后，伊尹在政坛上的作用尤其突出，成了商汤重要的辅佐，政坛的一位元老。

商汤像

商汤死后，因其子太丁早死，由太丁之弟外丙继位；外丙死后，其弟中壬继位；中壬死后，又以太丁之子太甲继位，太甲乃商汤之长孙。据《史记 · 殷本纪》

记载：帝太甲即立三年，不明，暴虐，不遵汤法，乱德，于是伊尹放之于桐宫。太甲居桐宫三年，悔过自责，伊尹迎回太甲而授之政。以后，太甲修德遵法，诸侯归服，百姓的生活比较安宁。这个故事，反映了伊尹贯彻商汤的治国方略，为使商王朝长治久安作出了不懈努力。这个故事流传久远，伊尹也获得了“大仁、大义”的美名。

当然，统治阶级制度的腐朽和统治者的贪婪本性，决定了王室内部为权力和利益斗争的局面不可避免。《史记·殷本纪》中记载：“自中丁以来，废适而更立诸弟子，弟子或争相代立，比九世乱，于是诸侯莫朝。”从仲丁算起，经九世正好到盘庚时期，说明这一期间商王室内部为争夺王位，内乱不止，致使外患不断。这期间，商王朝曾多次迁都。

考古学家至今只发现了偃师二里头、郑州商城、偃师商城和安阳殷墟4个都邑遗址。这4个遗址的面积都很大，均有300～400万平方米。考古学家已在这四个遗址中发现了大型宫殿基址、墓葬及作坊等重要的遗存，如二里头遗址中部发现的1号宫殿，面积达1万平方米。在偃师和郑州发现了规模很大的城垣。安阳殷墟还发现了规模宏大的王陵区祭祀场。从这些发现与文献记载可以知道，商代已经建立起比较完备的国家机构，有各种职官、常备的武装（“左中右”三师），有典章制度、刑法法规等。但上述这几个都城与文献中记载的名字是什么关系，学术界还有不同看法，只有安阳殷墟是盘庚以后诸王世的都城这一看法比较一致。

商牛纹方鼎

对商代历史上多次迁都的原因，史学家们有不同的看法。但从《尚书·盘庚篇》中可以看到，迁都与内部的政治斗争有一定关系。如盘庚虽然声称“视民利用迁”（即为人民的利益而决定迁都），但对那些不听命令的人，他发出了“我乃劓殄灭之，无遗育，无俾易种于兹新邑”（我要将他们斩尽杀绝，不让孽种留在新邑）的威胁，反映了内部争斗的激烈。盘庚迁殷以后，王室内部的矛盾得到缓解，促进了社会经济的发展。盘庚被称为“中兴”之主，并为武丁盛世的到来，打下了基础。

武丁是盘庚之弟小乙之子，即盘庚之侄。他年幼时，小乙曾让他到民间生活了一段时间，深知民众生活的艰难困苦。他即位以后，兢兢业业，不敢懈怠，励精图治，决意振兴大业。他四出征伐，对鬼方、土方、羌方、人方、虎方等方国进行征讨，战争的规模不小，往往动用数千兵力，最大的一次发兵一万三千人。在这些征战中，武丁征服了许多小国，扩大了领土，也捉获了大量俘虏。武丁时期的文化遗存相当丰富，宫殿、墓葬、作坊等遗存都有发现。代表当时社会生产力发展水平的青铜业，有了突破性进展，如铜、铅、锡三元合金出现了；分铸技术已被广泛运用；青铜器生产数量大增，还出现了后母戊大方鼎、偶方彝、三联这样的重器。武丁之世在青铜业方面取得的成就，表明中国青铜时代进入繁荣时期。此外，在纺织、医学、交通、天文等方面，也都取得不小成就。武丁开创的盛世局面，为商代晚期社会生产的发展，乃至西周文明的繁盛，打下了很好的基础。

武丁死后，他开创的太平盛世没能长久延续下去。祖庚、祖甲以后诸王时期，特别是帝乙、帝辛时期，国内矛盾十分尖锐，四方诸侯也起来反叛。面对这种情况，商王帝辛（纣）不思改革，不听忠谏，一味追求骄奢淫逸的生活，进一步激化了国内矛盾。同时，他穷兵黩武，调集大军征伐东夷，加重了民众的负担，也使国内兵力空虚。周武王的大军打到商郊牧野，商纣王才组织力量，仓促应战。结果，商王的军队毫无斗志，“前徒倒戈”，为武王的军队开道。帝辛看到大势已去，决定迁都。

商双鸟鼍鼓

关于殷都屡迁的原因，虽然古今学者提出了许多论点，但都没有做出圆满的论证。

牧野之战

水患说。过去比较普遍的看法是，殷人为了躲避水灾的威胁，才不得不多次迁都。如《蔡传》中说："自祖乙都耿，圮于河水，盘庚欲迁于殷。"《书序》中也说："迁乙圮于耿。"那么，什么是"圮"呢？《尚书正义》中解释说："圮，毁也；河水所毁曰圮。"这里明确地指出，水灾迫使殷人迁都。

著名学者王国维也持这种观点。他在《观堂集林·说耿》中，进一步把"耿"解释为邢丘。他说："共地正滨大河，故祖乙圮于此。"很多学者认为，上古时期，黄河流域经常发生水灾，为了躲避水灾的威胁，殷人才不得不多次迁都。

去奢行俭说。早在东汉时，郑玄就指出："祖乙居耿，后奢侈逾礼，土地迫近，山川尝圮焉，至阳甲之，盘庚为之臣，乃谋徙居汤旧都。"在这里，郑玄把避免奢侈腐化作为迁都的原因。东汉学者杜笃在他的《论都赋》中也说："昔盘庚去奢行俭于亳。"

游牧说。郭沫若认为，殷氏族在盘庚以前还是迁徙无定的游牧民族，逐水草而居，所以没有固定的都邑，不断地进行迁徙。

丁山认为，由于"部落时代之生活，农业方在萌芽，大部分生活基础仍为游牧，游牧者因水草而转徙，部落之领袖因其族类而亦转徙不定；于是政治中心之所在，即无所谓都邑，更无固定可言"。

游农说。傅筑夫不同意以上两种说法，提出了游农说。

关于水患说，傅筑夫认为，当时河患并不太严重，而成汤以前的八迁地点都是离河甚远的高地，这些地方根本就没有水患，不存在水灾的威胁。即使盘庚以后的两迁，也不避河患，往返于大河南北。再则，殷人迁徙反而是“有目的地向滨河一带移动，并且还是尽可能地要在距河不远的适宜地点定居”，从而否定了水患说。

关于游牧说，傅筑夫认为，“殷代是一个农业社会，其经济发展早已超过渔猎和游牧阶段”。据此，他也否定了商朝人因游牧经济占主导地位而频繁迁都的观点。

傅筑夫认为，商代停滞在原始的游农阶段，当一个地方的地力耗尽之后，便需要改换耕地，因此要经常迁徙，不能过定居生活，即“为了农业生产的需要去改换耕地，实行游农”。这种迁徙是“初期农业社会的一个共有现象”。这也是殷都屡迁的原因。

战争说。考古学家邹衡认为，殷都屡迁是为了战争，因为“当时选择王都的地点，不能不考虑到作战的方便，就是说，不能不从军事的角度上考虑迁都的问题。成汤居亳显然是为了对付北方和西方强大的敌人”。

王位纷争说。黎虎认为，“张衡在《西京赋》中说：‘商人屡迁，前八后五’”。所谓“前八”，是指成汤建国前的八次迁都，乃是商族处于氏族社会向国家过渡阶段的氏族部落的游动迁徙，与商朝建立后的五次迁都具有完全不同的性质。为什么商朝建立后，还会发生频繁的迁都现象呢？黎虎说：“其主要原因是从仲丁以后，商朝统治阶级的内部发生了比世九乱，诸弟子争相代立，长期王位纷争。这种连绵不断的政治动乱，大大地削弱了商王朝的统治，于是‘诸侯莫朝’，商王朝陷入内外交困的危机中。商王朝为了摆脱困境，便以不断迁都作为解决问题的手段。”

阶级斗争说。李民认为：贵族与平民的斗争是导致殷都屡迁的原因。

青铜说。美籍华人学者张光直独辟蹊径，提出了一种新的观点。他认为，寻找青铜矿源是殷都屡迁的主要原因，因为青铜器在夏商周三代的政治斗争中有着重要的地位。由于储量稀少的铜、锡矿多集中在以豫北、晋南为中心的华北平原边缘的山地，而王室对青铜的需要量又特别巨大，人们只有不断地迁徙，不断地寻找新的矿源，才能满足需要。而那时，在寻找新矿，保护矿源，以及保护矿石或提炼出来的铜锡的安全运输上，都城很可能要扮演重要的角色。商代的都城是“沿山东、河南山地边缘逡巡迁徙，从采矿的角度来说，也可以说是便于采矿，亦便于为采矿而从事的争战”。

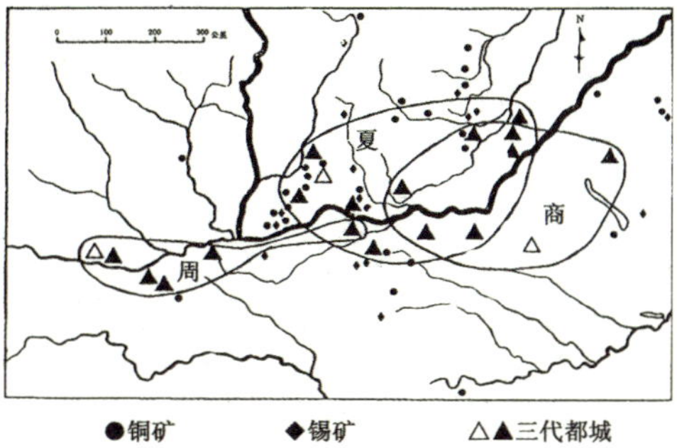

三代都城分布与铜锡矿分布的地理关系图

青铜时代

公元前2000年左右，中国进入青铜器时代，经夏、商、西周、春秋、战国，大约发展了15个世纪。青铜是红铜和锡或铅的合金，熔点在700℃～900℃之间，具有优良的铸造性，很高的抗磨性和较好的化学稳定性。铸造青铜器必须解决采矿、熔炼、制模、翻范、铜锡铅合金成分的比例配制、熔炉和坩埚的制造等一系列技术问题。从使用石器到铸造青铜器是人类技术发展史上的飞跃，是社会变革和进步的巨大动力。

中国的青铜器时代以大量使用青铜礼器、生产工具和兵器为特征。古代先民对铜的认识历史非常悠久。西安半坡和临潼姜寨的仰韶文化遗址中都发现了成分不纯的黄铜片；甘肃东乡林家和甘肃永登蒋家坪的马家窑文化遗址中，也出土了青铜小刀；山东省胶州市三里河龙山文化遗址中出土过两件铜锌合金锥。目前所知最早的中国典型青铜文化为夏代晚期的二里头文化，二里头文化遗址出土的生产工具、兵器和乐器等青铜器，铸造技术相当成熟，已非初始的形态。经过商代早、中期的发展，到商晚期和西周早期，青铜冶铸业达到高峰，制作精湛的成套礼器和乐

商铜内玉援戈

半坡遗址模型

器数量、品种之多空前绝后。青铜器上所饰兽面纹和各种动物纹，体现了对自然力量的崇拜。从西周早期开始，礼器上普遍铸有长篇铭文，内容涉及军事、政治、经济、文化、宗教等各方面，为重要的历史资料。走向铁器时代的春秋晚期和战国时代，早期封建社会生产力的发展，促进了青铜铸造技术的提高；旧礼制的衰落消除了种种束缚，呈现出式样精巧新奇、纹饰细密华丽的一代青铜器，其礼器特性逐渐消失，有相当一部分转化为日常生活器用。整个时代，青铜工农具的使用呈逐年增多的趋势，但未完全排除石器、木器等工具的使用。至汉代，青铜器为铁器、漆器所取代。

中国的青铜文化起源于黄河流域，始于公元前 21 世纪，止于公元前 5 世纪，大体上相当于文献记载的夏、商、西周至春秋时期，约经历了 1500 多年的历史。这与中国奴隶制国家的产生、发展及衰亡相始终。郭沫若把中国青铜时代从商周至战国划分为鼎盛期、颓败期、中兴期、衰落期 4 个阶段。也有学者将这一时期划分为殷商前期、殷商后期、西周期、东周前期、东周后期 5 个阶段。中国各地的青铜文化具有自己的特点和风格，可以分作不同的地区类型。中国步入青铜时代，大体经历了早、中、晚期几个不同的发展阶段。

早期以河南偃师二里头文化为代表，年代在公元前 2080 ~ 前 1580 年。此外，山西夏县东下冯文化、山东岳石文化、辽宁长城东边的夏家店下层文化、黄河上游的四坝文化等，都相继出现了品类繁杂的青铜制品，在一些墓葬中还发现了人殉和人牲。上述遗址

二里头文化人面鱼纹图

的放射性碳素断代（见考古年代学）年代，正好在历史记载的夏王朝纪年范围内，这些遗址应是夏王朝时期的奴隶制文化类型，标志着中国奴隶制国家已经形成。

中期包括商代至西周前期。此时期的前一段，是商代早期，约公元前 16 ～前 13 世纪，以河南郑州二里冈文化为代表。此时期奴隶制国家进一步发展，青铜器数量大增，常伴有成套礼器，贝币大量出现，人殉、人牲更为普遍。后一阶段，是商代晚期至西周前期，约公元前 13 ～前 10 世纪（穆王以前）。此时中国青铜时代达到鼎盛，也是奴隶制发展的典型时期。青铜铸造工艺相当成熟，出土大量的精美青铜礼器、武器与工具。这时的青铜文化以安阳殷墟为代表，这里是商王朝的政治统治中心，也是青铜铸造业的中心。此时兴建了大规模的宫殿及陵墓，有发达的金文与甲骨文，人殉与人牲成为一种制度极为盛行，凡此种种反映出奴隶制社会的繁荣。西周的周原遗址和丰镐遗址中，发掘出周王朝的宫殿、宗庙和墓葬，发现了大量的青铜礼器，反映出中国古代社会的礼制已成熟。

晚期从西周后期至春秋时期，是中国奴隶制社会逐渐走向衰落的阶段。此时期列国都城形成繁荣的政治经济文化中心，金属货币大量流通。青铜铸造工艺取得突出发展，出现了分铸法、失蜡法等先进工艺技术。湖北铜绿山发现的古铜矿，证明当时在采矿、配矿、冶炉砌筑及冶炼方面均达较高水平。到战国时期，随着铁器的推广，青铜制造业才逐渐衰落。在中国的边远地区，当时还存在着若干具有地方特点的青铜文化。如甘青地区，由于民族杂居，文化复杂多样，有辛店文化、沙井文化与寺洼文化等，其中寺洼文化与西周文化有密切的渊源关系。北方地区有夏家店上层文化，出土的青铜短剑具有地方特点，还出土带有相当浓厚的中原文化特征的青铜礼器。内蒙古鄂尔多斯草原，从商周至秦汉，流行着鄂尔多斯式青铜器。东南地区的浙江、福建至台湾等地，至西周末期才产生青铜文化，出土的青铜武器等与西周的相同。两广、四川、云南等地区的青铜文化，既有地方特征，又有中原文化的风格。总之，各地区的青铜文化不同程度地受到中原青铜文化的影响，同时具有本地的特色。此外，中国的青铜文化在发展过程中，还与周围地区存在接触，

内蒙古鄂尔多斯草原

如曾与北方蒙古大草原和西伯利亚的青铜文化进行过交流，晚期与东南亚青铜文化有过密切联系。

中国的青铜时代为夏、商、西周和春秋战国时代。现存的后母戊鼎是世界上罕见的大型青铜器。在商前期的炼铜遗址中，可辨认的铸范中，镢范为数不少，虽然青铜的生产工具在早期的随葬物中较少，但在出土的商初青铜器中，生产工具仍占相当比重，说明在商代的手工业中，青铜工具如斧、锯、凿、锥等已广泛使用，青铜兵器也日益增多。至于青铜农具，虽然奴隶主不会为奴隶提供，但在当时，还有一部分作为自由民的农民拥有青铜农具。历年出土的青铜农具有锄、铲等，这说明青铜主要还是用来制作工具。青铜工具在生产中的效用，使青铜冶铸技术日益重要，因而能获得飞速的发展。根据考古发现，商朝前期，以郑州的二里冈为中心，辉县的琉璃阁、洛阳的东干沟等殷商时期的遗址属于这个时代；商朝的后期，以安阳的小屯村为中心，郑州公园区的上层、洛阳的泰山庙遗址和墓葬属这个时代；周朝前期（西周），主要代表遗址是西安市丰镐村地带、宝鸡西周时期的墓葬；春秋时期以洛阳涧滨为中心，上村岭虢墓、新郑郑墓、寿县蔡侯墓为这个时期的代表；战国时期，以洛阳涧滨为中心，辉县琉璃阁、古围村，长沙和唐山的战国墓地属于这个时代。

根据最新发掘成果，中国南方也在商朝前期进入了青铜时代。最有代表性的是湖北武汉的盘龙城遗址和湖南长沙的炭河里遗址，江西干大洋洲商代大墓等出土的青铜器，证实了长江流域也有发达的青铜文明。

中国是世界上最早发明铁器和青铜器的地区之一。中国青铜时代和早期铁器时代的青铜艺术品，展示了中国青铜器绵延一千五百多年的萌生、发展和变化的历史。

青铜是古代劳动人民有意识地将铜与锡或铅配合而熔铸成的合金，

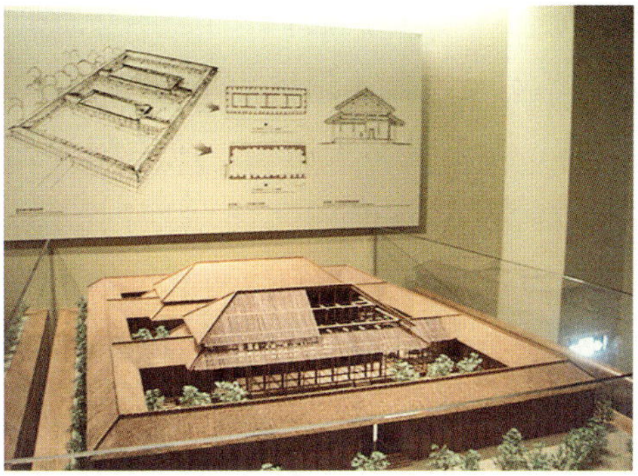
盘龙城遗址建筑模型

因为以铜为主，颜色呈青，故名青铜，青铜作为合金，熔点较纯铜（红铜）低；就硬度来说，青铜较纯铜高。熔化的青铜在冷凝时体积略有胀大，所以填充性较好，气孔也少，可见，青铜比纯铜铸造性能更好。这都使青铜在应用上具有更广泛的适应性，所以青铜的生产发展很快。青铜工具具有一些红铜工具所不具备的功用，因此它逐步取代了一部分石器、木器、骨器和红铜器，而成为生产工具的重要组成部分。青铜生产工具的出现，在生产力的发展上起了划时代的作用。从此，虽然石器没有完全被淘汰，但石器时代终于被青铜时代所代替。

面世的惊天宝藏

中国各省市博物院（馆）、县文物管理所，是国家珍贵文化遗产收藏和保护的文物机构。在浩如烟海的各类藏品中，青铜器是最重要的文物门类之一，它多数由田野考古发掘，即出自墓葬、遗址或窖藏，其中少数是传世品。这些历史的瑰宝，数量大，类别繁多、工艺精湛、形制独特、体态万千、线条优美、铭文典雅，纹饰繁缛富丽，蕴藏着深厚的文化内涵，极具中国传统文化特色，并且，许多巅峰之作，绚烂多姿，在世界美术史上独树一帜，充分体现了中国古代先民的勤劳、智慧以及无穷的创造力。

一、1923 年河南新郑发现春秋青铜器

河南新郑乡绅李锐无论如何也想不到自己竟然在郑国国君的大墓上生活了那么长时间。1923 年 8 月末，这个石破天惊的秘密就在不经意间被发现了。由于连日的干旱，李锐决定在自家宅院旁打一口水井。井水没有打出来，反倒挖出了 4 件青铜器，第二天又挖出了 10 余件。他遂将大鼎 1 件、中鼎 2 件以 800 大洋卖给了许昌的张庆麟。不久，李锐挖宝的消息就传了出去。新郑知事姚延锦获悉后，立刻出面干涉，禁止

李锐继续挖宝。很快，第十四师师长靳云鹗巡防至此，认为“钟鼎重器，尊彝宝物，为先代典型所寄，应该归于公家，垂诸后世”。可谓北洋政府时期为数不多的有远见卓识的一位军官。迫于军威，李锐不仅不敢继续偷掘，反而交出了大鼎6件，小鼎3件，簋4件，鬲6件，簠2件，甗1件，罍1件。靳云鹗又命人从许昌追回流失的3件，后又在开封查得鼎4件和甬钟1件。

靳云鹗像

为了避免乡人继续盗挖，靳云鹗遂组织劳力扩大发掘范围。9月5日得镈钟4件，甬钟17件，鼎6件，鉴1件，簠、簋、方壶各4件，圆壶、罍、卮各2件，方炉、盘、匜各1件，碎铜片500余块。7日复又得鬲3件。9日得小鼎、兽尊、盘、兽身人面像、圆壶盖各1件，卮、匜、立鹤饰各2件，碎铜片40余块。加上追缴回来的，共得铜器94件，碎片数百块。所获铜器尽数运往开封，交由河南古物保存所保存。从墓中出土的方炉铭文可知，作器者乃“王子婴次”，因而所有有关李家楼铜器墓的年代及墓主身份的判断均由这件铜炉展开。王国维认为王子婴次是春秋中期楚庄王之弟令尹子重，郭沫若认为是春秋时期郑公子婴次。由于墓葬非科学发掘，新郑大墓的墓主身份依然扑朔迷离。

春秋四蛇方甗

二、1923年山西浑源李峪发现战国青铜器

战国楚王镈

浑源县位于山西大同盆地东部的浑河谷底，恒山山脉三面环绕，浑河穿境而过。李峪村就坐落在县城西南方约7.5千米的恒山北麓坡地之上。1923年正月的一天，李峪村民高凤章像往常一样去地里干活儿。然而，这看似平常的一天却发生了意想不到的事情。高凤章正在田间劳作之际，锄头突然触碰到了坚硬的东西，他连忙用手刨开上面的浮土，一件绿锈斑斑的青铜器赫然入目。纵然他大字不识，却也知道自己挖到宝贝了，心一阵狂跳。这一挖不要紧，竟然一口气挖出了60余件青铜器物。这些器物有的绿锈斑斑，有的金光灿烂（鎏金青铜器）。几天后，高凤章挖宝的消息不胫而走，三乡五里的村民都扛着锄头铁锹蜂拥而至，平静的小山村一下子变得喧嚣起来。寻宝心切的乡民在近一个月的时间内将这两亩多地翻了个底朝天。村民们不知青铜器的珍贵价值，一味搜寻“黄货”，很多铜器甚至被砸碎卖掉。在村民们如火如荼地挖宝之际，古董商们也闻讯而来。这其中就有法国的古董商王涅克，他收购了20余件青铜器。不久，这些造型精美、纹

恒山风光

战国螭梁盉

饰华丽的青铜器珍品就在法国展出，震惊了欧洲。

时为浑源县知事的谢承恩得知后立即派遣警力奔赴李峪村，清查没收了30余件铜器。然而这位知事没收古物并非出于义举，而是为牟私利。他打着“以古兴教，以古兴农”的旗号，成立了所谓“浑源彝器处置董事会”，拍卖活动随之展开。就这样，剩余的浑源彝器精品辗转于古玩商之间，不少被带到了欧洲和美国、日本等地。上海博物馆是国内保存浑源青铜器最多的单位。

三、1928年陕西宝鸡戴家湾发现西周青铜器

戴家湾遗址（旧称斗鸡台）位于陕西宝鸡渭河以北的黄土台塬上。这里依山傍水，地理位置优越，一直以来秦冢汉茔、官播私墓数不胜数。清光绪二十七年（1901年），斗鸡台乡人就曾盗掘出铜器20余件，其中包括著名的“柉禁十三器”：禁、尊、觚、斝、盉、爵、角、斗各1件，卣2件，觯4件。这些器物后被清末大臣端方收藏，并收录在《陶斋吉金录》中。1911年辛亥革命之后，端方卒于四川，由于家道衰败，这批珍贵文物就经其后人之手流散出去，现藏于美国大都会博物馆。

1928年，盘踞在凤翔一带的军阀党玉琨将贪婪的目光投向了这里。党玉琨，又名党毓坤，绰号党拐子，据说他年轻时曾经在北京的古玩店当过学徒，深知文物的价值。他曾经将3件珍贵的铜器送给某军阀，该军阀回赠他两挺机枪、3把手枪、子弹万余发。党玉琨欣喜若狂，萌生了大肆盗掘古墓葬以换取枪支弹药的念头。1927年秋至1928年春之间，大规模有组织的盗掘活动在

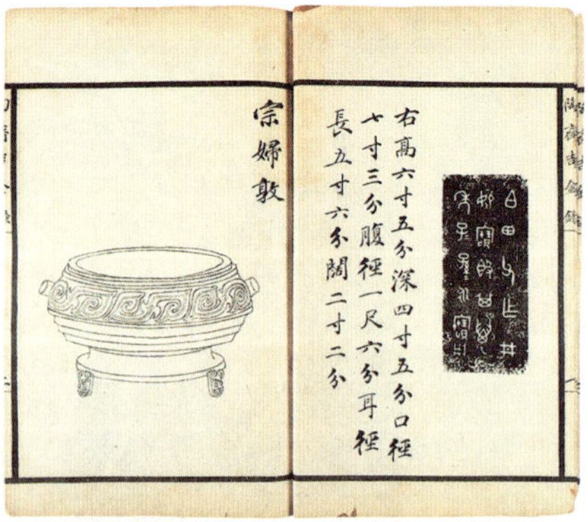

《陶斋吉金录》书影

戴家湾地区展开。党玉琨设立了专门的挖宝机构，并召集桥镇、贾村、蟠龙、陈仓等80多个村的村长议定：千河以西各区、里、村摊派600民夫，轮流出工，人数最多时达1000多人。党玉琨甚至从西安请来了古董商做技术指导，还命专人进行器物登记和分类，最后还要清洗和照相。这种颇为“专业”的盗掘在民国时期还是比较罕见的。据当年的参与者回忆，这次盗掘共发掘墓葬50余座，挖出铜器1500余件，还有玉器、金器等，种类繁多，数量惊人。这些器物自盗掘后就不断流失，至今多数下落不明。

四、1928年河南洛阳金村发现战国青铜器

有人说，金村是一座建在“金銮殿”上的村子，这话一点不假。自周平王东迁洛阳之后，历代周天子和身份显赫的贵族都葬在这里。东周王陵分为周山、王城和金村三大陵区，其中尤以金村发现的8座大墓中发掘的数千件精美的铜器、玉器最为著名。

金村大墓的发现还得从20世纪20～30年代村里接连发生的怪事说起。金村离洛阳白马寺不远，这里土地肥沃，水源充沛。然而，让村民们无法理解的是，有些井明明水源充足，却会在一夜之间干涸；有些井水匮乏的井，又在一夜之间满溢出来；除此而外，在雷电交加的夜晚，地下有时也会传来隆隆的轰鸣声。

战国联座壶

这些难解之谜终于在1928年的一天解开了，由于连降大雨，金村东面的一处农田突然塌陷，露出一个大坑。村民在这个坑里发现了被泥水包裹的编钟。原来，这里是一处古墓群，坑洞相连，井水常常会渗入墓中。而大地的轰鸣声则是雷声震动的频率与编钟的频率相同时，地下钟鼓齐鸣发出的声响。谜底揭开了，金村古墓的厄运也随之而来。

古墓中的奇珍异宝刺激着村民们那跳动的神经，也吸引来一大群眼红的古董商，这其中也包括那些以传教为名，在河南一带大肆搜刮古物

倒卖海外的外国奸商。在利益的驱使下，金村古墓一挖就是 6 年，盗掘的“甲”字形大墓就有 8 座，出土文物数千件。据不完全统计，金村大墓被盗的文物流散于美、日等 10 多个国家。金村古墓已经成为那个时代记忆中永久的伤痛。

五、1931 年河南浚县辛村发现西周青铜器

辛村坐落于河南浚县西南，是西周时期卫国的属地。这里三面环山，淇水蜿蜒而过，自古就是风水宝地。辛村卫国贵族墓地就位于村旁的平缓坡地上。从康叔受封到卫国灭亡，大约两百年。卫国灭亡之后不久，这里就遭盗掘。民国 20 年（1931 年）乡民野蛮的盗宝行为更是令这里雪上加霜，先是辛村人刘金华串通一古董商在村东头挖开一座墓，盗出青铜鼎彝若干，并以高价售出。其他村民闻讯后纷纷效仿，盗掘之风即由此盛行开来。为了获取更多的古物，村民们甚至拉帮结伙，一时间小小的辛村墓地竟聚集了上千人，如同集市一般，熙熙攘攘。与早期盗墓贼的盗法不同，这些村民首先挖一个长方形的竖穴，深达棺底，见有朱砂出现后随即向四面横凿出隧道，在隧道中肆意挖取，直到墓中遗物殆尽为止。这种地鼠般的盗墓方式使得辛村墓地遭受到毁灭性的破坏。

西周荣簋

辛村墓地上除了挖宝的村民之外，还云集了众多古董商。一旦遇到珍贵文物，立刻高价收购，然后辗转卖到海外，获利良多。遇到分赃不均，械斗在所难免。河南省政府知悉盗墓的消息后，立刻下令严查，不仅裁撤了县长，还通缉匪首，这股盗墓的风气才逐渐被打压下去。民国 21 年（1932 年），李济、董作宾亲赴开封与河南省政府商议建立“河南古迹研究会”，由李济出任研究会主任，郭宝钧正式主持浚县辛村墓地的考古发掘工作。

六、1933 ~ 1938 年安徽寿县朱家集发现战国晚期青铜器

寿县位于安徽省中部，淮河中游的南岸，是一个历史悠久、人文荟萃的古城。距寿县东南约 25 千米，有个叫朱家集的地方，再向东南不到 2 千米就是李三孤堆。

1923 年前后，当地村民们在田间劳作时，经常会捡到一些铜车马配件、铜镜、带钩，甚至铜鼎、铜壶等重器。那个时候，就有国内外的一些古董商前来收取古物，村民们渐渐知道这些东西原来价值不菲。1933 ~ 1935 年间，当地发生了严重的灾荒，民不聊生，于是就有一些地方乡绅联合那些胆大的村民，挖取古物卖钱。据说当时挖出了大大小小 3000 余件，辗转运至上海、南京等地兜售，一时间轰动全国。安徽省主席陈调元得知后，下令禁止盗挖。后虽仍有一些盗掘行为，但盗掘的气焰已被打压下去。

没过多久，真正疯狂而野蛮的挖宝行动出现了。安徽省主席换成了第五战区总司令李宗仁，大小军政官员换成了桂系人马。地方乡绅为了讨好第五战区副司令长官兼十一集团军总司令李品仙，投其所好，向他透露了大墓的讯息。1938 年，李品仙命令驻扎在寿县的部队开挖大墓，一直挖出了棺椁。盗墓期间共动用了 3 个运输连的兵力，耗时 3 个多月才结束。此次盗掘，出土文物甚丰，据说有 4000 ~ 5000 件，其中青铜器 1000 余件。仅有少数后来分藏于北京故宫和天津、上海、安徽等地博物馆，余皆流失海外。

战国错银菱纹灯

七、1928 ~ 1937 年殷墟的考古发掘

殷墟的发掘是中国考古史上的一个传奇，也是中国考古学的开端。1928 年中央研究院历史语言研究所所长傅斯年派董作宾前往安阳小屯调查，标志着对安阳殷墟的科学发掘正式拉开序幕。

发掘的地点首先选在了一个叫小屯村的地方，村子不大，名气却不小，这都要归功于那里出土的一片片带字的甲骨。时至今日，清末金石学家王懿荣在入药的“龙骨”上发现了古老文字甲骨文的故事已经为人们所熟知，甲骨学也因此而诞生。收藏甲骨一时成为社会风气，很多国外的收藏者也加入进来，甲骨的价格随之水涨船高，真是一字千金了。

王懿荣发现甲骨文 110 周年纪念大会现场

在利益的驱使下，1900 ~ 1928 年间，先后发生了 9 次大的盗挖行为，无知乡民的胡乱挖掘，造成了大量甲骨的损坏和流失。中央研究院——当时全国最高的学术机关成立后，旋即展开对殷墟的调查和发掘。发掘工作从 1928 年 10 月开始，到 1937 年抗战爆发才暂时告一段落。

10 年中，先后对殷墟进行了 15 次发掘，发掘地除了小屯外，还有洹河北岸的侯家庄和武官村等地。殷墟第一阶段的发掘收获甚丰，不仅找到了商王朝的宫殿区和王陵区，基本弄清了殷墟的范围和布局，还出土了数量众多的青铜器。由于有明确的出土地点、地层关系及挖出的其他器物，这些青铜器为商代晚期青铜器分期断代研究提供了重要资料。

八、1935 ~ 1937 年河南辉县琉璃阁大墓的发掘

辉县，位于河南北部，太行山南麓，是晋豫交界之处。辉县历史文化悠久，商代曾为王畿内地，周初武王世子凡伯封于此处，春秋时期又属卫国，因而辉县境内的古墓葬、遗址分布密集。

1935 年至 1937 年间，中央研究院、河南省博物馆在辉县进行了 3 次大规模有计划的科学发掘。共发掘商代墓 3 座，东周时期大型贵族墓葬 8 座，中小型墓 39 座，汉代墓葬 33 座，出土文物数千件。其中又以

琉璃阁墓地甲乙两座大墓出土的青铜器数量繁多，制作精美，尤为珍贵。

太行山一景

琉璃阁甲乙两墓为并列的两座东西向长方形竖穴墓，甲墓长约11米，宽约10.3米。乙墓长约9.1米，宽约7.6米。从墓室面积、随葬品的数量与种类等综合来看，甲墓的墓主应为男性，乙墓墓主为女性。当年主持发掘的郭宝钧先生认为这两座墓是夫妇异穴袝葬墓。据参与者回忆墓葬发掘的情景时说："四周殉器，铜器累累，周匝逼近人体，器上及墓底，满布漆绘，人体四周，玉饰之类，亦颇充牣。"虽然琉璃阁大墓为科学发掘，然而抗战爆发后，大量的文物和资料不得不辗转迁移，从而导致甲乙大墓的原始资料丢失，文物也分散在海峡两岸的7个博物馆中。琉璃阁大墓的族属和墓主到现在依然是个谜，究竟是战国魏墓，还是春秋战国时的卫墓，抑或是春秋战国之际的范氏墓呢？考古学家们虽然可以触摸到那一件件真实的文物，然而它们背后的故事却在沉淀了千年之后，越发让人难以琢磨。

叩响金石之门

中国古代青铜器源远流长，璀璨绚烂，有着永恒的历史价值与艺术价值。传世和近年发现的大量青铜器表明，青铜器自身有着一个完整的发展演变系统。自夏、商、周至秦、汉，大约可以分为十三期，即夏为二里头文化期，商、西周、春秋各为早、中、晚三期，战国分作早期和中、晚二期。秦、汉为青铜器发展史的余晖。现将各期的特征介绍如下。

二里头文化期（公元前1900～前1600年），二里头文化期得名于河南偃师二里头文化遗址的发掘。二里头遗址发现了相互叠压的四个文化层次，发掘了墓葬和宫殿遗址。目前二里头发现的青铜器不多，是一些小工具和兵器矢镞及戈、戚等，但是发现了青铜礼器爵，爵的数量虽还不足十件，但在铸造史上极为重要。从铸造简单的兵器、工具到铸造容器，在技术上是一个飞跃。中国古代青铜器以礼器为主体。青铜礼器

二里头宫殿遗址

二里头文化乳钉纹爵

是青铜时代的主要象征。二里头文化中青铜礼器的发现，表明历史已进入具有古代中国特色的青铜时代。

二里头文化中的青铜礼器出土于二里头文化第三期。据 ^{14}C 测定，整个二里头文化期大约为公元前 1900 ~ 前 1600 年，属于夏代历史的范围。夏人能铸造铜器，史有明载。二里头文化是夏代的青铜文化。但是，对于二里头的四个文化期，考古界中存在着不同的认识。一种意见认为，二里头四期的遗存，都属于夏代的遗存。第二种意见认为一、二期遗存与河南龙山文化有继承关系，属夏文化，三、四期遗存与郑州二里冈文化有很多相同之处，属于商文化。第三种意见认为二里头的四期遗存全属商文化。具代表性的意见是以上三种。还有一些其他的分析，歧异甚多。二里头文化是夏文化的见解比较合乎史实。

河南西部地区的二里头文化遗址，已发现数十处。经过发掘的地点还有郑州洛达庙和上街、陕县七里铺、洛阳东干沟、临汝煤山、淅川下王岗等

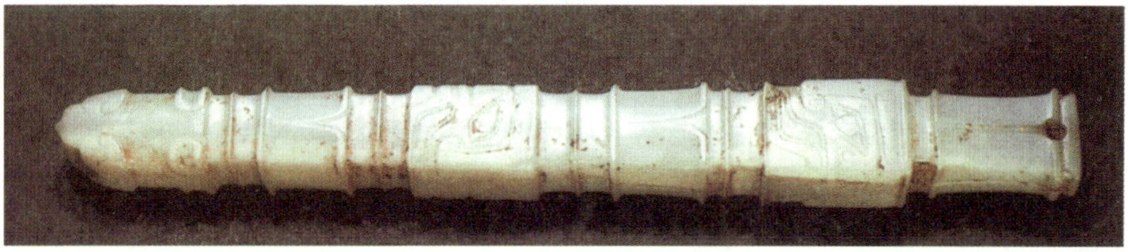

二里头文化玉柄形饰

地。山西汾河下游调查中发现二里头文化遗址三十多处，夏县的东下冯遗址曾作过发掘。但科学发掘的二里头文化青铜礼器，集中地在偃师二里头出土，河南的新郑望京楼和商丘地区，也有个别发现。

科学发掘的二里头文化期的青铜礼器，现仅限于饮酒器爵。基本的特点是流狭而较平，尾短、无柱，或有柱状的雏形，底平。体较扁，下承三足。体型分长体束腰式、长体分段式和短体束模式等数种。足有长短两类，长足为三角尖锥形，短足为三角段形，有些短足可能是使用损蚀所致。有的做成镂空状，是二里头文化期的特点。

二里头文化青铜器一般无纹饰，但有些爵的杯体正面有一排或两排圆钉状纹饰。有的斝腹有圆饼状突起，当是二里冈期斝上囧纹的滥觞。虽然二里头文化青铜礼器上未见动物形纹饰，但二里头出土的青铜戈的内部，已有变形的动物纹饰，因而不能排除青铜礼器上出现动物纹的可能。

商代早期（公元前16世纪～前15世纪中叶）相当于商二里冈文化期。郑州商城夯土中木炭测定 ^{14}C 年代为公元前1620年，正合于商汤立国的时期，但是二里冈文化的下限还不大清楚。二里冈遗存分上下两层，上下层青铜器的差别不在于风格方面，而是上层比下层的器类有更多的发展。商代早期青铜器在郑州出土很多，这是由于郑州商城是商代早期的都邑。重要的有二里冈、白家庄、张寨南街、杨庄、南关外、铭功

二里头文化嵌绿松石兽面纹牌饰

路、二七路等地的墓葬或窖藏。大体分布在商城的南面和东南角。在城的东北和西面，也有埋青铜器的墓地。在河南北部发现了一些商代早期青铜器。在湖北黄陂盘龙城、安徽嘉山泊岗、江西清江吴城等地也有重要的发现。以上遗址和墓葬中发现的商代早期青铜器，以二里冈上层的居多。

二里冈文化城址

各地出土的器物计有鼎、大鼎、大方鼎、鬲、甗、瓿、簋、爵、管流爵、觚、斝、罍、提梁壶、瓠形提梁壶、中柱盘、盘等，包括了饪食器、酒器和水器等门类。较早的器类比较简单，但是爵、觚、斝组合的一套酒器，已普遍出现。二里冈上层青铜器的器形进一步发展，商代青铜礼器的体制业已形成。属于二里冈下层的青铜器，器壁普遍很薄，二里冈上层的青铜器，有的器壁已相当厚重。

商代早期青铜器具有独特的造型。鼎、鬲等食器三足，必有一足与一耳成垂直线，在视觉上有不平衡感。鼎、斝等柱状足成锥状足和器腹相通，这是由于当时还没有掌握对范芯的全封闭浇铸技巧。方鼎巨大，容器部分作正方深斗形，与殷墟时期长方槽形的方鼎完全不同。爵的形状承继二里头文化式样，一律为扁体平底。流甚狭而长。青铜斝除平底型的以外，还出现了袋足斝。觚、尊、瓿、罍等圈足器皆有十字形大孔，相当多的二里冈上层的器，十字形有成为大方孔的。有的更在圈足的边沿，留有数道缺口，郑州和黄陂盘龙城都出土过这种青铜器。管流斜置于顶上的半封顶袋足盉，后侧有一大鋬可执，在商代早期内颇具特色。罍皆狭唇高颈有肩，形体亦偏高。商代早期有提梁的壶有长颈小口鼓腹形和小口体呈悬瓠形的两种，也有小口器颈不高不设提梁的。

商代早期青铜器纹饰主体已是兽面纹，以粗犷的勾曲回旋的线条构成，全是变形纹样，除兽目圆大，以作为象征外，其余条纹并不具体表现物象的各个部位，纹饰多平雕，个别主纹出现了浮雕，二里冈上层尊、罍等器肩上已有高浮雕的牺首装饰。所有的兽面纹或其他动物纹都不以雷纹为地，是这一时期的特色。商代早期的几何纹极其简单，有一些粗率的雷纹，也有单列或多列的连珠纹，乳钉纹也已经出现。

商代早期的青铜器，极少有铭文，以前认为个别器物上的龟形是文字，实际上仍是纹饰而不是文字。

商代中期（公元前15世纪中叶～前13世纪）在商二里冈文化期和殷墟文化期之间，有几批青铜器出土。这些器物有某种商代早期的特点，然而已有较多的演变；也有某些殷墟时期青铜器特点的肇始。比较典型的是河北地区藁城台西下层墓葬中出土的一批青铜器，北京平谷刘家河商代墓葬中出土的青铜器，安徽阜南和肥西地区出土的青铜器。在豫西的灵宝东桥也有出土。殷墟文化一期有这类器物发现，如小屯232号墓所出土的一组青铜器和小屯331、333号墓等所出土的部分青铜器。但这一类器物在殷墟发现并不多，而在其他地区有的反而比殷墟的更为典型而精美，现在还找不出像二里冈或殷墟那样生产这类青铜器的商代大都邑。盘庚迁殷之前的商都在奄，更早在庇和相，但是在二里冈期之后，殷墟期之前这批青铜器是客观存在的。由于这类青铜器具有早期至晚期的过渡特点，所以有的将之断在二里冈期，有的断为殷

商兽面纹盉

商兽面纹袋足斝

商三羊鬲

墟文化早期。这类青铜器的分布具有一定的广泛性，而其时生产它们的中心又不在殷，因而完全有必要在二里冈文化期之后和成熟的殷墟文化期之前，划出一个称之为商代中期的阶段。商代中期的上限不易确定，下限约在武丁之前。

这一时期接近早期的器形有爵、觚、斝等。爵尾虽然与早期相似，但流已放宽，出现的圆体爵是前所未见的。斝在空椎状足之外，出现了丁字形足，底多向下臌出，平底已较少见。早期虽已出现了宽肩的大口尊，这类器形在此时有较大的发展，像阜南的龙虎尊和兽面纹尊这样厚重雄伟的造型，在商代早期是从未出现的。瓿这类器形，也是这个时期发展起来的，藁城的兽面纹瓿是其中的典型。早期体型较高的罍，在这时发展为体型比例较低而肩部宽阔的式样，故宫博物院所藏的巨型兽面纹罍是其典型。这时的圈足器上的十字形和方形的孔，与早期相比，有所缩小。鼎、鬲类器比较突出的变化是一耳不再与一足对立，形成不平衡状，而是三足与两耳对称，成为以后所有鼎的固定格式，但这时浇铸时芯范悬封的方法还没有完全解决，因而中空的鼎足还有与器腹相通的情形。纹饰分为两类，一类是二里冈期变形动物纹的改进，原来粗犷的线条变得较细而密集，一般如平谷的兽面纹鼎和肥西的斝与爵，而阜南龙虎尊和嘉山泊岗的主纹兽面纹已较精细，圈足上的兽面纹仍保持早期的结构和风格。第二类是出现了用繁密的雷纹和排列整齐的羽状纹构成的兽面纹。这类兽面纹双目往往突出。如果不是

故宫博物院

浮雕，则无论是头像还是体躯都没有明显的区分。这方面的实例如藁城的瓿和故宫博物院收藏的大罍，已采用较多的高浮雕附饰，但线条轮廓有浑圆感，与晚期浮雕轮廓线峻直锐利的风格不同。商代中期青铜器一般仍保持着不铸铭文的习惯，但个别器上发现铸有作器者本人的族氏徽记，但是没有发现被祭祖考的日干之称。

商妇好觚

商代晚期（公元前 13 世纪～前 11 世纪）自武丁至于帝辛。殷墟文化的考古分期一般采用邹衡的“四期说”，即第一期盘庚至小乙，第二期武丁至祖甲，第三期辛至文丁，第四期帝乙帝辛。以后的发现，大体上都没有越过这个界限。而殷墟的青铜器分期则有张长寿的“三期说”，即第一期盘庚至武丁，第二期祖庚至康丁，第三期武乙至帝辛。此外，还有一些其他的说法。《史记·殷本纪》载盘庚至武丁时较详，阳甲时，殷衰，盘庚五迁，至小辛复衰，至武丁得到了傅说为相，而后才能使“殷道复兴”。所谓殷衰，是指商王对诸侯失去控制力，诸侯不朝，即政治上不从属，经济上不贡赋，因而国力衰微。而殷墟高度繁荣的青铜文化，必须在武丁的武功文治经营相当时期方能达到，武丁一即位不可能立即出现殷墟青铜文化的高度发展。因此，这个时代，可能是商代中期青铜器和晚期青铜器的交替时期。

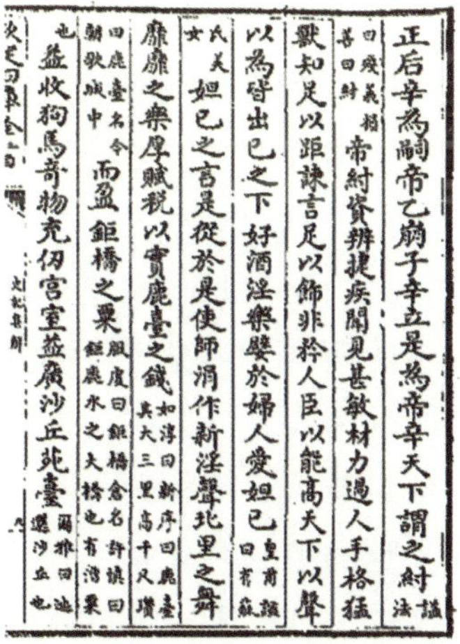

正后辛為嗣帝乙崩子辛立是為帝辛天下謂之紂
帝紂資辨捷疾聞見甚敏材力過人手格猛
獸知足以距諫言足以飾非矜人臣以能高天下以聲
以為皆出己之下好酒淫樂嬖於婦人愛妲己
妲己之言是從於是使師涓作新淫聲北里之舞
靡靡之樂厚賦稅以實鹿臺之錢
而盈鉅橋之粟
益收狗馬奇物充仞宮室益廣沙丘苑臺

《史记·殷本纪》书影

商代晚期青铜器的重要考古资料以殷墟五号墓、殷墟小屯村北 18 号墓、武官村大墓、西北岗 1040 大墓和小屯圆葬坑等出土物为代表。还有殷墟西区墓葬群出土的青铜器。其他地区相当于商代晚期青铜器的出土地域，重要的有山

妇好出征

东益都苏阜屯商晚期墓群，山西的永和、柳林、保德、石楼以及陕西的清涧、绥德、吴堡等地，这一带是有一定地方色彩的，主要属于商代晚期的青铜文化区。湖南洞庭湖以南宁乡的黄材、月山等地多次出土了商晚期青铜器，而醴陵、常宁、湘乡、衡阳、湘潭以及广西武鸣等地商晚期青铜器也有出土。商代青铜文化的分布很广，出土商代晚期青铜器的地点不在少数。商代晚期如以武丁后期起计，至帝辛可能接近200年或不足200年，在这样长的时期内，按照具体情形，又可区别为前后两个阶段。

殷墟时期前段，以小屯238号墓、殷墟五号墓、小屯村北18号墓所出土的青铜器为代表，其他地区的以山西石楼二郎坡桃花者、后蓝家沟和湖南宁乡黄材等地出土的青铜器为代表。新出的器形有方彝，高颈椭扁体壶，敞口束颈椭扁扇体觯、觥等。方彝见于小屯238号墓，殷墟五号墓更出土有“偶方彝”，偶方彝外形似二方彝合体，内为一长方形槽。高颈椭扁体壶见于殷墟五号墓，口宽而椭扁，颈较高，腹部膨大，颈两侧有贯耳，下有圈足，有的有盖，石楼桃花者扁壶则有龙形提梁。这类扁壶在商代晚期前段风行一时，但至晚期后段就迅速消失。敞口束颈椭扁体觯见于殷墟五号墓。有的无盖，颈部收缩皆不甚小，然而也有宽狭不同做法。器多小型，也有作中型的。另一种敞口束颈圆体似杯的觯，大约也在此时出现。以上两种觯在传世品中甚多。觥有作鸟兽形和圈足的两类，全见于段墟五号墓。此时觥常见有鸟兽合体的造型，如妇好觥前为虎后为枭的合体，司母辛觥前为怪兽后为怪鸟的合体，因而觥的前足与后足不相同。美国佛利尔美术博物馆也有一前为虎头后为鸭形而平啄的兽禽合体觥。合体造型是当时觥的造型设计的特点之一。山西石楼桃花者出土一角形觥，是觥的特例。

新出的还有鸟兽形尊，如妇好鸟尊，湖南湘潭出土猪尊，醴陵出土

商叶脉纹镜

象尊，都是新形式，把容器做成动物的样子是前所未有的。也有设计成半容器半动物的式样，如双羊尊，中间是尊形，两侧为羊头，形状特殊。值得注意的是，方器在这时大为发展，殷墟五号墓出土的有方爵、方斝、方尊、方罍、方壶、方缶等，而传世器中还有方觚、方觯，几乎主要的酒器都有方形，从整体来看，虽然方器是很小的一部分，但却是富有特征性的器物。

中期沿用的器类，在本期内也有或多或少的变化，并且出现了一些新的式样。

食器中鼎的变化较大，除了通常的式样之外，新出现的形式有自器腰以上收缩口唇外翻的鼎，这主要是中小型鼎；另一种是容器部分很浅的柱足或扁足鼎。袋腹似鬲的柱足鼎，俗称为分档鼎，是这一时期的流行新式样，在前段的特点是袋腹较深。方鼎在中期是缺环，还没有材料证明中期的方鼎是何种式样，但可以确知晚期前段的方鼎都是槽形的长方状鼎，柱足粗而偏短，也有扁足方鼎。柱足和扁足方鼎在殷墟五号墓中都有典型的式样。

甗在商早期黄陂盘龙城墓中发现有一例，之后即未见。晚期前段有较多的发现，均作甑鬲连铸形，甑体皆大而深。口部的做法有两种：一种自口至腹皆直壁，口沿有宽阔加厚的边条，小屯 188 号墓即出土了此种直壁甗；另一种口部侈大，殷墟五号墓有这类甗。前者大约主要流行于前段，后者成为固定的沿用式样。妇好三联甗分左、中、右置于一箱形的釜上，是特殊形式，他处皆不出。

鬲这类器不甚流行，传世有殷墟出土的鬲，多为深袋足，安徽阜南月牙河出土的鬲，器颈直而收缩，翻唇，亦深袋足。纹饰为典型的晚期前段式样。

商直纹簋

簋在早期的黄陂盘龙城墓中曾出有一例，为圈足双耳，以后即未见。晚期前段出现无耳簋，形体比例较宽，圈足直而往往有小方孔，口微敛而翻唇。殷墟五号墓及武官村大墓都出土有无耳簋，后者比前者上口翻唇的曲度大，无耳簋是晚期前段盛行的式样。此时尚未发现有双耳簋。

爵、觚、斝仍是组合的酒器。扁体爵已大为减少，圆体爵盛行。五号墓圆体爵和平底扁体爵共出，但总的来看，扁体爵的数量很少。觚的造型脰部向细长发展，喇叭口扩展。大十字形孔退化成十字孔或徒存形式而不穿透。斝类器中分段形的变化不大显著，比较突出的是斝鋬上开始有了较多的兽头装饰，三足有明显增高的趋势。同时出现了圆体和椭方体不分段的斝，前者如殷墟武官北地 1 号墓圆体斝，后者如小屯 238 号墓的方斝，殷墟早期出现过的袋足斝。中期的还没有发现，但是在晚期前段又重新出现。本期内还出现了角，角这种饮酒器本来就很少，殷墟五号墓出土爵近 50 件，未见有一角。

大型的酒器大口有肩尊和罍（瓿）的形体也有所变化。大口有肩尊原来比例偏低的体型在这时显著增高，有的圈足特别高。殷墟五号墓出土的圆体酒器有司柬母尊，方体的有湖南宁乡出土的四羊方尊，共同的特点是圈足都很高。这类高体的有肩尊，湖南宁乡等地出土的较多。但是这种尊流行的也只是在晚期前段，以后就骤然减少。罍（瓿）这种器形有短颈和无颈合口两类，后者主要是这一时期出现的，并且有的有盖。石楼的后蓝家沟的百乳雷纹瓿、殷墟五号墓的妇好瓿及湖南宁乡出土的兽面纹瓿，都是颇为典型的

商兽面纹觚

式样。但是饔（瓿）这种器类如同大口高体有肩尊一般，在商晚期后段就基本上不再铸造。袋足斜流半封口的盉仍有所发现，安阳侯家庄大墓出土的铸铭左、中、右三盉皆是袋足方形盉，是形体庄重的祭器。但是袋足盉这类酒器毕竟是越来越少了。

水器类盂是新出现的器形，小屯西北冈墓出土附耳盂，有铭云："寝小室盂"，器壁侈斜，是盥洗用器。殷墟五号墓有盂直口翻唇，有附耳，并有对称的两系。《商周彝器通考》图 989 盂，形体似盆而深，唇阔而平，无耳而有四系，兽面纹是晚期前段典型式样，似稍早于寝小室盂。另一种所谓"中柱盂"，郑州商城窖藏商代早期的有一例，器形似盘，中有一以囷纹为饰的柱。殷墟西北冈大墓和殷墟五号墓中柱盂皆似水器盂形，有附耳。西北冈的盂中柱围绕四条龙，作为水器是没有问题的，但具体用途未详。

燃烧的孔雀石

青铜器的发明是一个划时代的进步。

早在几千年前的新石器时代，我国古代的先民在采集石料制作石器的时候，就发现了自然界中天然的纯铜块，呈紫红色，所以又称红铜。人们把这些红铜采集起来，锤锻、打磨成为小刀、小锥或小件的装饰品来使用。

在自然界里还存在着铜矿石，常见的有孔雀石，这是一种碱或碳酸铜矿，因颜色呈蓝绿色，很漂亮，就像孔雀的羽毛，所以人们很喜爱，把它制作成项链来佩戴。

岁月流逝，慢慢地，人们在劳作之后，大家围在篝火旁载歌载舞或取暖时发现，孔雀石偶然掉在炭火中，经高温会熔融成为铜液，冷却凝固时可以随意成形。于是，在新石器时代晚期，古代的先民终于发明了用孔雀石加木炭冶炼并铸造红铜的技术，从此，红铜器开始出现了。在考古学上，这个时期又被称为红铜时代，或铜石并用时代。但是，由于红铜的硬度低，不适宜制作生产工具，所以，在生产中发挥的作用不大。

渐渐地，人们经过了长期的生产实践又发现了锡矿石，这是一种氧化锡矿，从而又学会了用锡石加木炭冶炼锡的技术。在普遍地掌握了

孔雀石

冶铜术与冶锡术的基础上，人们又创造性地发明了用红铜加锡熔炼为青铜合金的技术，而且认识到青铜比红铜具有更大的优越性。首先是硬度大。红铜的硬度为布林氏硬度计的35度，若加锡5%，其硬度就提高为68度；加锡10%，即提高为88度。并且经锤锻后，硬度进一步提高。如加锡10%的青铜，经锤锻后，硬度增至228度。其次，青铜溶液流动性能好，凝固时铸造收缩率很小。就拿铜剑来说，如此铸造的铜剑刃部锋利，轮廓分明，花纹纤细。第三是青铜的化学性能稳定，耐腐蚀，可以长期保存。因此，古代的先民在发明了青铜冶铸技术以后，就广泛地使用青铜来制作各种生产工具、兵器和生活用器等。

青铜是红铜和锡、铅的合金。因为自然界可采集的纯铜很少，所以，青铜器大量的铸造必须依靠铜矿的开采和冶炼。中国铜矿的资源，是商周铸造业发展的物质基础。中国古代青铜器遗存数量之多，说明古代铜矿的开采和冶炼具有相当的规模。迄今为止，考古工作者发现了几处大型的矿冶遗址，这为研究古代冶金史填补了一项空白。

一、湖北省大冶铜绿山矿冶遗址

湖北省大冶铜绿山古铜矿遗址是迄今为止我国保存最完好、采掘时间最早、冶炼水平最高、规模最大的古铜矿遗址，其中包括铜绿山、大岩阴山、小岩阴山等，发掘考证确认古采冶遗址范围2000平方米。

1973～1979年，陆续发掘、清理出7个露天采场和18个保存完好、规模宏大的地下开采区，有竖井（包括斜井、盲井）199座，大小平巷177条，井巷总长8000余米，老窿采空区达70多万立方米；古冶炼场50余处，古炼铜炉数十座（其中春秋时期的8座，战国时期的6座，宋代的17座），古代炼铜炉渣的分布面积约14万平方米，有50万～60万吨。经推算，前后共产铜8万～12万吨，采挖出的矿石不少于150万吨。

铜绿山里有前后两个时期的采铜和冶铜遗址，前期属春秋时期或稍早，后期属战国至汉代。铜绿山蕴藏有丰富的铜铁矿床，古矿井主要集中在大理岩与火成岩的接触带上。这里氧化富集带中矿石的含铜品位可达 5% ~ 8%，主要有孔雀石、赤铜矿、自然铜等。古代工匠为掘取铜矿石，开凿竖井、平巷与盲井等，并用木质框架支护，采用了提升、通风、排水等技术。春秋时期的井巷较小，木质方形框架的长宽均为60厘米左右；战国时期井巷增大，框架直径达 110 ~ 130 厘米，并使用辘轳提升矿石及汲出地下水。采掘工具有斧、凿、锄、钻等，春秋矿井中只出土青铜工具，战国矿井中多为铁工具。此外还有木锹、竹筐、藤篓、绳索、木钩、木槽、桶、勺等器具。经清理的春秋时期冶铜炉，由炉基、炉缸、炉身三部分组成。炉基下有风沟，冶炼时可确保炉缸的温度。炉缸设有放铜、排渣的金门。炉身有鼓风口。炼炉附近有工棚遗迹和碎石用的石砧、石球，加工过的矿石及陶片、铜块等。经模拟实验证明，这种竖炉可以连续加料、连续排渣、间断放铜，性能好、炉龄长、操作简便，每炉日产铜不低于 300 千克。古炉渣总量超过 40 万吨。经化验，炉渣的酸度适宜，含铜量仅 0.7%，说明东周时期的冶铜技术已达到相当高的水平。

铜绿山现代大型露天铜矿

二、辽宁省林西县打井古铜矿遗址

1975 ~ 1976 年在辽宁省昭乌达盟西喇木伦河以北 30 千米的林西县官地公社打井村发现了一座古铜矿，经考古发掘，这是商周时期规模较大的矿冶和铸造遗址。大井古铜矿的矿苗都露在地表，上部是氧化矿带，距地表 40 米以下为硫化矿带，在 4 号坑的中段坑口曾发现房址，在房址内出土陶器、木炭、炼渣、石刻采矿工具等与采矿、冶炼有关的遗物，还出土了兽骨、禽骨、柳叶形铜剑头以及两百多件石器。通过对炼渣进行分析，发现含铜量尚有 1% 左右。

打井铜矿遗址在离 5 号井坑不远的地方曾发现一排炉子，有炼炉 8 座，炉址旁有鼓风管、炼渣和铸造小件器物的陶范。炉壁为烧红的草拌泥。从烧结的炼渣分析，冶炼温度至少在千度以上。附近出土鼓风套管的残件，也有长40厘米、管径8厘米的比较完整的套管，泥质红褐陶，内壁也有烧熔的炼渣。在4号和6号炉附近出土了4件陶范，范内有弦纹3道，两侧有合范的刻画符号，这是一个包括露天初采、选矿、冶炼、铸造等全套工序的规模较大的古代矿冶和铸造遗址，叠压在矿坑上的房址出土夏家店上层文化套陶鬲，据 ^{14}C 测定年代为距今2700～2900年。

三、湖南省麻阳古矿井遗址

1979年以来，先后在湖南省麻阳古矿井内采集到木槌、绳纹圜底陶罐等标本，经鉴定为东周时期文物，已发现古矿井10处，有一处巷道和木支柱保存较为完整，从遗存的巷道情况看，与铜绿山相似，采掘矿藏首先从地表开始，然后沿着矿脉的走向，自上而下进行斜井开采。为了安全，当时在井内顶部普遍留遗一层矿体作为天然护顶，采区内留有工字形矿柱支撑，在矿柱之间又辅以木支柱，以防止上层的红砂岩塌落。在古矿井内还发现铁锤、铁钻、木撬棍及选矿用的木瓢，舀水的水斗，盛水的大陶罐，照明的陶灯盘等物。这些发现，说明此处采矿方法、使用的工具、安全设施、排水技术等方面都有很大的发展。

四、广西北流铜石岭冶炼遗址

在广西北流铜石岭发现的一处西汉至东汉的冶铜遗址，遗存丰富，有炼炉14座，炉基呈圆座状，尚有炉渣、炭屑、灰烬、孔雀石以及重2.5千克的圆饼形铜锭一块。从炼炉、孔雀石和铜锭共存的情况及地方文献资料记载来看，这是一处专门的冶炼遗址。铜料制好后，再运往各地铸造铜器处。

青铜的冶炼标志着商周社会生产力发展的最高水平，这时，青铜的冶炼是有生产组织和生产规模的。

青铜采冶业是从石器加工和烧制陶器的生产实践中渐渐被认识而产生的。人们在寻找石料和加工的过程中，逐步识别了自然铜与铜矿石。例如被人们称为孔雀石的铜矿石含铜量高，其含铜品位可达10%～20%或更高。这是一种氧化矿，只要同木炭放在炼炉中进行冶炼，加热到1000℃稍高一些，就可以炼出铜来。它又常常与自然铜一起出现，并与铜锈有类似的颜色，因此孔雀石是古代先民最早用于冶炼的铜矿石。

在烧制陶器的过程中积累起来的丰富经验，为青铜的冶铸业提供了必要的高温知识、耐火材料、造型材料与造型技术等条件。例如龙山文化中黑陶和白陶的烧陶温度均与铜的熔点接近。当时使用陶模具制作泥坯和印制花纹等技术与铸铜的模具功能有相似之处；冶铸用的熔炉、水色、型范等都是陶质的用具。炼铜用的木炭也与烧陶所用的燃料是一致的。而在古代采矿、冶炼遗址的附近，几乎都有同时期居民聚落遗址。因此，人们在制作石器时，为寻找原料而出没于这些山丘时，一旦认识了自然铜与孔雀石等铜矿石，那么采掘这些金属原料就有准备了。

硅孔雀石

最早的采矿业是从地表挖掘开始找矿的。当他们发现矿脉或矿带向深部延伸的规律时，人们创造了从地面向地下挖掘竖井，并由竖井底部向四周开拓巷道以寻找矿石和采掘矿石的方法。今天，人们依据巷道的形状将之分为平巷、斜巷等。有时人们在巷道中发现深部还有矿石，于是又从巷道中向下挖竖井，这种井并不直接通向地面，所以人们称之为盲井。用这种方法采掘，一般在井巷中用木质的框架作支护，以防止周围岩石坍塌。他们用榫接或搭接法制作的框架，有效地承受了巷道的顶压、侧压和底压，可以确保坑下采掘人员的生命安全和采掘工作的顺利进行。使用这种方法可以从地面下较深的地段掘取矿石。这比起露天采矿省工省时，是一个进步。从湖北大冶铜绿山、江西瑞昌铜岭等地发现的商周采矿遗迹看到，露天采矿与坑采这两种方法均已采用。当然，从矿区河流中夹带的沙石中淘洗出铜矿也是一个途径。

目前发现的商周古铜矿遗址，大多分布在火成岩与大理岩的接触带上。因为接触带内的岩石破碎，比较容易采掘。又因大气降水和淋滤作用，地表面的铜元素在接触带中相对集中，出现了铜品位自上而下逐渐提高的现象，形成氧化矿富集带。这种条件使它成为古代先民理想的采铜场所。这里的矿石，主要是孔雀石、硅孔雀石、赤铜矿等，都属氧化矿。深部往往有自然铜。大冶的铜绿山，顾名思义，是铜绿色的山丘之意。那里每当大雨过后，表面就暴露出许多绿色的孔雀石的碎块，俯拾即是。因此，它的铜资源在很早以前就被人们开发利用，目前在 11 号矿体和 7 号矿体的 2 号点出现的采矿遗迹，被认为是西周时期或更早的遗存。江西瑞昌的铜岭古矿址内，发现了商代和西周时期的采矿遗迹，出土了与采矿有关的许多遗物。铜岭古矿遗址和铜绿山古矿址一样，矿井中都有当时工匠们所做的木质的方形框架。他们每隔 1 米左右就在井巷中设置一副，嵌入坑壁。框架的外侧有的衬以壁板或席子。据发掘工作者观察，井巷中的支护设施虽有变形者，但未见一处坍落或损坏，说明它们达到了预期的目的。当时，有的沿着竖井垂直地向深部挖掘，也有的从竖井底部向四周开拓巷道去寻找矿石。用这种方法采矿，可从离地表 10 ～ 20 米深的地方掘取矿石，并从井巷中提升到地面。工匠们使用的工具还很原始，主要是石斧、石凿及木铲、木锹、木锤等，装载用具有竹筐、竹簸箕等。当时已初步解决了采矿中的通风、排水、提升等技术。人们利用井口高低所产生的气压差来调节下部的空气，满足采矿人员在坑下作业时对氧气的需求。人们用绳索和木辘轳将矿石与地下水从竖井中提升到地面，同时将支护用的方形木框等材料运至坑下，使巷道的开拓随矿脉不断延伸。为确保雨水不流到井中，井口还搭有棚盖。以上情况表明了当时的采矿技术已达到一定水平。

当时冶炼铜矿石的方法，是将矿石与木炭放在冶炼炉中进行冶炼。由于这些矿石是氧化矿，因此这种冶炼被称作氧化矿还原熔炼。虽然目前只发现春秋时期的炼铜竖炉，商与西周时的炼炉尚未见到，但是，经过模拟实验证明，春秋时期的冶铜竖炉冶炼性能很好，能持续加料，持续排渣，间断放铜。春秋时期的冶铜技术是在商代与西周时期的冶铜技术的基础上发展来的，出土的商代与西周铜器数量之多，用铜量之大，或许说明当时的冶铜业还是比较发达的，因此有理由认为，商代与西周的冶炼水平也是不低的。衡量冶炼水平高低很重要的一点是炼渣含铜量的多少。因为矿石中二氧化硅（SiO_2）的含量越高，炉渣黏度就越大，渣的流动性也差，渣中所含的铜也越多。但若加上熔剂，或进行配矿，则可使炉渣的黏度降低，排渣时的流动性能也好，冷凝时呈薄片状。由于这些地点的矿体是铜铁金属伴生矿，所以炉中的铁矿石在高温下生成的氧化亚铁与二氧化硅结合，降低了炉渣内二氧化硅的含量，黏度降低，炉渣的流动性能好，冷凝后成了薄片状，渣中含的铜也就减少了。春秋时期，冶炼过程中已经掌握了配矿技术，使渣中的含铜率降至0.7%，这是冶炼水平较高的一个表现。可能这种配矿技术在西周时期已经出现了。

据统计，已出土的商代和西周时期的铸有铭文的青铜器有上万件之多，没有铭文的铜器更数倍于此数。商代与西周时期，若无发达的采矿与冶炼业是不可能提供如此大量的铜金属原料的。

陶范里的宝贝

1953 年，在洛阳东郊泰山庙发现了一处商代铸铜遗址，出土了大量铸造青铜器的残范，其中云雷纹的觚范极为精细。

1954 年，在郑州南关外发现商代铸造遗址，出土了坩埚、灰陶大口尊、红陶缸等熔铜工具和镞、双刀、斝、方鼎、鬲、爵等青铜器的陶范和泥芯，还发现一些孔雀石、铜渣、木炭和青铜器。

1955 ～ 1956 年在郑州紫荆山北地商代铸铜遗址发现了房基和地坪上布满了绿锈的铸铜场地。

1959 年郑州偃师二里头遗址第三期文化层中发现了坩埚残片、红烧土、炭屑、炼渣和陶范，并有小铜器，其中小铜刀 7 件、铜铲 2 件、铜条 1 件、铜镞 5 件、铜铃 1 件，说明这里有着更早的铸铜遗址。

1960 年，调查了武涉县城东的商村铸铜遗址，在商代文化层中发现了陶制的镢范和铜渣。

1959 ～ 1960 年在安阳殷墟苗圃北地和孝民屯，发现一处约 1 万平方米的铸铜遗址。经过发掘，在苗圃北地发现了与铸铜有关的单间和双间房基、工棚遗迹。还有铸造鼎、爵、觯、觚、卣、盘、簋、罍、器盖、镞、矛和泡等使用的外范 3835 块，铸造觯、觚、斝、爵、簋、戈、矛等使用的内范 1003 块，以及少量的陶模残片。长达 1.2 米的方形陶范，直径 0.83 米的坩埚，直径 1 米的炼炉，也是在这里发现的。这是一个

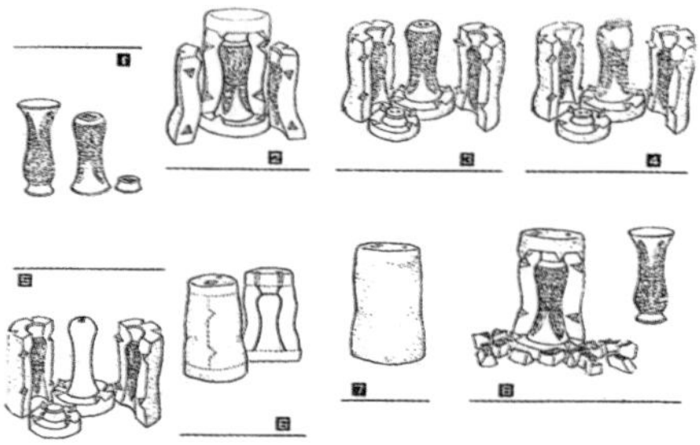

陶质块范铸造青铜觶过程示意图

规模相当大的铸铜手工业作坊遗址，具有铸造大型青铜器的能力。

在郑州和安阳两地的商代铸铜遗址中，发现当时用于冶炼的主要燃料是木炭，主要原料是孔雀石，冶炼的温度估计为1000℃，在冶炼的器具方面，郑州南关外和紫金山北等铸铜遗址出土的红陶缸、灰陶大口尊都是夹砂厚胎陶器，外壁抹有耐火土，用以增强其强度和耐热性能。灰陶大口尊，口径36.8厘米，厚2厘米，残高55.4厘米，红陶缸大小与此近似，但容量较小，只适宜铸造小型器物。

安阳殷墟苗圃北地出土的直径1米的炼炉，内壁有一层烧熔的渣釉，在相当于炉座的周围，有许多炼炉残壁和木炭粒，硬土面上还遗留着几道有一定流向的凹槽，表面粘有铜渣，估计是浇铸大型器件的流道。有一炼炉的残块，在炉壁与底部间有直径约5厘米的小孔，从内向外的流道遗迹看，可能是出铜液的炉眼。炉内铜液由炉眼流出，经过流道，浇铸器件。在同一处遗址里，还发现一种在地面下的土坑式的炉子，直径1米，深0.5～1米，内壁已经烧熔，也粘有铜渣和木炭。这两种炉子，看来是与当时大型铜器的冶铸规模相适应的。

1973～1979年，在河南省洛阳北窖村西周墓地附近，发现了西周早期铸铜遗址，探明面积约28万平方米，经试掘，出土了烘范窑3座和大量的陶范。还发现了许多红烧土块、木炭灰烬、陶泥范块、熔炉残壁、铸口余铜，铜渣、砺石、骨刿等铸铜工具。发掘的陶范15000余块，其中花纹比较清晰的500余块，能辨认器形的500块，还有立体兽头和耳部的母范。这里出土的陶范是用细土和细砂羼和而成，均经焙烤为陶质，母范质地坚硬，多呈青灰色，内范则比较松软，一般呈红砖色或青灰色。外范中分为内外两层，内层即浇铸面和分型面，一般厚度在1厘米左右，陶质细腻、坚硬，呈青灰色的质地更硬。外层则质地松软，含有较大颗粒的砂子，呈灰白色。范的总厚度一般都在 4 厘米左右。比较复杂的铸件，用合范浇铸，出土陶范中，绝大部分是外范，内范则比较少见，每块外范均有榫眼，多采用楔形、榫卯和长方形子母口。外范背面均用刀刻出较深的沟槽，是为了便于敷上加固泥层。出土的陶范以礼器居多，能分辨器形的有鼎、簋、卣、尊、觚、爵、罍、钟等范，车马器有辖、軎、銮铃、泡、铃柄等外范。除泡、戈、镞是双合范外，余均属多合范。

熔铜炉在遗址中发现多起，都为残炉或残块，经测算残块内径一般是 0.9 ~ 1.1 米，最大可达 1.6 ~ 1.7 米，最小径为 0.5 ~ 0.6 米。这种炉子，炉壁是用泥沙加草拌的泥条盘筑而成，外壁均为砖红花色，内壁往往粘有铜渣而呈青灰色，有的烧流现象严重，有些炉底已烧成蜂窝状，其温度为 1200℃ ~ 1250℃，从炉壁内外受热的程度看，都属于内加热炉。

1960 年，在山西省侯马市牛村古城南部的新田遗址的考古发掘中，发现了制骨、烧陶、铸铜等各种作坊遗址，其中规模最大的一处是铸造青铜器的作坊遗址，其面积约 5000 平方米，发现的陶范和陶模有 30000 多块。其中工具范和带钩范出土最多。22 号坑就出土了工具范 11446 块，带钩范是 13670 块，在发掘的 30000 多块陶范中，两者各占 1/3。所有陶范，有花纹的有 5000 多块，即范上有平雕和浮雕状的装饰，平雕的纹饰有兽面纹、夔纹、蟠螭纹、蟠虺纹、云雷纹、绳纹、贝纹等。范模皆制作精湛。发现铜锭 110 块，最大的重 4 千克。能分辨器形的有 4000 多块，可以合成完整的工具范 103 副。

合金的铸造就是根据所制器物的需要将铜与锡按照一定的比例配合在一起，放在熔炉中加热熔化，从而得到所需要的青铜熔液，然后就可以进行浇铸了。关于青铜合金的配比，战国时期的《周礼 · 考工记》记载说："六分其金（铜）而锡居一，谓之钟鼎之齐（剂）（即铜占 85.7%，锡占 14.3%）；五分其金而锡居一，谓之斧斤之齐（即铜占 83.4%，锡占 16.6%）；四分其金而锡居一，谓之戈戟之齐（即铜占 80%，锡占 20%）；三分其金而锡居一，谓之大刃之齐（即铜占 75%，锡占 25%）；五分其金而锡居二，谓之削杀矢之齐（即铜占 71.4%，锡占 28.6%）；金锡半，谓之鉴燧之齐（即铜占 66.7%，锡占

33.3%）。”

通过对古代青铜器的化验分析，除鉴燧之剂不符外，其他基本上是符合的，而且极为科学。这是中国古代先民铸造青铜器成功经验的科学总结，不但是中国，也是世界上最早的关于合金规律的文献记载。

中国古代青铜器的铸造是人类历史上一项重要的发明和创造，它是中国古代先民勤劳、智慧的象征。

古代青铜器的铸造主要采用合范法和失蜡法铸造，这两种方法皆可铸造青铜器。随后在铸造过程中，又发明了拍印法、分铸法、焊接法等技术。

合范法分为陶范法和石范法两类，以下分别进行介绍。

陶范法即首先制成欲铸器物的模型。模型在铸造工艺上亦称作模或母范；再用泥土敷在模型外面，脱出用来形成铸件外廓的铸型组成部分，在铸造工艺上称为外范，外范要分割成数块，以便从模上脱下；此外还要用泥土制一个体积与容器内腔相当的范，通常称为芯，或者称为心型、内范；然后使内外范套合，中间的空隙即型腔，其间隔为欲铸器物的厚度；最后将熔化的铜液注入此空隙内，待铜液冷却后，除去内外范即得欲铸器物。

模亦称“母范”，原料可选用陶或木、竹、骨、石各种质料，而已经铸好的青铜器也可用作模型。具体选用何种质料要视铸件的几何形状而定，并要考虑花纹雕刻与拨塑的方便。一般说来，形状细长扁平的刀，可以用竹、木削制而成；较小的鸟兽动物形体可以用骨、石雕刻为模；对于形状厚重比较大的鼎、彝诸器，则可以选用陶土，以便拨塑。

从出土发掘来看，陶范最为常见。陶范的泥料黏土含量可以多一些，混以烧土粉、炭末、草料或者其他有机物，并掌握好调配泥料时的含水量，使之有较低的收缩率与适宜的透气性，以便在塑成后避免因为干燥、焙烧而发生龟裂现象。陶模的表面还必须细致、坚实，以便在其上雕刻纹饰。泥模在塑成后，应该使其在室温中逐渐干燥，纹饰要在其干成适当的硬度时雕刻。对于布局严谨、规范整齐的纹饰，一般先在素胎上用色笔起稿而后再进行雕刻，高出器表的花纹则用泥在表面堆塑成形，再在其上雕刻花纹。泥模制成后，必须置入窑内焙烧成陶模才能用来翻范。

制范亦要选用和制备适当的泥料。其主要成分是泥土和砂。一般说来，范的黏土含量多些，芯则含砂量多些且颗粒较粗。在二者之中还拌有植物质，比如草木屑，以减少收缩，增强透气性。范的泥土备制须极细致，要经过晾晒、破碎、分筛、混匀，并加入适当的水分，将之和成软硬适度的泥土，再经过反复摔打、揉搓，还要经过较长时间的浸润，使之定性。这样做好的泥料在翻范时才得心应手。从模上翻范技术性很强，是块范铸造技术的中心环节。对于较简单的实心器物，像刀、戈、镞等，只需由模型翻制两个外范即可，此种外范称为二合范。而制造空心容器的范则复杂多了，如在翻范以前，首先要决定外范应该分为几块以及应该在何处分界。翻外范的方法是用范泥往模上堆贴而成，再用力压紧。

芯的制作则有三种方法。一是从模型上翻制好外范后，利用模型来制芯，即将模型的表面加以刮削，刮削的厚度即是所铸铜器的厚度。二是把模型做成空心的，从其腹腔中脱出芯，并使掩出的芯和底范连成一块，再在底范上铸耳，此种方法适用于大型器。三是利用外范制芯。

已焙烧的且组合好的范可趁热浇注，不然需在临浇注前进行预热。预热时要将范芯装配成套，捆紧后糊以泥沙或草拌泥，再入窑烧烤。预热的温度以 400℃ ~ 500℃度为佳。焙好的型范需埋置于沙（湿沙）坑中防止范崩引起的伤害，并在外加木条箍紧，也是为了防止铜液压力将范涨开。范准备好后，将熔化的铜液（1100℃ ~ 1200℃为宜）注入浇口。器物之所以倒着浇，是为了将气孔与铜液中的杂质集中于器底，使器物中上部致密，花纹清晰。浇入铜液时应该掌握好速度，以快而平为宜，直到浇口与气孔皆充满铜液为止。待铜液凝固冷却后，即可去范、芯，取出铸件。 一次浇注成完整器形的方法叫“浑铸”，或“一次浑铸”，或者“整体浇铸”。商周器物多是以此方法铸成。凡以此方法铸成之器，其表面所遗留的线条是连续的，即每条范线均互相连接，这是浑铸的范线特征。

铸件去陶范后还要进行修整，经过锤击、锯锉、錾凿及打磨，去掉多余的铜块、毛刺、飞边，只有这样经过打磨修理加工，青铜器物才能表面光滑，纹饰清晰漂亮。

春秋云纹禁

商周时代的青铜器中，有的器物有活动部件，如铜卣的提梁是与器连接的，但又能活动；铜盉的盖与器用活动的链条相连接，有的器上装有立体的附饰，这都是一次浇铸所不能完成的。铸匠们在长期的实践中，创造了分铸法。即先将器物的小件如提梁、鋬耳等浇铸成，再将小的铸件嵌放在器物的主体范上固定住，与待铸青铜器固定部件或活动部件空腔套嵌在一起，中间用范料隔开，这样，先铸的部件和器物才能固定套铸在一起。

商周时期的青铜器，除了用陶范法铸造外，有些小件的青铜器也有用石范法铸造的。最早的石范是1976年山西夏县东下冯村二里头文化遗址出土的，铸造工具镬的石范，长21.2厘米，宽6.2厘米 ×7.4厘米。

石范铸造青铜器的优点是能耐高温且能多次反复使用，但因石质坚硬，所以加工起来较为困难，更不宜做容器和刻凿花纹，因此石范只能铸造简单的工具和武器。故石范法的使用极其有限。

用失蜡法来铸造青铜器，这项技术是中国古代先民独立发明的，有着自己的民族特色和悠久的历史。

考古实物资料表明，在春秋中晚期之际，中国就发明了失蜡法铸造青铜器的技术。目前中国最早使用失蜡法的铸件是1978年5月在河南省淅川楚王子午墓出土的青铜禁，这禁四周围着的龙和纹饰结构复杂的边框是用失蜡法铸造的，框边立体的错综结构的内部支条，尚可见蜡条支撑的铸态。又如，1978年湖北省战国曾侯乙墓出土的尊和盘，其口沿为多层套合的镂空细密龙纹，是由表层纹饰和内部多层次的铜梗所组成，结构复杂，腹部和底部为龙形和豹形装饰。

黄蜡

失蜡法是指用容易熔化的材料，比如黄蜡（蜂蜡）、动物油（牛油）等制成欲铸器物的蜡模，然后在蜡模表面用细泥浆浇淋，在蜡模表面形成一层泥壳，再在泥壳表面上涂上耐火材料，使之硬化即做成铸型，最后再烘烤此型模，使蜡油熔化流出，从而形成型腔，再向型腔内浇铸铜液，凝固冷却后即得无范痕、光洁精密的铸件。

春秋战国时期，生产力的发展达到了一定的水平，各行各业百花齐放，而青铜的铸造业也迎来了自己的春天，从而出现了用两种不同成分的青铜合金熔铸或嵌铸的器物，开创了由青铜和铁合铸的复合金属之铸造工艺。这类工艺，既有很高的装饰性，也有很高的实用性，这又是一个划时代的创造发明。

一、复合金属的熔铸

著名的越王勾践剑上布满了非常精美的菱形图案，因为这件铜剑出土时，没有严重腐蚀，品相很好，所有的金属质地都看得清楚。表现图案的线条，是一种浅色的金属，与剑的基体稍有氧化的青铜色彩不同，这浅色的金属是与基体铸合在一起，而不是镶嵌的。这一类剑，楚越兵器都有，而且兵器戈、矛上也有近似的菱纹，根据对其表面的分析，因为有硫化物，所以认为这种花纹是在剑的基础上腐蚀出来的。但是通过对同类剑的纹饰化学分析取样，发现纹饰深度可达1毫米，故而绝非硫化物腐蚀的结果。菱形纹饰经光谱分析，铜、锡成分大量存在，硅、铁、银、钙、镁、砷、铋、铝、铬、锰、磷、锌有少量。菱形花纹中的金属已腐蚀成黑色，经少量取样化学分析，定量参考的数值为锡$<47\%$，铜

剑石范

＜31.27%，铅＜11.8%，其余为杂质。这剑的基体是铜77.62%，锡20.5%，铅0.25%，原来的剑其基体应呈金黄色，而菱形纹则呈银白色。越王剑理应如此，铭文字口可能用刀修刻过。这种低铜和高锡高铅的合金熔点低，故铸造方法应是先铸剑的基体，留出菱形纹饰槽，然后再注以上述之合金。战国时代一部分巴蜀式兵器和楚兵器上，常有一些亮色的斑点和条纹。这些斑点和条纹有的是对称的，每一斑点有圆形或方形的界限，有的则呈不规则的自然分布，或作流动骤凝状态。这些发银亮色的斑点，在一些器物上呈现墨绿色，这是因氧化和腐蚀的程度不同。未经氧化的斑点硬度很高，而且这些金属物质与器物表面平整一致。仔细检查，可以观察到亮斑有不甚匀称的厚度，其基体是熔铸状态，即一次铸成的，亦是所谓的浑铸。这种特殊的合金是按照不同的设计形状，先固定在范上，然后浇铸融合在一起。它的关键在于合金的配比和浇铸的火候方面，如果这些方面掌握不当，银色亮斑将会流失变形，或与基体铜液化合。上述两种复合金属铸造的技术，在秦汉时代已经消失。

二、复合金属嵌铸

春秋晚期和战国时代的青铜剑、矛、戈等兵器的中脊，常有一条明显的金属镶嵌痕迹，如果器物为地下的化学物质所侵蚀，则两种金属便会出现不同的色彩，能很容易地区分开来。

从这种兵器的残片可以看到，剑体的中脊和两侧，是用一种完全不同成分的合金嵌铸而成，这两种合金的机械性能也是不相同的。从断面看，剑脊是事先铸好后嵌铸在剑体之中的。

复合金属嵌铸剑的合金成分分析证明，两锷的含锡量都高于中脊，而铅的含量甚微，硬度高，刃部锋利。中脊分为两个类型：一是含锡量

战国铜柄铁剑

低，加铅很少或几乎不加铅；二是含锡量更低的，而加以较多的铅。第一种合金，是为了降低金属的硬度，由于硬度的减弱，脆性也相应地降低。第二种加铅量略多，使中脊的金属韧性有更大的提高。两类嵌铸法既保证了两锷的锋利，又有效地增强了格斗中剑体中脊的强度，从而使剑不易折断，效果良好。

三、铜铁合铸器物

所谓铜铁合铸，是指器物的主体或部件为铁质，而与青铜合铸。以铁为主体的铜铸件，如铁刃铜兵，此种兵器见于商周时代，这时的铁不是铸铁，而是天然的陨铁。1931 年，在河南省浚县出土商晚期兽面纹陨铁刃青铜钺和陨铁刃龙纹青铜戈，两件器物均藏于美国华盛顿弗利尔美术馆。1972 年，河北省藁城出土一件商晚期陨铁刃青铜钺。1972 年，在北京平谷县出土一件陨铁刃青铜钺。陨铁的特点是镍含量较高，估计在 6% 以上。以陨铁为刃，表明当时已认识到陨铁是可锻造的珍异金属。以铸铁和青铜合铸的器物，主要出现在战国时代。铜铁合铸，较早的是中山王鼎，为铁足铜鼎，此鼎的铭文纪年当在公元前 4 世纪初。安徽省寿县李三孤堆楚王墓出土的甗下部的鬲亦为铁足，墓为楚幽

陨铁

王陵，年代为公元前3世纪初。其他如湖北襄阳蔡坡、鄂城、江陵雨台山，湖南长沙识字岭，广西平乐银山岭等曾出土过铁足铜鼎。此外，云南出土较多的是铜柄铁剑；而铁键铜矢则在全国各地发现较多。

铜铁合铸技术对于珍贵的青铜器来说，并不是很理想，之所以这样铸造不是为了提高器物的价值，而是为了节省铜料，但在实用上是没有影响的，这种用铜铁两种不同金属嵌铸的方法一直传于后世，影响至今。

第四章

贫富有道

孔子像

千耦其耘

中国历史的发展，同世界各国一样，也经历了奴隶制社会。古代文献和考古资料证明，中国的奴隶社会从夏代（前21世纪～前16世纪）开始，经过商（前16世纪～前11世纪）和西周（前11世纪～前8世纪），终于春秋（前8世纪～前5世纪），大约经历了1500年。

根据古文献记载，农业在夏代经济中已占重要地位。《论语·宪问》说“禹稷躬稼而有天下”，《论语·泰伯》说禹“尽力乎沟洫”。这说明了夏人对农业的重视以及夏已有开沟洫以引水或排水之农业技巧。此外，不少古代传说都提到夏代铸造铜器的事，《左传》上说：“夏之方有德也，远方图物，贡金九牧，铸鼎象物，百物而为之备。”《墨子》上也说：“夏后开使蜚廉采金于山川，而陶铸于昆吾。”这些传说反映了中国从夏代开始，由石器时代进入了青铜时代。无疑地，夏代已有了青铜农具的生产使用。夏朝以农业立国，青铜农具发挥了较大的作用，所以，谷物产量有了提高，当时已用粮食酿酒，有少康“作秫酒”的传说。据考古发掘，夏代出现了陶质和青铜的酒器，这些都说明谷物的数量较为丰裕。

农业是商代社会生产的主要部门，这时农业生产已达到了较高水平。特别是青铜器具在农业生产中得到广泛应用以后，人类社会的生产和生活各个方面都发生了重大而深刻的变化。而青铜冶铸业的高度发展，也给农业的生产提供了前所未有的锐利的工具，青铜器比石器、木器、骨器、蚌器更锋利坚硬耐用，这样就促使劳动生产率大为

新干大墓墓地远眺

提高，促使农业有很大的发展，促使整个社会生产力大大提高。农具主要有铜耒、耜、镬、铲、镰等；谷物主要有禾、黍、稷、麦、稻等。商人还栽桑植麻，河北邢台曹演庄遗址发现有麻籽。果林生产也有发展，河北藁城台西遗址出土有桃、李等30多枚植物种仁。这时，普遍的耕作方式是协田，即三人协力，三耒共耕，农田管理技术也有提高。青铜农具在农业生产中逐步使用并增多，这对提高生产效率有着极其重要的意义。与此同时，林木果蔬、蚕桑生产、畜牧业也有了很大发展。

奴隶是商代农业劳动的主要承担者。卜辞中所见的“众”或“众人”就是奴隶，商王就是最大的奴隶主。卜辞中有“王令众人入羊方田”的记述，还有“王往氏众黍于圙”的记述。为商王种田的奴隶不仅有商人，而且还有外族人，如卜辞中有“王令多羌田”的记载。为了更大限度地压榨奴隶的劳动，商王还设置“小耤臣”、“小众人臣”之类管理和监督奴隶的官吏。

农业收入是商王国的主要财源，因而商王对农业生产是非常关心的。商王经常向上帝、祖先和河神祈求降雨以得到好收成，又经常督促“小耤臣”、“多尹”去安排

用耜者像

商牛尊

商豕尊

具体的田间生产事宜。有时商王也亲自去察看地里的庄稼，或者去参加耤田的收获活动。

出现于卜辞之中的谷物名称，有禾、黍、稷、麦、稻等。商人在祈年时常常是祈求禾、黍能有好收成。禾、黍适宜于在黄河流域生长，是当时广泛种植的作物。商代奴隶主贵族饮酒之风极盛，卜辞中提到酒之外，还有醴和鬯。而黍是主要的酿酒原料，故而卜辞中有较多关于黍的记载。

商人除了从事农业生产以外，也饲养着牛、马、猪、羊、鸡、犬等家畜。在不少商遗址中常发现铜镞、网坠等渔猎工具和兽骨、鱼骨。这表明渔猎在民间仍有经济上的意义。卜辞中关于渔猎的记载很多，猎取的野兽以鹿和野猪为最多，一次猎获的鹿可达 348 只。不过狩猎对商王或贵族来说只是他们的一种娱乐而已。

商羊尊

井田制是西周基本的土地制度。在这个土地制度下，西周的农业有了很大的发展。这时，青铜农具被广泛使用且种类较齐全，另外，还使用一些石、木、骨、蚌器。耕作方法盛行耦耕，两人合力而耕。这是耕作技术的一个进步。《诗 · 周颂 · 噫嘻》说：“十千维耦。”《诗 · 周颂 · 载芟》说：“千耦其耘。”说明了西周农业的繁荣。周人还有计划地实行休耕轮作制，懂得精耕细作，还能使用绿肥和制造堆肥，应用人工灌溉。周的农作物种类和产量都有较大的增加。

农业作为社会经济的重要组成部分，为人类的生活提供物质基础，是不可缺少的。随着生产力逐渐地提高，社会的生产关系及社会生活的各个方面，即政治、军事、文化等各个领域都发生了深刻的变化，使商周社会的面貌大为改观。

百工奇技

商代的手工业分工较细，有铸铜、制陶、制骨、琢玉、漆器等门类，其中，最能反映时代特点和工艺技术水平的是青铜铸造业。商是青铜器的全盛时代。用青铜制作的手工业生产工具主要有斧、锛、凿、锯、刀、锥和钻等，它们主要用于制作木器。斧，是砍伐的器具，一般为长方形，下端为弧刃，上端有长方形銎，用以安装直木柄，使用方法和今天的斧头类似。有的上端侧面有一个半环形耳。如1974年河南灵宝东桥出土的商代晚期铜斧，长12厘米。凿是用于凿孔或开槽的器具，体窄长，下端为单面刃，上端为銎，用以安装直木柄。1956年河南郑州二里冈出土商代中期的铜凿，长18.2厘米。锯是用于截断木料的器具。河北城台西出土的上端晚期铜锯，呈刀形，体下刃为锯齿，后部有柄，长14.7厘米。刀，小的称为削，一般为凹背弧刃，后有直柄。河南安阳殷墟妇好墓出土的商代晚期铜刀，长约15厘米；同墓出土的铜削，柄端呈圆环状，长13.9厘米。锥是穿孔的器具。河南偃师二里头出土的一件商代早期铜锥，体扁平，弯曲，四棱向前收敛成尖，长8.5厘米。

战国铜锛

从考古发现愈来愈多的实物看，上述这些青铜工具远较于石器锋利耐用，这就使得生产效率大为提高，由于广泛使用了青铜工具，所以商代木器制作业、制车业以及骨器、牙器的雕刻等有了很大的发展，从而推动了社会向前发展的进程，具有划时代的作用。如以制车业为例，根据文献记载，夏代奚仲发明了车子，可是夏代的车子迄今尚未被考古发现，或许，是因为年代太久远，木料质地的器物不易保存易腐朽之故，抑或是它至今仍然深埋地下没有被发现？然而，商代的木车在考古发掘中已屡有发现。一般来说，商代的木车为双轮独辕，辕前端缚有衡，衡上系轭，用以驾马；而在木车及马头上尚安装有青铜构件或车饰，俗称车马器。这些车马器主要有安装在车轴两端防止车轮脱落的铜车軎、轭饰以及马头上用皮条穿接起来的衔、镳、当卢和铜泡等。车子，在商代主要用来作战与狩猎。

周朝战车

商代手工业已经相当发达，铜器、陶器制造业较前期有了较大的发展，玉器、骨角器以及生活日用器的制造也有了一定的发展。

小屯村北发现的玉石作坊，出土了大量的成品和半成品玉石制品，年代在帝乙帝辛时期。小屯村南苗圃北地发现有铸铜遗址，出土有铸造铜礼器的陶范，另在薛家庄、孝民屯西地也发现铸铜遗址，前者所出陶范以礼器为主，后者面积不大，出土了礼器和兵器及生活用器陶范。

北辛庄南发现一处制骨作坊遗址，出土很多骨料、半成品和成品。大司空南地，也发现一处较大的制骨作坊，以及贮存骨料的窖穴和与制骨有关的地穴式房屋遗存。

河南安阳殷墟小屯南地进行的考古发掘中，新清理出 5 层甲骨共 200 多片，其中部分甲骨的刻辞上还发现抹有朱砂。在祭祀坑中还首次发现一商代铜块和 5 片罕见的木块，以及一副蚌饰项链和一个骨制蛙首刻刀。

商代在制陶技术方面也有新的发展，出现了刻纹白陶、硬陶和原始瓷器等。白陶多出于墓内，形制多仿铜器；硬陶制作也较精制；原始瓷器在第四期的遗址和墓葬中均有出土，表面多绿釉或棕褐色釉。白陶、硬陶及原始瓷器都比较少，可

战国铜锥

能是供贵族使用的。

商代晚期出土的青铜礼器、武器、工具和车马器数量众多。在铸铜技术上也有不少创新，分铸法已普遍流行，器物种类也有增加，出现了记事、记名的铭文，许多重器如后母戊方鼎成为商代晚期青铜器艺术的杰出代表。

殷墟出土的大量玉器，可分为礼器、武器、工具和各种装饰品等。妇好墓出土的玉簋、玉盘等，大概是用于祭祀。商代晚期琢玉技术已相当成熟，开料、钻孔、雕琢、抛光等都具有较高水平。

骨角器也有不少发现，象牙雕刻纹饰较精致，妇好墓发现3件象牙杯，通体雕刻精细的花纹，极为精美。另外，在青铜器的表面，发现有丝织物残片。

刀布圜钱　千秋货币

商代社会，人们将海贝作为装饰品，同时，也作为货币来使用。据考古发现，河南安阳殷墟妇好墓随葬有海贝6800枚。还发现了商代用青铜、兽骨和蚌壳等仿海贝制成的铜贝、骨贝及蚌贝等。西周时期仍以海贝作为货币，并使用铜块等作为称量货币。春秋中晚期，随着奴隶制的衰落，商品经济开始发展，此时开始出现了金属货币。如1959年在山西侯马晋国遗址出土了春秋晚期用青铜仿照当时使用的铜铲铸造的货币，高12厘米，耸肩尖足，柄部中空，称为空首布。

山西侯马晋国遗址

战国时期，及至战国中晚期以后，商品经济有了长足的发展，促使青铜货币有了空前的发展，广泛地流通起来了。但各诸侯国的文化传统迥异，所使用的青铜货币的形状也各不相同，主要有布币、刀币、圜钱及铜贝四种。

韩、赵、魏主要使用布币，其柄部已不再是中空的，而与铲身同为扁平状，称为平首布。魏国的布币大多是平肩或圆肩，方足，圆跨。币

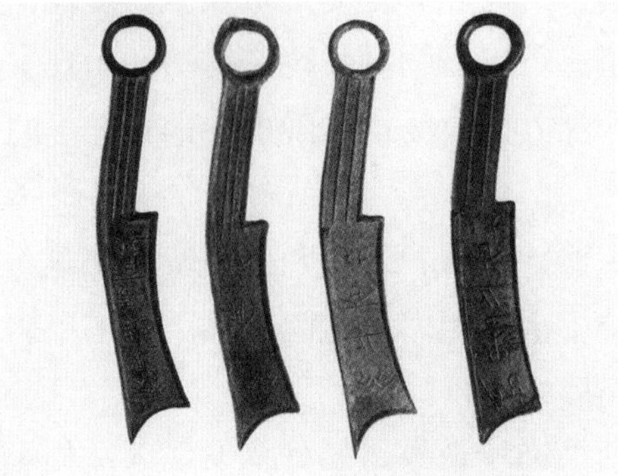

春秋齐刀币

西周铜铲

面上有铸地名的，如“安邑”、“蒲阪”、“阴晋”、“共”等。有的币面铸有币值的铭文，如“梁奇（或释充）釿，百当锊”，“梁正币（或释尚），百当锊”。据检测，1釿为12～13克。赵国的布币多为圆肩、尖足或圆足，币面有的也铸有地名，如“晋阳”、“兹氏”、“榆即次”、“蔺”等。此外，赵国布币有的上面有3个圆孔，称为三孔布。韩国的布币大多为小型的方肩、方足、方跨布。

齐与燕主要使用刀币，因其形状仿自刀削，故称刀币。齐国的刀币形制较大，上面铸铭文，一般有“齐大化”、“齐之大化”、“齐返邦长大化”、“节墨之大化”等。燕国刀币形制较小，其刀背有弧形与磬折两种，上面多铸有铭文“易”字。

秦统一后，废刀布，以圆形方孔的半两为法定货币，重十二铢，有钱文曰半两。西汉初仍用半两，惠帝吕后时半两钱屡变，出现过薄小的榆荚半两。文帝时铸四铢半两，币制趋于稳定。武帝初铸三铢钱。元狩五年（公元前118年）始行五铢钱。从此到西汉末，币制不复改变。王莽代汉，为了复古而造刀、布及大泉五十、货泉等圜钱。半两、五铢及大泉五十、货泉等钱的钱范传世品颇多，近年又多有发现。东汉初恢复五铢钱，沿用到东汉末。西汉末和东汉末，都出现过没有边郭的所谓剪轮钱。三国时蜀汉铸直百五铢等，吴铸大泉五百、大泉当千钱。魏晋到十六国时，蜀地有太平百钱、汉兴等钱，石勒曾铸丰货。南北朝时南朝宋铸孝建四铢，梁铸五铢，陈铸太货六铢。北朝北魏孝文帝铸太和五铢，孝庄帝铸永安五铢，北齐文宣帝铸常平五铢，北周铸布泉、永通万国、五行大布。魏晋南北朝时期，市场上多以谷帛交易，但发行量并不多，而汉以来的各种旧钱，长期以来一直流通。隋统一后仍铸五铢钱，但其边郭较宽。从汉武帝到隋的700多年之中，各王朝或地方政权所铸的钱币，基本上不出五铢的范围。

楚国使用铜贝币，上面铸有铭文，常见的有“巽”等。楚国同时还使用黄金铸币，在方形的或圆形的金钣上，凿印正方形或圆形小印，常见的有“陈称”“郢称”。

历史的车轮滚滚向前，到了

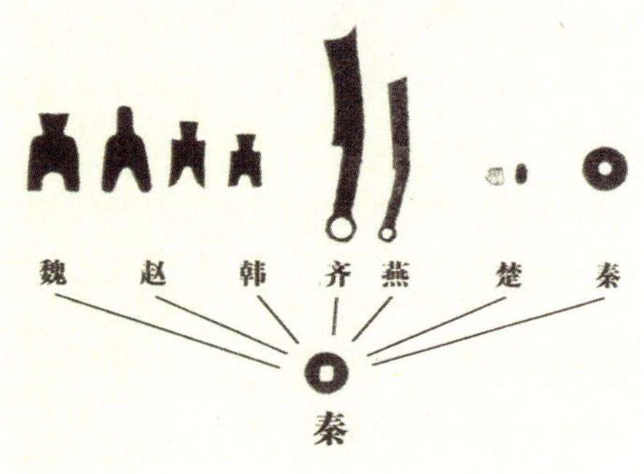

秦统一六国货币示意图

秦始皇像

战国晚期，除楚国以外，各国大多数已制造并流通圜钱。在这样的基础上，秦始皇统一中国以后，顺应社会历史发展的潮流，用秦半两统一了全国的货币，促进了封建社会经济的进一步发展。

权悬衡直　规矩方圆

度量衡是社会经济发展到一定阶段出现的测量长度、容积、重量的器具，有尺、量、衡和权。其用途不同，计量记数的用具也就不同。凡经商买卖，都要用秤称，用尺量，这样才公平而又规矩。俗话说，国有法度，家有家规。做人讲究规矩，做事要有尺寸，这些都是从古人的度量衡那儿传承下来的文化。

商周的度器。传河南安阳殷墟出土的商代骨尺和牙尺，是目前中国所见最早的测长工具。尺面分、寸刻线都应用了十进制，分别长16.95、15.78、15.8 厘米，可作为商代一尺实际长度之参考。东周铜尺传河南洛阳金村出土，全长 23.1 厘米，尺面无刻度，只在一侧刻十寸，每一寸处刻十一格，与实测商鞅铜方升所推算的尺长 23.2 厘米接近。

秦汉魏晋南北朝度器。秦始皇统一度量衡，以秦旧制为统一的标准，迄今虽未见秦尺出土，而商鞅方升尺可代表秦一尺之标准。汉承秦制，汉尺出土约 60 多支，长度一般在 23 ～ 23.7 厘米。西汉尺以满城汉墓出土的错银铁尺为最精，长 23.2 厘米，正、背面各等分十寸，其中一边第三寸内为三等分。东汉尺形制以几何纹、鸟兽纹为代表，以纹饰分割寸格。此外还有鎏金铜尺、彩绘骨尺、龙凤纹铜尺、竹尺、木尺等，其中竹、木尺多出于新疆、甘肃、广西等地。魏、晋时期每尺长增至 24.5 厘米。南北朝度量衡比较混乱，南朝基本上沿用秦汉旧制，单位量值略有增长，每尺长约 25 厘米，北朝每尺长 29 厘米。这其间，尺的形制都比较简朴，多以线纹为分、寸刻度，以圆圈为尺星，很少刻有其他纹饰。

隋唐度器。隋代以北朝旧制统一度量衡。唐承隋制，每尺长约 30 厘米。唐朝宫廷常以镂刻十分精美的各种牙尺和木画紫檀尺赠送给王公大臣和各国使节，流传至今的以日本正仓院所藏红、绿、白拨镂牙尺为代表。一般铜尺、铁尺也都刻有各式花纹。民间日常所用木、竹尺，十分简陋，仅有刻寸的分度线，不用圆圈为尺量，与魏晋尺形制明显有别。

战国量器。战国时最具代表性的量器为秦商鞅铜方升，器壁刻铭十六又五分之一立方寸为一升，以尺度计算容积，堪称为度量衡标准器之鼻祖。1857 年山东胶县灵山卫出土了几件齐国量器，即子禾子铜釜、陈纯铜釜。铜釜铭文严格规定了量器的管理制度以及违反者所受的处罚，与两件右里铜量相佐证，可推知齐国容量单位 1 升约合 205.8 毫升，1 釜合 20580 毫升。战国时的量器基本已定型，大容量的器具如釜多带双耳，升、斗多有单柄，便于使用。

战国铜权

秦量器多为椭圆形带有单柄，器壁上都刻、印统一度量衡诏书，单位容量为每升合 200 毫升。

秦两诏椭量

汉量器以新莽所造标准器为代表，流传至今的除新莽嘉量外，还有始建国铜斗、铜升、铜龠、铜撮等，皆制作精美，刻铭详尽。东汉量器以大司农颁发的为标准，有大司农平斛、铜斗、铜合等。这类器物上都有一凸出来的方框，框内可镶“检封”，单位量值每升约为 200 毫升。

权衡是称量物品轻重的器具，秤杆叫衡，秤砣叫权，犹如现在天平用的砝码。中国历代度量衡标准器上都刻有监制器物的官名、制器工匠的姓名、国别、住地，用以保证器具的权威和信誉。中国研究度量衡，

孫子算經卷上
度之所起起于忽欲知其忽蠶吐絲爲忽十忽爲一絲
十絲爲一毫十毫爲一氂十氂爲一分十分爲一寸十
寸爲一尺十尺爲一丈十丈爲一引五十尺爲一端四
十尺爲一匹六尺爲一步二百四十步爲一畝三百步
爲一里
稱之所起起于黍十黍爲一絫十絫爲一銖二十四銖
爲一兩十六兩爲一斤三十斤爲一鈞四鈞爲一石
量之所起起于粟六粟爲一圭十圭爲一撮十撮爲一

《孙子算经》书影

从《汉书·律历志》始，历代的律历志，尤其是《隋书》、《宋史》的律历志，都有记述。另外，如《孙子算经》、刘徽《九章算术注》、沈括《梦溪笔谈》及清康熙年间的《数理精蕴》等亦均述及，近代则有吴承洛的《中国度量衡史》、杨宽的《中国历代尺度考》等。

战国权，器形大致可分为两种，一种是环形权，另一种呈半球形，顶端有鼻钮，其中以秦国高奴禾石铜权、三晋司马禾石铜权、楚国木衡、铜环权为代表，经实测推算，每斤重均在250克左右。

秦权。所见秦权有30～40件，以铜质权占大多数，每一件上都铸刻有40字诏书，分别出土于辽宁、吉林、河北、山东、江苏等地，量值基本统一，每斤重约250克。

汉权。西汉以官累权为代表，权上多表明自身重量。西汉权单位量值统一，每斤重约250克。新莽铜权均为环形，出土的铜权多刻有“始建国元年（9年）正月癸酉朔日制”，有的还刻自身的重量，折合每斤在240～250克之间。东汉绝大多数为铁质权，每斤在200～270克之间，单位量值很不统一，已大大超出一般允许误差的范围。单位量值的混乱，当是东汉多数权已从砝码变化为秤砣的标志。

摇钱树与贮贝器

摇钱树又称钱树、神树，系专用陪葬品，是权力、地位、富贵、吉祥的象征。它们分布在以成都、重庆为中心的西南地区，年代集中在东汉和三国时期。

摇钱树是中国神话传说中神树造型艺术最精彩、最杰出的表现形式。它不仅是古代蜀地和巴楚民俗信仰的物证，更是中国货币文化的产物和典型代表，从一个侧面充分反映了中国古代特有的货币文化思想和理念。

民间木雕摇钱树

据中国古代文献《三国志·魏书·邴原传》记载：古时候有一个叫邴原的，有一天他在路上捡到了一串钱，由于找不到失主，就把这串钱挂到旁边的一颗大树上。而路过此地的人，看见这棵树上挂有钱，以为是神树，于是，也纷纷把自己身上的钱挂到树上，以祈求来日树上能长出更多的钱。这也许是摇钱树的来历。由于摇钱树代表了财富的增长，因此备受人们的喜爱，于是逐渐地产生了用摇钱树陪葬的风俗。

东汉时期，中国西南地区道教盛行，因此，摇钱树大多是体现了道家的思想，人们借助这种青铜器，希望去世的人在冥界仍然能够享受荣华富贵。

一般来说，摇钱树主要由树座、树干、枝叶组成。它们先单独铸造，然后再进行组合。无论是在摇钱树的树座、树干和枝叶上，都有许多装饰图案，且内容很丰富，或有神话故事的形象，或有古代神话中女神西王母的造型及龙、鸟、象、鹿、玉兔、猴等道教的题材，以及一串串五铢钱、圆璧等图案，其寓意悠长深远。例如西王母的造型，她是古代神话故事里的女神，她赐人长生不老；朱雀象征着贤德，表达了古人万事以德为首的观念，有德才能生财；圆璧是祭天的礼器，代表了升天之门的意思；猴，代表封侯之意；鹿，喻意福禄；一串串五铢钱造型体现了权势和财富。这些图案反映了摇钱树并不是单纯地代表财富，它还是古代人思想、艺术和文化的集中体现。

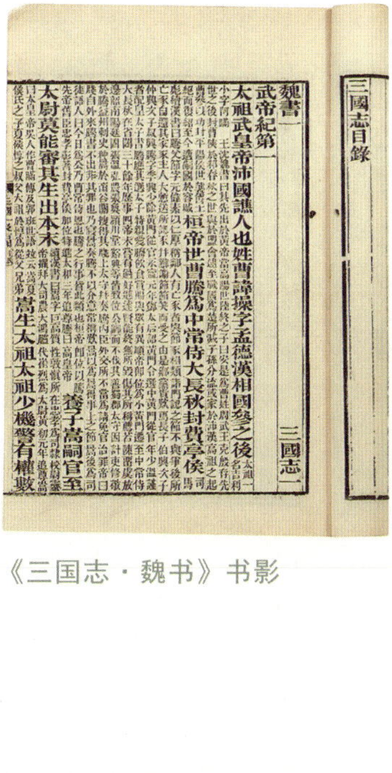

三國志目錄

魏書一

武帝紀第一

太祖武皇帝沛國譙人也姓曹諱操字孟德漢相國參之後

桓帝世曹騰爲中常侍大長秋封費亭侯

養子嵩嗣官至

太尉莫能審其生出本末嵩生太祖太祖少機警有權數

三國志一

《三国志·魏书》书影

1986 年，四川广汉三星堆商代遗址

出土了一株铸造年代为世界最早的巨大的青铜神树，尽管东汉摇钱树与之相距1000多年，但它们有着很多的相似之处，如都是树神结合，都有通神、通天的功能。从分布范围、造型特点和文化内涵看，或许，两者间可能有着极深的内在联系或渊源。三星堆遗址出土的这株通天神树，表达了3000年前古人渴望升天的愿望，而1000年后东汉摇钱树也在西南地区广泛流传。通天神树与摇钱树一脉相承，但摇钱树装饰更加复杂，包含了更多的寓意。

1990年，四川省绵阳市何家山二号汉墓出土了一件东汉时期的摇钱树，这是目前已知的中国最大的摇钱树。通高198厘米。整体由基座、树干、树冠等共29种部件衔接扣挂而成。基座为红陶质，树用青铜浇铸。树冠可分七层，顶层饰凤鸟为树尖；其下二层的干与叶合为一体，饰西王母、力士和璧等图案；下部四层插接二十四片枝叶，向四方伸出。饰龙首、朱雀与犬、象与象奴、朱雀与鹿以及成串的钱币等图案。树干直径约1厘米，叶片最长约15厘米，最短为10厘米，每片树叶厚约2毫米，树高度应在1米左右，为三向八枝。所谓三向八枝，即摇钱树枝干被分为三层共八片枝叶，呈对称分布。特别有意思的是树干上有造像，高约5厘米，宽约2.5厘米。两侧各有一条飞龙，龙长约6厘米。人像呈站立状，身着袍衣，双手下垂合于腰前，整体造型美观而大方。细看枝叶，每两片为一对，有如芭蕉叶的，叶片上铸有圆形方孔钱，每钱相互连接，铸有一人做弯腰伸臂捡钱状，叶片外侧四周犹如太阳的光芒，延伸出许多长短不一的万缕细丝；有如椭圆形的，一头为乒乓球大小的圆环，两侧铸

商三星堆出土铜神树

有飞龙，龙头顶着钱币，两龙之间用钱币连接，叶片外侧如同刺猬般的短刺所包裹。

这株摇钱树的叶子铸造得非常薄，仿佛只要吹来一阵风，轻薄的枝叶就会随风摆动，铜钱也会跟着哗啦哗啦掉下来。

这件摇钱树不仅铸造工艺非常精美，而且其图案内容还特别丰富，充分地体现了当时人们追求财富、吉祥和升天的美好愿望。

迄今，中国境内摇钱树出土约有200株，完整的有20株。四川绵阳出土30株大大小小的摇钱树，完整的有6株。

西汉骑士贮贝器

中国古代青铜摇钱树是中国古代民俗文化的独特艺术瑰宝，是中华货币文化的典型标志。近年来，四川彭山县出土的摇钱树先后在英国、德国、瑞士、丹麦和中国香港展出。

贮贝器是云南青铜文化的典型代表，也是与货币有关的一种极具地域特色的容器，它专门用来盛放海贝货币，并用于随葬。因此，贮贝器是云南秦汉时期贵族身份地位和财富的象征。贮贝器造型奇特，一般有鼓形、筩形。盖上有姿态各异的圆雕，如人、兽、牛、建筑，以及生活、祭祀、战争等场景。

西汉骑士贮贝器为杂器类别，1957年云南省晋宁县石寨山出土。高50厘米。形制为腰鼓形，即束腰平盖，盖上中立一柱，上有一人，跨马伫立，人物通体鎏金，其周围有4牛。器两侧各有1个虎形耳。底略小，下有小足。盖上之骑士，发总掠于顶，衣袖略短，腰中束带，于左腰佩带鞘铜剑，胯下着裤，膝以下系绑带，跣足。骑士四周的4牛，牛角长而弯，颈有高峰。

考察研究云南的民俗学，我们知道，牛是古代滇人衡量财富的标志，它在滇人的生活中占有重要的地位；虎是滇人的动物崇拜对象。贮贝器上面的骑士、牛、虎等形象正是滇人生活的真实写照，是十分珍贵的民族史资料。

综观贮贝器的造型风格别具，且圆雕人物、马、牛和虎的塑造形态逼真，比例准确，特别是人物通体鎏金，光彩夺目，华美无比，令人叹羡。此外，贮贝器制作工艺复杂，它在合金技术“失蜡法”浇铸、鎏金和焊接等方面颇具浓郁的滇文化本土特色，充分体现了滇人在冶金技术方面的巨大成就。

第五章

金戈铁马

带长剑兮挟秦弓

在古代兵器谱上，剑无疑是至尊者。用文人的话来形容，剑犹若“一条古时水，向我手里流”，“十步杀一人，似一道蓝光闪过”。剑，光泽明亮，寒气吞吐，锋刃逼人。

据文物考古学家科学的描述，剑是一种带有锋锐双刃的可斩可刺的兵器，由剑身、剑握两部分组成。握有圆形或扁形，称为茎，茎末端圆形内凹部位称作首，剑身的前端尖锐处称为锋，中央凸起的一道棱称为脊，脊两侧的边沿称为刃，茎与剑身相连的部位称为格。

青铜剑在商代晚期已出现。中原地区发现的年代较早的短剑，是陕西长安县西周早期墓葬出土的扁茎、斜肩、无格短剑，长27厘米。1982年，岭南地区广西柳州也出土了西周人面纹短剑。春秋中期以后，剑身的长度和宽度明显增加。一般剑长在50～60厘米之间，剑宽在5厘米左右，战国晚期剑长达到了70多厘米，大多为圆空首双箍铜剑。

秦代的铜剑，剑身更加明显地加长而且变窄，最长的达到了94.8厘米。至汉代，由于铁剑的出现，铜剑开始衰落。

铜剑中最精致的是在剑格和剑首上装饰有玉剑具，称为玉具剑。西周中期以后剑身加长，开始有握，有格，但无首。西周晚期开始有首，与茎、刃、格同铸而浑然一体。此时，除了铜剑首外，又有了以玉作剑首的，略小，纯粹是一种装饰而已，用以显示剑主显赫的身份地位和财富。

在中原以外的周边地区，也有一些特色剑。例如东北地区有曲刃琵琶式剑、触角式柄曲刃剑；在巴蜀地区流行带有各种图文符号的柳叶形剑；在云贵高原则有滇式短剑和滇西式短剑；在岭南地区有扁茎式短剑等。但总的来说，在剑这一兵器系统中，吴越地区的铜剑最负盛名。

如天下第一剑——越王勾践剑，1965年在湖北江陵望山1号墓出土。剑长55.7厘米，宽4.6厘米。剑首为圆箍形，剑格正面用蓝色玻璃，背面用绿松石嵌出花纹，剑身饰菱形暗纹。剑身有“越王勾践自作用剑”8个鸟篆铭文。制作精良、锋利异常，是东周兵器中的精品，反映出越国当时制剑工艺的高水平。

“越王剑”是越王勾践请铸剑名师历经数年精心铸造出来的。据《吴越春秋》和《越绝书》记载，越王勾践曾特请龙泉宝剑铸剑师欧冶子铸造了五把名贵的宝剑。其剑名分别为湛庐、纯钧、胜邪、鱼肠、巨阙，都是削铁如泥的稀世宝剑。

越王勾践剑主要成分为铜。现代科学分析证实越王勾践剑是采用青铜铸造而成。中国古代的青铜器，主要为铜与锡的两元合金，成书于战国时期的《周礼·考工记》中就有“四分其金（铜），而锡居一，谓之戈戟之齐；三分其金而锡居一，谓之大刃之齐”的记载。

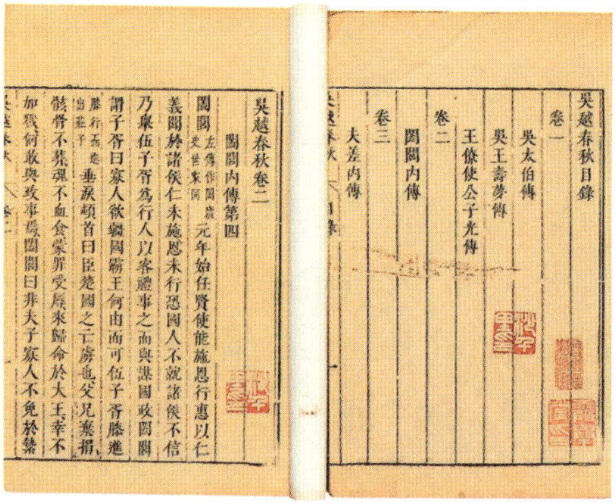

吳越春秋目錄

卷一

吳太伯傳

吳王壽夢傳

王僚使公子光傳

卷二

闔閭內傳

卷三

夫差內傳

吳越春秋卷二

闔閭內傳第四

闔閭（左傳作闔廬，史世家同）元年始任賢使能施恩行惠以仁義聞於諸侯仁未施恩未行恐國人不就諸侯不信乃舉伍子胥為行人以客禮事之而與謀國政闔閭謂子胥曰寡人欲彊國霸王何由而可伍子胥膝進[illegible]垂淚頓首曰臣楚國之亡虜也父兄棄捐骸骨不葬魂不血食蒙罪受辱來歸命於大王幸不加戮何敢與政事焉闔閭曰非夫子寡人不免於縶

《吴越春秋》书影

春秋战国时期青铜剑的合金组成中，铜与锡的含量依制作的年代、地点、原料来源、工艺的不同而不同，一般说来，铜的含量在 70% ~ 80% 或稍高，锡的含量为 10% ~ 20%，此外，合金中还常常含有铅、铁等其他成分。

越王勾践剑的含铜量为 80% ~ 83%、含锡量为 16% ~ 17%，另外还有少量的铅和铁。与越王勾践剑同时出土的还有三件青铜剑。出土于该墓头箱，编号为 T109 的青铜剑，素面无花纹，出土时“刃薄而锋利，保持着耀目的光泽”；出土于该墓边箱，编号为 B127 的青铜剑，形制与越王勾践剑相近，“整个剑身的两侧均满饰黑色的菱形花纹，非常优

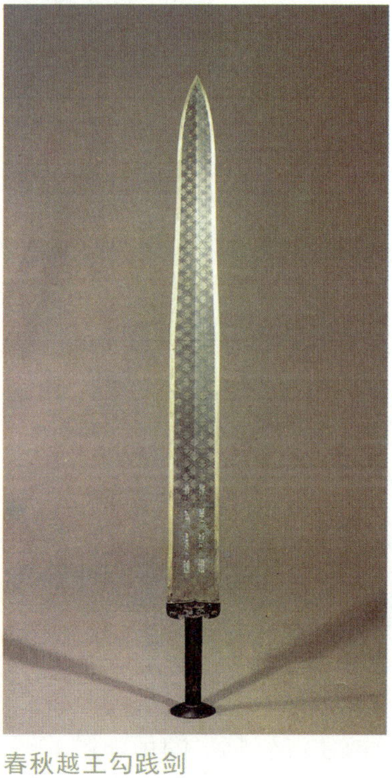

春秋越王勾践剑

美。保存也很完好，刃薄而锋利，可与越王勾践剑媲美”。

越王勾践剑上的花纹是用金属锡制成的，这已为现代科学分析所证实。春秋战国时期，青铜器的表面装饰有多种，采用锡是其中之一，青铜的亮黄色与锡的亮白色相互衬托，耀眼美观。但锡有两点不足，一是硬度低，容易出现划痕，所以只能填在剑身的花纹内；二是在空气中容易被氧化而使光泽暗淡，失去了装饰的意义，所以这种方法并未广泛地使用，考古发掘中出土这类文物比较少的真正原因正在于此。几年前，湖北鄂州市博物馆青铜镜研究所就已经仿制出这种花纹，采用的工艺比较简单，毫不神秘。

战国圆空首双箍铜剑

春秋初期，在军队中出现了一种利用机械力量发射羽镞的兵器，叫弩。而弩这种兵器是由弓演变而来的，也就是把原来的弓安装在木臂上，变用手拉弦的竖弓为钩张弦的横弓。弩由弩机、弩臂、弓三部分组成，其中弩机部分为铜质。弩机是发射箭镞的机械，由望山、牙、悬刀和钩心组成。箭用弩机来发射，其射程很远，杀伤力很大。从弩机的功能上看，其四周是作为机匣的郭，郭中有勾弦用的牙，还有用来瞄准的望山和作扳机用的悬刀。弩机的部件组装在一起，成为一个整体，相互牵制。张弦置箭时，先用手把机上的望山往后拉，与望山同一构件上的牙即带起，同时带起钩心，使钩心的下齿正好卡在悬刀的刻口，这时，牙便能够扣紧弦，整个弩机处于待发状态。发射时，在弩臂的凹槽内装上羽箭，通过望山瞄准目标，扳动悬刀，卡在悬刀刻口的钩心松动，牙向下移，顶在两牙之间弦上的箭，随着弓弦弹出，直射目标。东周时的弩机普遍无郭，汉以后机件部分加大，均有郭，铸造日益精湛，有的还镶嵌金银丝，有的鎏金。望山上也增加了刻度。弩的特点是，比弓射程更远、更准、杀伤力更大，既能强攻，又利于守卫。

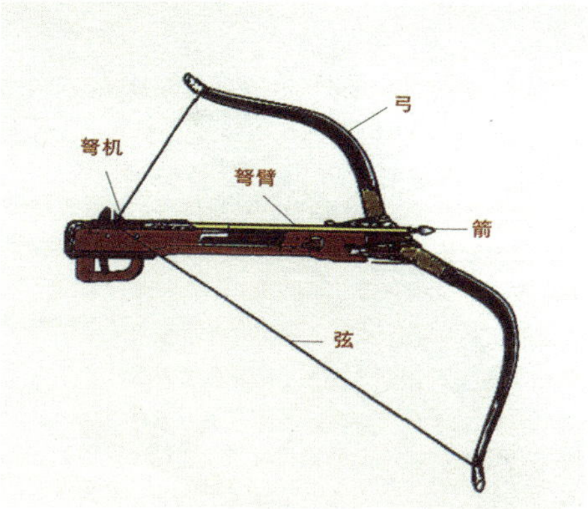

战国时期弩各部位示意图

战国时期，弩已成为各诸侯国军队中的必备兵器。根据考古发掘资料，楚弩、秦弩和晋弩，都有发现。但是，所有出土的弩，完整的较少。留存最多的是弩机部分，少见弩臂，偶有带弓之弩，也仅是痕迹而已。这是因为嵌入弩臂后部的弩机是用青铜制作，保存较久，弩臂木质，弩弓竹质，容易腐朽。陕西临潼秦兵马俑坑出土的弩机数量很多，弩机上的悬刀呈长方形，望山也加大加高，比战国弩提高了机件的灵敏度和命中率。在弩机外还另配一个铜铸的机廓。机廓嵌进弩臂的空槽内，加强了弩机本身承受弓弦的更大张力，使弹出的箭射程更远。

弩在古代，经春秋战国至秦汉，得到不断的改进和完善。不仅在张力的强度上一再增强力度，增大杀伤力，在装置方面，也增加了射箭的数量，变单射为多射。汉代开始有了连射弩。四川曾出土 1 件三国时期蜀汉机弩，在铜廓上刻有“景耀四年（261 年）二月卅日，中作部左兴业刘纯业，吏陈深，工杨安作。十石机，重三斤十二两”。十石机，应该是强弩了。满城汉墓出土弩机约有 39 件，都有机廓，已比战国时期的木制机廓更能承受弓弦的拉力了。

古代弩机还用于墓葬的防盗。秦始皇陵素有“珍宝之藏，机械之变，棺椁之盛，不可胜原”之称。为了防盗，不仅在造陵时就“斩山凿石，下锢三泉，以铜为椁”，而且又“令匠作机弩矢，有所穿进者，辄射之”。这种杀伤力极大的触发性“暗弩”，一

秦始皇陵

战国弩机

战国矢镞

顾恺之《女史箴图》上的射弩形象

旦被盗墓者触到扳机上的绊索，就会自动连发，猛烈射击，起到保卫的作用。

国之大事祀与戎

古代社会，征伐是国之大事，有关版图的扩张和财赋的聚敛都需要经历战争。此外，统治阶级为了巩固自己的统治地位，都建立了具有相当规模的军事力量。

就商朝而言，为了装备日益扩大的军队，必需努力增加青铜兵器的产量，提高质量，并不断地改进它们的战斗效能。于是，商奴隶主贵族用当时最先进的青铜制造了大量的青铜兵器用于战争。据文献资料和考古实物资料，商周青铜兵器有戈、矛、钺、刀、胄、矢镞。

戈是用于钩杀的兵器。是捆缚在木柲上来使用的。有直内式、曲内式和銎内式三种，后来又发展出短胡一穿、二穿的戈等，是商代最常见的一种兵器。在河南安阳侯家庄西北冈 1004 号墓的南墓道中，一次就出土随葬的铜戈 72 件和成捆的铜矛 730 件以及铜胄 141 件，若按各类铜兵器的平均重量估计，总重量接近 1/3 吨，同时还有以皮、木等材料制作的甲和盾等，说明商王用青铜兵器武装了大量的军队。

矛是用于刺杀的兵器，套在长木柲上使用。刀是用于砍杀的兵器，装在木柲上使用。有的刀很大，刀尖上翘，背脊上有扉棱。河南安阳殷墟出土的一件商代晚期铜刀，长约 80 厘米，宽约 12 厘米。钺是用于斩杀和行刑的兵器，也有权杖性质的功能。有的体型很大，制作装饰精美，用于代表商王或其臣属的征伐与刑戮的权力。如河南安阳殷墟出土的大铜钺，长 39.5 厘米，刃宽 37.3 厘米，重 9 千克，平肩，肩部有两个长方形穿，直内；钺身上部饰双虎欲吞食人头的纹饰，人头置于两个张大的虎口之间，且钺面中部有铭文“妇好”二字。胄，又称盔，用以防护头部的兵器。形制呈帽形，高约 20 厘米，有的顶部有圆管，可以插丝缨或羽毛，左右及后部向下延伸，以保护头和颈。表面有素面的，也有饰兽面纹的。河南安阳侯家庄 1004 号墓出土青铜胄 140 件之多。矢镞是箭铤前端的锋刃，由一尖锐的锋和张开的两翼以及脊和铤组成。青铜矢镞在二里头文化遗址中开始出现，商代早期矢镞已大量使用，在河南郑州南关外的遗址中，出土了相当多的镞范。

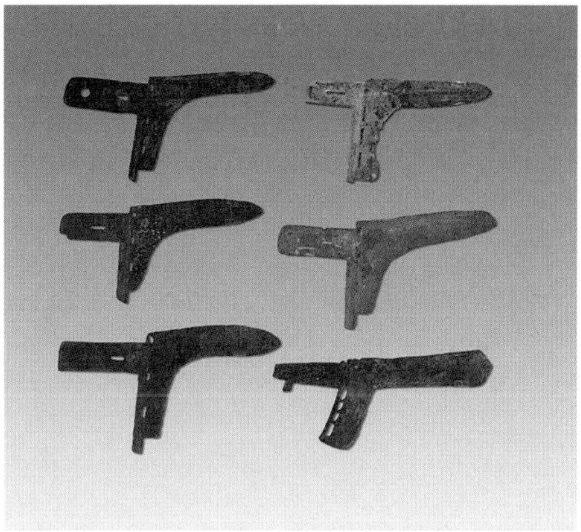

战国铜戈

商代晚期的青铜兵器不仅数量猛增，而且类别齐全，包括远射、格斗、卫体等进攻性兵器与防护器具的完备组合。

西周到春秋时期，青铜兵器进入了成熟期，质量和产量都有了较大的提高，同时还总结出适合于不同器类和不同兵器的含金比例配方，在春秋时期成书的《考工记》中对此有较详尽的记录。制造兵器的含金比例配方，见于《考工记》中的“六齐”，其中四项即“戈戟之齐”、“大刃之齐”、“削杀矢之齐”、“斧斤之齐”，都与兵器的制造有关。统一规范的配方标准的出现，保证了兵器生产质量的稳定性。随着产量和质量的进一步提高，青铜兵器的性能和品种也出现了若干的新变化，创制了新型的兵器，例如强力的远射兵器弩，以及格斗兵器中的刺（矛）、体（戈）联装的戟和剑。对传统兵器镞、戈、矛等的外形也都有改进，提高了杀敌效能，使得兵器的组合更切合实战的需要。兵器的规范化和标准化，有利于军队的组训和战术动作的提高，也促进了军事科学的发展。

战国铜矛

到战国时期，青铜兵器的生产规模继续扩大，以满足连年战争的需要。各国都设立了专门生产兵器的官营作坊，在成批生产的兵器上铸刻了制造机构、监造官吏及工匠姓名，器形也更趋规范化。在新郑的“郑韩故城”遗址中就曾出土了大量铭刻着制造机构、官吏及工匠姓名的青铜兵器。同时青铜兵器的制造工艺也有新的提高，特别是对青铜合金成分配制有了进一步的认识，例如能生产出脊部和刃部分铸而成的复合剑。陕西咸阳秦始皇陵侧俑坑中出土的大量青铜兵器表明，当时还广泛地使用青铜兵器，而且制造技术更加精良，出土的青铜剑长度超过90厘米，比以前的青铜剑长得多，表面还经防腐处理，至今不锈，仍然锋利异常。

人们还可以通过出土的青铜器物了解到商周、春秋的许多战争，如商小臣俞铜尊的铭文就记录了王十五祀征人方事；西周铜利簋铭文记载了伐商的牧野之战；西周小臣铜单觯铭文是记剿灭武庚叛乱之功；西周铜班簋铭文记载了穆王时伐东国之战；西周昭王伐楚，西周的铜令簋、过伯簋铭文皆有记载；西周铜录卣铭文记载了穆王时征伐淮夷之战；西周的铜敌簋铭文记载了淮夷打到西周

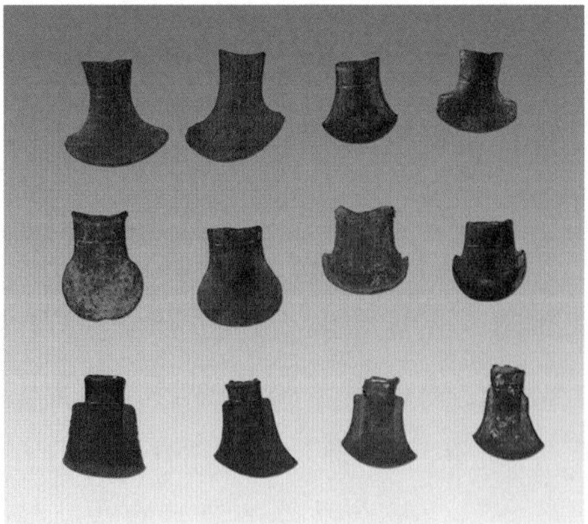

战国铜钺

腹地“阴阳洛”，是一次非常严重的入侵。总之，许多青铜器如禹鼎、厉王钟、虢仲盨、小盂鼎、多友鼎、虢季子白盘、班簋等，都记录了西周的战争，所以，这些青铜器铭文的戎事史料，对于西周战争史的研究，具有重要的价值。

郑韩故城遗址

钟鸣乐舞

古代的重大活动，均以音乐舞蹈助兴，借以渲染气氛，激荡情绪，张大威仪，明辨尊卑，强化等级，尚典礼制。如《周礼·春官》说“凡祭祀飨食，奏燕乐”，《竹书纪年》记夏少康时“方夷来宾，献其乐舞”。据考古发掘，古代青铜乐器主要有铜钟、铙、镎、镈、铎、铃、镎于、鼓等。而从这些乐器的功能中，我们知道，古代的乐器主要多用于军旅、祭祀、宴乐和田猎。由于当时夏商两朝的统治者嗜酒和侈乐，这个时期的乐舞更注重感官的享乐，再加上巫术的盛行，乐舞成了占卜和祭祀的一部分。“商代乐舞既娱人，又娱神。毋庸置疑，商代统治阶级在声色娱乐上的奢侈追求，殷人对于神灵的祭

管仲射齐桓公

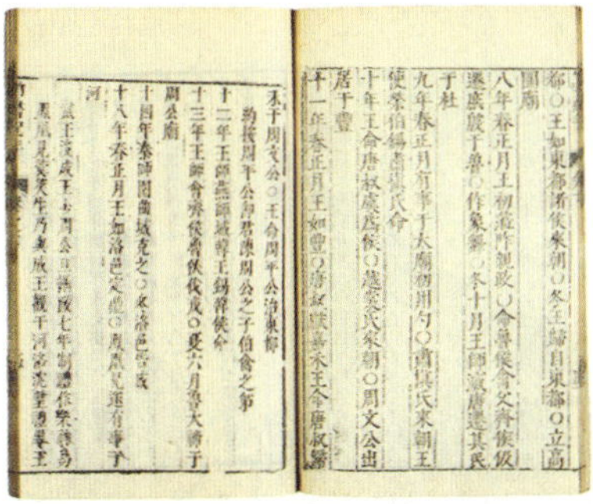

《竹书纪年》书影

唐《乐舞图》击鼓

西汉舞俑

祀献舞，客观上推动了商代乐舞的发展。”却也导致了“人性道德的堕落以及乐舞传统的失范”。在这个时刻，西周统治者登上了历史舞台，伴随而来的西周乐舞也以其道德规范和理性匡正了商代乐舞的享乐和失范。“周人文质彬彬”的精神风貌也体现在其乐舞中。

随着社会经济的发展，商、周、春秋、战国时期的音乐舞蹈已经具有一定的水平。据文献资料载，商代的音乐十分发达，音乐已经有了半音、标准音的观念。出现了半音音程与十二律。

编钟，一种大小依次递减成组悬挂的钟，始见于商代，流行于两周，常有槌同出，彩绘木质。小以敲打，大以撞击。商代的编钟、编铙都是 3 枚 1 套，每套可发 3 个音，能演奏古代优美的曲调。铃，呈果壳合瓦形，中空，腔内带舌晃动发声，凹口，顶部有弓形钮。殷墟妇好墓出土了带舍锤的铜铃18枚，其造型大小依次递减，是组合来使用的，以发挥其多功能音响的功能。商代有“北里之舞”“靡靡之乐”，可见，商周的音乐舞蹈已达到了很高的境界。

曾侯乙编钟的发现是我国音乐史上的一大奇迹。1974年，湖北随县战国曾侯乙墓出土的编钟，是目前我国已发现的40多套编钟中数量最多、保存最好的一套，计65件。这套大规模的编钟，依大小和音律高低编为8组，分三层悬挂在铜木结构的曲尺形钟架上，钟架长10.79米，高2.67米。钟上的标音铭文完全证实了专家关于钟有双音的推断。测音的结果更令人兴奋，它不仅证实在战国时代已存在绝对高音的概念，而且已具有7声音阶，12个半音齐备，能旋宫转调。其音域共5个8度又一个大2度，能演奏采用和声、复调以及转调技法的乐曲，并且，演奏之声有威武雄浑的效果。

羊角钮铜钟是岭南地区出土的战国时期最具特色的一种打击乐器，它形制奇特，数量众多，是岭南地区特有的青铜乐器，也是岭南青铜文化的典型代表。目前，在云南、广西、贵州、广东均有出土。一般为6个或4个一组出土。体呈半橄榄形，铣口弧形，上部有一长条形镂孔作穿，顶部有一对向外侈的羊角形钮。这种钮钟每个皆可以敲击出两个音，即在钟的两侧发声。这两个音频的音度有小2度、大2度、小3度、大

战国曾侯乙编钟

花山岩壁画

广西民族博物馆珍藏的铜鼓王

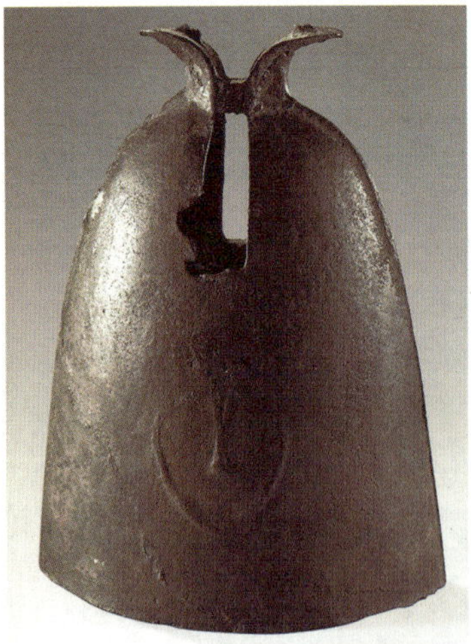
战国人面纹羊角钮钟

3度、纯4度等。

在广西宁明县发现的战国时期的花山岩壁画中，就有4处绘有羊角钮铜钟的演奏图像，除有单件羊角钮铜钟外，在宁明花山和宁明高山各有一处4件整套的羊角钮铜钟演奏的图像。

铜鼓流行于岭南地区，是壮、苗、瑶等少数民族使用的一种打击乐器，它与中原地区的铜鼓造型迥异，其数量也非中原可比。目前世界上收藏的这种铜鼓有12 000多件，但却以我国最多，有11 400多件，其余在东南亚各国。小的铜鼓高仅有10厘米，大的铜鼓高达67.5厘米。铜鼓计有8个类型，即冷水冲型、石寨山型、北流型、西盟型、万家坝型、灵山型、遵义型、麻江型。广西民族博物馆珍藏的被誉为“世界铜鼓之王”的一件铜鼓，鼓面直径166厘米。铜鼓有的是悬挂于木架上敲击，有的是平置于地上敲击。据考古发现，铜鼓最早在春秋时期就有了，其铸造一直延续至明清时期，并且，铜鼓的使用范围很广，可用于祭祀、赏赐、贡纳、娱乐等活动中。

自古迄今，在岭南地区少数民族村落，每当节日庆典时，“铜鼓坪”上鼓声阵阵，那和谐的鼓音，陶醉

战国画像砖上的乐手

了多少老老少少、男男女女，他们身着五彩缤纷的民族服饰，踩着鼓点，跳起欢快的铜鼓舞。《宋史 · 蛮夷列传四》说：“西南诸夷，……疾病无医药，但击铜鼓、沙锣一祀神。”《皇朝通典 · 杂乐》：“四川苗人喜歌舞，寡乐则击铜锣、鼓、吹横笛。”马端临《文献通考 · 夷部乐》：“上户女出嫁，亦用铜鼓、铜锣焉。”

錞于和勾鑃都是流行于南方的一种打击乐器。錞于体似圆筒，上大下小，圆肩、顶平，顶上多有瑞兽形钮。江苏镇江出土过一组三枚一套的编錞于。錞于始见于春秋时期，多用于南方地区，汉代盛行。为军旅用打击乐器，也用于祭祀、宴飨。勾鑃又称丁宁，似铙而长，椭圆形，厚壁、口凹弧，顶有一柄，较长，便于执之敲击。多用于宴飨，有成套组合出土的实物，盛行于春秋到战国时期，以长江下游吴越地区为多。在西南地区使用的还有更具特色的铜箫、铜笙。演奏时仿若天籁之音，动听极了。

西汉虎钮錞于

觥筹交错

在中华源远流长的历史文化发展过程中，酒文化作为一种特殊的文化，具有鲜明的时代烙印。千百年来，多少文人墨客饮酒吟诵、借酒明

杜康像

志，留下佳作无数。酒也成就了许多英雄豪杰的不凡壮举，赐予了中国文化浓厚的生活气息。据考古发现，早在新石器时代已经发明了酒和陶质酒器。最早的酒的酿造是古人窖藏果子时，偶然发现发酵的果浆有着不一样的口感，后来通过榨汁，储存发酵，最后得到可口的美酒。古代文献记载，夏代时仪狄或杜康作酒。杜康发明了用粮食蒸馏酿酒的工艺，提高了酒精的含量，被后人尊称为酒祖。二里头文化遗址出土的爵，是我国已知最早的青铜酒器。随着青铜器制作技术的日益提高，商代的酒器达到前所未有的繁荣。

商代的饮酒器主要有爵、角、斝、觚、觯、觥及盛酒器尊、卣、瓿、罍、方彝和壶等。这些青铜酒器造型奇特，纹饰繁缛富丽，颇具特色，极具艺术价值。考古学家在研究商周青铜器时发现，商代青铜酒器品类之繁、数量之多，几乎达到了空前绝后的地步。

商四羊方尊

最早的青铜酒器，出现于距今3800～3500年的二里头文化遗址，这就是出土于河南偃师二里头的青铜爵。到了商代，出现了青铜酒器的组合，最简单的一组是爵、觚、斝，它们分别属于酒杯、容酒器和灌酒器。到了商代后期，又出现了盉、尊、卣、壶、罍等中型、大型的饮器和容酒器，还有更高级的方彝、兕觥、牺尊等。

商灭亡，周兴起，考古学家发现，从周初开始，青铜酒器大为减少，到后来，商代的许多青铜酒器完全绝迹了。

商代青铜酒器如此发达，那么，商代奴隶主贵族的饮酒习俗就可想而知了。酿酒要耗费大量的粮食，而大量青铜酒器的制作，则严重地透支了国家的经济能力，王侯贵族终日把精力集中在祀鬼祭神和宴飨上，最终耗尽了商朝的气数。商代的最后一位国王纣王，他早年还能够建功立业，平定东夷，到了晚期，却与宠妃妲己整日饮酒听歌观舞，过着荒淫无度的生活。积酒以为池，悬肉以为林，让男女歌妓赤身裸体在酒池肉林中通宵达旦地追逐嬉耍，供自己开心取乐。这样穷奢极欲的结果，便是自焚在自己兴建的鹿台之上。

纣王因酒废政，给周初的统治者留下了极为深刻的印象。虽然周人没有大量饮酒的习惯，但当时商朝留下的酗酒之风依旧在民间蔓延。周人立国之后，便把禁止酗酒提到事关国家兴亡的高度，作为一

商天觚

《吕氏春秋》书影

西周何尊

个重大的政治问题来处理。当周公封自己的弟弟康叔于卫时，特意令康叔在其管辖之地向全体臣民宣布禁酒令，规定周人有群饮酗酒的，要处以死刑。现存于《尚书》中的《酒诰》，就是我国历史上第一部正式禁酒的法律，也是世界上最早的禁酒令。

因酗酒而被处死是谁都不愿意的，所以周初禁酒令一出，酗酒的现象几近绝迹。酒都没人敢喝了，谁还铸造酒器？这就是西周青铜酒器远远不如商代的原因之一。

汉以后，历代统治者当然也喝酒，关键是不酗酒。而且，酒器已趋于社会使用的常量。出土于汉墓的铺首衔环提梁壶较多，也较常见；流行于汉代的酒樽是盛酒器或温酒器，耳杯是饮酒器。

道悠悠，车辚辚

中国是世界上最早发明和使用车的国家之一。相传大约在 4600 年前的黄帝时代中国古代先民已经创造了车。大约 4000 年前的薛部落以造车闻名于世。《左传》说薛部落的奚仲担任夏朝（约前 21 世纪～前 17 世纪）的“车正”官职。《墨子》、《荀子》和《吕氏春秋》都记述了奚仲造车。

先秦时代的车，总的来说有“小车”和“大车”两大类。驾马、车厢小的叫“小车”，也叫轻车或戎车。驾牛、车厢大的叫“大车”。小车除贵族出行乘坐外，主要用于战争。战国时期，战车的制造业非常发达，战车的多少亦成为一个国家强弱的标志，有所谓“千乘之国”、“万乘之国”的比喻。

古车作为载车部分的车厢，叫“舆”。“舆”的左右两边立着的栏杆和木板，叫轸，车的运转部分主要包括轮和轴。轮的中心是一个有孔的圆木，叫毂，用以贯轴。车轮的边框，叫辋。连接辋和毂的是辐。车轮的辐条有多有少，一般为 30 根。四周的辐条都向车毂集中，这叫辐辏。车轴是一根横梁，上承车舆，两端套上车轮。轴的两端露出毂外，末端套有青铜或铁制的轴头，叫軎。轴头上有孔，用来纳“辖”，以防车轮脱落。辖一般用青铜或铁制成，呈扁平长方形，长约三四寸，俗称销子。车轴横在舆下，固定的方法是在舆的底部安上两块木头，用绳索把轴绑在上面。它的形状像个趴伏着的兔子，所以叫伏兔。

车辆的构造和组成，除了上面介绍的有关载车和运转部分的构件外，还包括驾车的构件。驾车部分的构件主要有辕、轭。辕为一根直木或稍弯曲的木杠。辕的后端连着车轴，前端拴着一根弯曲的横木叫轭，又叫衡或横。辕和轭相连靠的是销子。轭要卡在牛马的颈上。另外还有“轫”，它是阻止车轮转动的一块木头。行车时必须先将轫木拿开，车子方能转动。所以启程又叫发轫。以后用“发轫”泛称事情的开端。

奚仲造车

古代车舆上可以有盖子，用一根木棍支撑，形似大伞。据说古时妇人之车，往往在舆的四周加上帷。后来车盖被取消，在帷上加了顶（类似现代的车篷），叫做幔。在西周时期，最高级的马车上要装八个銮铃，这样，车走起时銮铃叮当叮当地响，声音格外动听。古车上的许多部件制作精美，如有的铜车軎上甚至用金银丝镶嵌成美丽的纹饰，异常华丽。

夏朝已进入了奴隶社会，在其奴隶主政权中，牧正主管马牛的牧养驯育与使用，车正主管战车、运输车的制造、保管和使用。可以说，车正和牧正，便是我国早期的主管交通的专职行政人员。

周武王像

夏朝末年，商汤在伊尹的辅佐下，同样打起了“恭行天之罚”的旗号，作战中使用了更多的牲畜和战车、运输车，讨灭暴虐无道的昏君夏桀，建立了商朝（约前16世纪～前11世纪）。商代战车的使用已经十分普遍，车辆制造技术也有很大提高，能造相当精

东汉青铜轺车

东汉车马俑群

美的两轮车了。

周武王灭商后大封诸侯，又接受周公的建议，修建洛邑，开凿道路，制造车辆，发展交通。西周的车辆有了重大改革。《说文》上说，商代有三匹马拉的车，谓之骖；周人增加了一匹，谓之驷。河南浚县辛村周墓出土车 12 辆，马骨竟为 72 架，说明已有六匹马拉的车。特别是到春秋战国时期，随着社会生产力的发展和战争规模的扩大，战车的数量也越来越多，战车发展到鼎盛阶段，车辆制造业也有了更大的发展。

车战时代的战车，在形制构造上大同小异，一般由两马或四马驾挽，以四马为主。按当时的规定，每车编左、中、右三名甲士。战车一般是独辕、两轮、长毂；车舆（车厢）是横宽竖短的长方形，门开在后方；车辕后端压在车厢和车轴之间，辕尾稍露在厢后；车辕前端横置车衡，衡上缚两轭，用以驾马；车体都是木质结构，通常在重要部位装着各种青铜制的车器，目的在于增加车身的坚固度，便于纵横驰骋，在一般“错毂”交战中不致被损坏。

秦始皇统一中国后，实行了“车同轨”，对车辆制造的技术和工艺

秦铜车马

提出了更高的要求。秦始皇五次大规模巡游，主要的交通工具就是马车。秦代人对马车似乎有着特殊深厚的感情，至今我们仍可以从秦朝遗留下的阵容强大的兵马俑遗址中，看到当时的战车、辇车、鎏金铜车马等实物资料，看到与真人真物几乎等高的人物与马匹形象。这些珍贵文物，再现了秦朝的雄壮与辉煌，这是前所未有的重大考古发现，反映了我国两千多年前马车制造的精湛技艺。

到了汉朝，车子有了很大的发展和变化，单辕车逐渐减少，双辕车有了大发展，车的种类增多，且主要用于载人装货，而不是战争了。东汉和三国时期出现了独轮车，这是一种既经济又实用的交通运输工具，在交通史上是一项重要的发明。根据历史记载，诸葛亮北伐时，蒲元创造“木牛”为军队运送粮草。许多学者认为当时的“木牛”，就是一种特殊的独轮车。

双缱独轮车

唐宋以后，车辆的制造技术也有所进步。南北朝时出现了12头牛拉的大型车辆。当时还出现了磨车。磨车上装有石磨，车行磨动，行10里磨10斛粮食。至于三轮车，在唐末五代时就已出现，但没有得到推广。到了宋朝，官僚们坐轿子的风气渐渐兴盛起来。这时高级车辆的制作和改进得不到重视，制车技术的重点也逐渐由载人的车转到载货的车。宋朝的大车叫“太平车”，用五至七头牛拖拉。这时的独轮车前后两人把驾，旁边两人扶拐，前用驴拉，叫做“串车”。明朝将前用驴拉、后以人推的独轮车叫做“双缱独轮车”。明清时期除了陆续出现许多新型车辆和异型车辆外，还出现了帆车，即在车上加帆，利用风力助车行进。到清朝时又出现了铁甲车和轿车。铁甲车有四轮，轮的直径约一尺，车厢包以铁叶，以保安全。轿车是马车与轿子结合的产物，外形如轿，用马和骡拉挽。

第六章 青铜贵美

金石学的历程

金石学，中国考古学的前身，近似于欧洲的铭刻学。它是在尚未进行科学发掘的情况下，以零星出土的古代铜器和石刻为主要研究对象的学问，偏重于著录和考证文字资料，以达到证经补史的目的。金石学形成于北宋时期，曾巩的《金石录》（其书不传）最早使用“金石”一词。清代王鸣盛、王昶等人正式提出“金石之学”的命名。宋以来的金石学著作中，保存了许多有价值的古代铭刻资料，有的著作还曾记录了一些器物的图像，判明它们的名称和用途。但不足之处是未曾进行形制、花纹的深入分析，也没有进行断代研究，因而未能发展为完整的科学体系。近代考古学在中国诞生以后，仍有一些学者对非科学发掘所得的铭刻资料进行整理研究，但这种研究已逐步演化为考古学的组成部分，因而金石学作为独立的学问已不复存在。

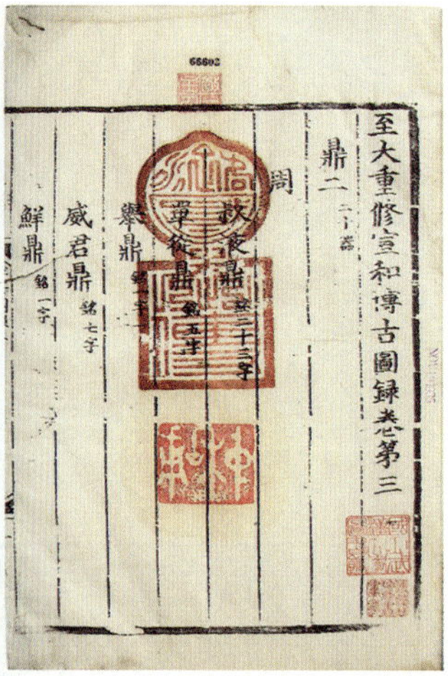

宋王黼等撰《至大重修宣和博古图录三十卷》明嘉靖七年（1528 年）刻本

随着古文经书在西汉初期的重新出现，即有人研究辨识当时已不通行的“古文”。汉宣帝时，“好古文字”的张敞，曾考释过今陕西武功发现的尸臣鼎。许慎撰《说文解字》注意收录郡国山川所出鼎彝等“前代之古文”。晋太康二年（281 年）汲郡人盗发魏国古冢，出土大批竹简，经束皙等人整理，编次为《纪年》、《周书》和《穆天子传》等十多种佚书。唐代初期，石鼓在凤翔出土，当时学者和书家多有称述。北魏郦道远的《水经注》一书对各地古代城址、陵墓、寺庙及其他史迹也有记述，至今对考古调查仍然有重要参考价值。但宋代以前进行这方面研究的学者尚少，基本没有专门著作问世。

经过唐末和五代的割据、混乱之后，宋朝统治者为了巩固政权，建立严格的纲常伦理，大力奖励经学，试图恢复礼制。于是朝廷及士大夫均热衷于古代礼乐器物的搜集、整理与研究。同时，历史学、古文字学和书学的进步，也在一定程度上刺激了对新资料的进一步追求；而唐代

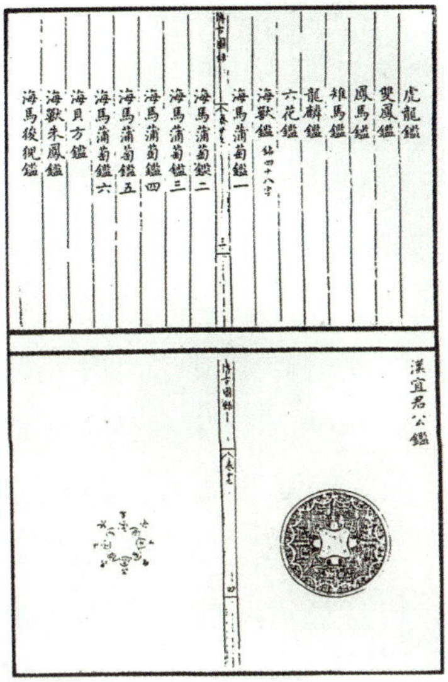

宋《宣和博古图》关于镜鉴的著录

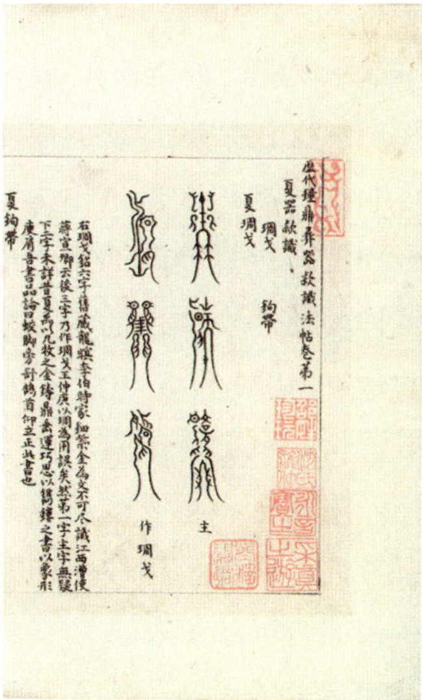

宋薛尚功撰《历代钟鼎彝器款识法帖》明抄本

以来墨拓术和印刷术的发达，为金石文字的流传提供了方便条件，也促进了金石学的形成和发展。

现存年代最早且较成系统的古器物图录，是成书于宋哲宗元祐七年（1092 年）吕大临编纂的《考古图》，是创造性地把青铜器作为历史资料研究的第一部重要著作。吕大临说：“予于士大夫之家，所阅多矣，每得传摹图写，寝盈卷轴，尚病篋启，未能深考，暇日论次成书，非敢以器为玩也。观其器，诵其言，形容仿佛，以追三代之遗风，如见其人矣；以意逆之，或探其制作之原，以补经传之阙亡，正诸儒之谬误，天下后世之君子有意于古者，亦将有考焉。”继《考古图》之后，王黼奉徽宗赵佶之命于宣和年间（1119 ~ 1125 年）编撰了《宣和博古图》。此书将青铜器分为 18 类，每类皆有总说，收器 839 件，图文并茂，并对它们的尺寸、容量和重量进行一定的考证，是宋代青铜器研究的重要著作，其编纂的方法成为后代编辑青铜器图录的楷模。

在文字方面，薛尚功的《历代钟鼎彝器款识法帖》和王俅的《啸堂集古录》等则仅摹写铭文和释文，或略加考证，属于铭刻集录性质。石刻方面，欧阳修的《集古录》、赵明诚的《金石录》二书按年代分类；王象之《舆地碑记目》、陈思《宝刻丛编》二书按地域分类；《宝刻类编》则按人物分类。总的来说，宋代的金石学已相当兴盛，做出了许多值得珍视的成绩。

元明两代，金石学少有成就。元代吾丘衍的《学古论》、杨珣的《增广钟鼎篆韵》、明代曹昭的《格古要论》等亦间有关于铜器的某些记载或鉴定经验，然而都没有重要的撰述。

清代是金石学发展的鼎盛时期，但乾隆以前尚不发达，研究偏重于石刻，主要有顾炎武《金石文字记》、《石经考》及朱彝尊、万斯同等人的著述。清代乾隆年间仿《宣和博古图》编纂收录宫廷收藏古器1436件的《西清古鉴》40卷，复出《西清续鉴》2卷，后又出《宁寿鉴古》16卷，这3部书对于推动清代宫廷和官员贵族的青铜器收藏，起了很大的作用。同时由于训诂学的发展，青铜器铭文成为古文字研究的重要对象。青铜器的收藏和青铜器铭文的释读之风大为盛行，有关青铜器图像和文字考订的著作也逐渐多了起来。在乾隆、嘉庆之后，私人的出版物更加繁多，重要的如曹载奎的《怀米山房吉金图》、吴云的《两罍轩彝器图释》、潘祖荫的《攀古楼彝器款识》、阮元的《积古斋钟鼎彝器款识》、刘心源的《古文审》及《奇觚室吉金文述》等。

清末民初，金石学的研究范围更为扩大，不仅包括新发现的甲骨、简牍，而且有明器和各种杂器，不再限于文字，罗振玉和王国维是当时的集大成的学者，均有多种著述。罗振玉的《三代吉金文存》，收墨拓4831件，出版于1937年。该书收集资料较全面，颇有利于青铜器铭文的研究。清代金石学家的特点是精于鉴别，详于考订，研究范围较广，并且有一些集成性和综合性的工作。清代搜集的铜器铭文、碑刻、钱币及玺印等铭刻资料更加丰富，考释文字的水平已有显著提高。玉器、镜鉴、兵符和砖瓦、封泥等，也都开始专门研究。王国维开创性地利用

罗振玉

金文来研究殷周历史。他不仅研究单字训诂，而且更多地注意综合的研究，把青铜器铭文和历史学密切地结合起来，他的《观堂集林》中虽有多篇青铜器研究的重要著作，但是没有对青铜器进行全方位的综合研究。马衡所著《中国金石学概要》，则对金石学做了比较全面的总结。

中华人民共和国成立以来，广大的文物工作者，通过田野调查和田野考古，获得了大量的古代文物资料，特别是关于青铜器极为珍贵的资料，逐步建立了年代完整的青铜器发展序列。郭沫若、容庚奠定了青铜器作为一门综合研究学科的基础。郭沫若的《两周金文辞大系图录考释》、《彝器形象学试探》，对两周青铜器做了系统的断代研究，开辟了青铜器分期和断代研究的新领域，从而使青铜器的研究不再属于旧式的金石学范畴。郭沫若把青铜器铭文的研究与古代历史的研究有机地结合起来，并力图解决古代社会的性质问题。容庚的《商周彝器通考》在当时的条件下把青铜器的彝器部分做了尽可能的综合考察，进行了缜密的论证，构成了比较完整的研究体系。于是，青铜器研究开始形成了独立的学科。

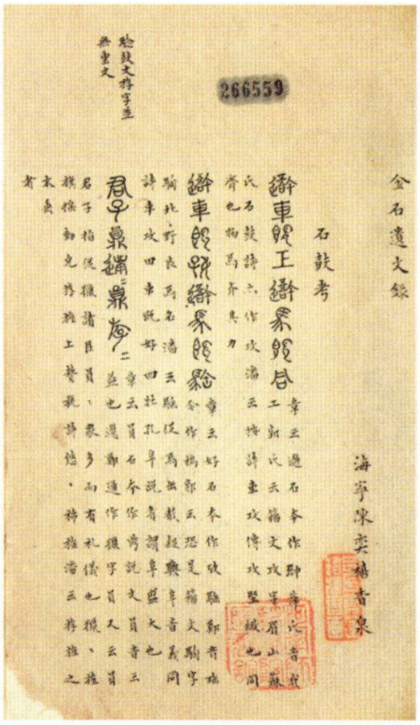
金石遺文錄

石鼓考

海寧陳奕禧香泉

266559

清林侗等撰《石刻业考十二卷》
清雍正抄本

郭沫若

金石学家与“龙骨”的故事

王懿荣(1845～1900年)，字正儒，一字廉生，山东福山（今烟台市福山区）古现村人。光绪六年(1880年)进士，以翰林擢侍读，官至国子监祭酒，《清史稿》有传。

王懿荣出生于官僚家庭。幼承家学，6岁入古现村王氏家塾，15岁随父进京。他聪颖勤奋，泛涉书史，有过目不忘之誉。青年时代，性“笃好旧椠本书、古彝器、碑版图画之属”，尤潜心于金石之学。为搜求文物古籍，足迹遍及鲁、冀、陕、豫、川等地，“凡书籍字画、三代以来之铜器印章、泉货残石片瓦无不珍藏而秘玩之”。曾先后拜访当时著名的收藏家、金石学者潘祖荫、吴大澂等人，同他们共同切磋琢磨，撰有《汉石存目》、《古泉选》、《南北朝存石目》、《福山金石志》等书，成为当时著名的金石学家。1883年任翰林院编修，光绪二十年(1894年)升迁侍读并入值南书房。曾三任翰林院庶常馆教习，三为国子监祭酒，“诸生得其指授，皆相勉为实学”，时人称其为“太学师”。

王懿荣

光绪二十五年（1899年）秋，时任国子监祭酒（相当于中央教育机构的最高长官）的王懿荣得了疟疾，派人到宣武门外菜市口的达仁堂中药店买回一剂中药，王懿荣无意中看到其中的一味叫龙骨的药品上面刻画着一些符号。龙骨是古代脊椎动物的骨骼，在这种古代的骨头上怎会有刻画的符号呢？这不禁引起他的好奇。对古代金石文字素有研究的王懿荣便仔细端详起来，觉得这不是一般的刻痕，很像古代文字，但其形状又非籀（大篆）非篆（小篆）。为了找到更多的龙骨做深入研究，

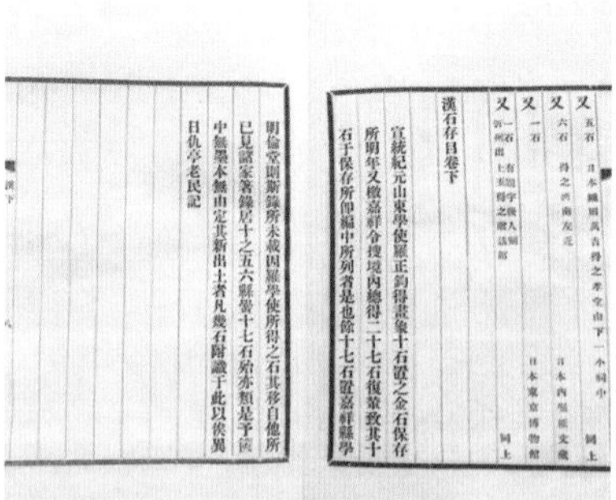

漢石存目卷下
宣統紀元山東學使羅正鈞得畫象十石置之金石保存
所明年又檄嘉祥令搜境內總得二十七石復彙致其十
石于保存所即編中所列者是也餘十七石置嘉祥縣學
明倫堂則斯錄所未載因羅學使所得之石其移自他所
已見諸家著錄居十之五六縣署十七石殆亦類是予復
中無墨本無由定其新出土者凡幾石附識于此以俟異
日仇亭老民記

《汉石存目》书影

他派人赶到达仁堂，以高价把药店所有刻有符号的龙骨全部买下，后来又通过古董商范维卿等人进行搜购，累计共收集了 1500 多片。

龙骨颗粒

他对这批龙骨进行仔细研究分析后认为，它们并非什么“龙”骨，而是几千年前的龟甲和兽骨。他从甲骨上的刻画痕迹逐渐辨识出“雨”、“日”、“月”、“山”、“水”等字，后又找出商代几位国王的名字。由此肯定这是刻画在兽骨上的古代文字，从此这些刻有古代文字的甲骨在社会各界引起了轰动，文人学士和古董商人竞相搜求。

曾有人对王懿荣从中药中发现带字龙骨之说提出质疑，认为王懿荣在他的有关著述中没有这方面的记载，并认为王懿荣吃的龙骨在药店已加工成细粒，是看不出刻痕文字来的。而且当时菜市口一带并没有达仁堂药店。对此，后来研究甲骨文的学者周绍良说，当时龙骨在中药店都是成块、成片出售的，直到 19 世纪 30 年代他到中药店买龙骨还是这样。达仁堂药店当时确实不在菜市口，但菜市口有家著名的西鹤年堂中药店，当时的人很迷信西鹤年堂，买中药都要去西鹤年堂药店，这也有可能是当时误传造成的结果。

商卜骨

在甲骨文还未确认以前，河南省安阳市小屯村的农民在耕作时就不断在农田里挖刨出古代甲骨。据说把甲骨当做药材卖到中药铺的第一个人是一位叫李成的剃头匠。一次他害上一身脓疮，没钱去求医购药，就把这些甲骨碾成粉敷到脓疮上，想不到流出的脓水被骨粉给吸干了，他发现骨粉有止血的功效。从此他就把它们收集起来，说成是龙骨，卖到了中药铺。

经过许多学者专家考证研究，所谓龙骨其实是商代占卜用的工具。人们在占卜之前，先把龟甲和牛肩胛骨锯削整齐，然后在甲骨的背面钻出圆形的深窝和浅槽，占卜时，先把要问的事情向鬼神祷告述说清楚，接着用燃烧着的木枝，对深窝或槽侧烧灼，烧灼到一定程度，在甲骨的相应部位便显示出裂纹来。于是，占卜者根据裂纹的长短、粗细、曲直、隐显，来判断事情的吉凶、成败。占卜后，便用刀子把占卜的内容和结果刻在卜兆的旁边，这就是卜辞。刻有卜辞的甲骨被当作档案资料妥善收藏在窖穴中，遂得流传于后世。发现甲骨文的故事，后来被人们称为“一片甲骨惊世界”的奇迹，在中国和世界考古史上写下了带有传奇性的篇章。

甲骨卜辞

甲骨文是 1898 年在安阳殷墟首次被发现的，迄今已经出土了 15 万片以上，著录甲骨文资料及研究的专著已达百种。甲骨文是中国目前已知最早的成系统的文字形式，是世界四大古文字之一。

甲骨文的发现和研究，经历了非科学发掘时期、科学发掘时期和继续发展时期 3 个阶段。

非科学发掘时期（1899 ~ 1929 年），指小屯村民私挖甲骨以供出售时期。这期间出土甲骨主要为私人购得，同时也大批流往国外。此期甲骨的主要著录有刘鹗《铁云藏龟》、罗振玉《殷墟书契》和《殷墟书契续编》、明义士《殷墟卜辞》、林泰辅《龟甲兽骨文字》、王襄《簠室殷契徵文》等。甲骨出土地的考定和文字的释读是这一时期的主要研究成果。罗振玉 1908 年探明甲骨出土地为河南安阳小屯村，后考定此地即为“殷墟”。孙诒让《契文举例》是第一部甲骨文考释著作。至罗振玉《殷墟书契考释》一书，共考释解说 485 字，《增订殷墟书契考释》出版时，已考释 571 字。王国维利用商代甲骨研究商史，著

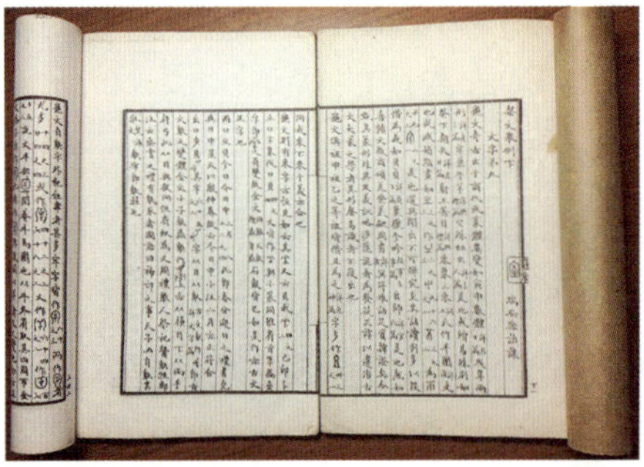
《契文举例》书影

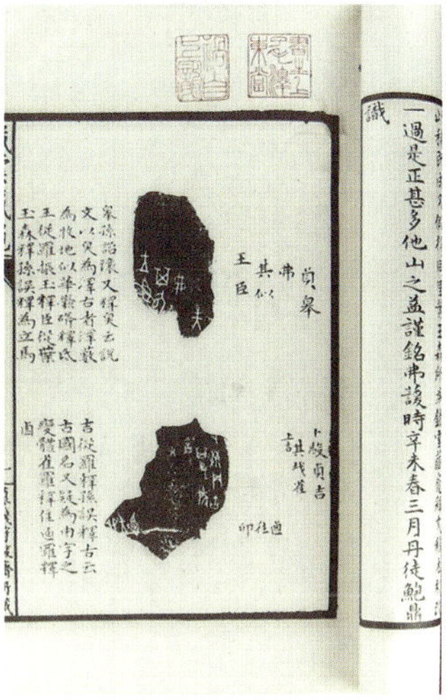

《铁云藏龟》书影

成《殷卜辞中所见先公先王考》及《续考》，使甲骨文的学术价值大为提高。

科学发掘时期（1928 ~ 1937 年），指中央研究院历史语言研究所科学发掘殷墟时期。发掘所得甲骨文，著录于《殷墟文字甲编》和《殷墟文字乙编》中。此外还有一批著录传世甲骨的著作。1931 年董作宾《大龟四版考释》中提出贞人说，1933 年董作宾《甲骨文断代研究例》建立断代研究 10 项标准，并将晚商 273 年甲骨分为 5 个不同时期，是此时期甲骨文研究的大事，为后来的商史和甲骨文的研究奠定了基础。郭沫若从 1928 年开始，用马克思主义观点指导甲骨文商史研究，著《中国古代社会研究》，开创了中国史学研究的新天地。

继续发展时期（1949 年至今），指中华人民共和国成立后的甲骨学研究。甲骨文出土地点增多，除安阳殷墟外，郑州、洛阳一些地区也不断有甲骨出土，其中以 1973 年殷墟出土一批为最多。西周甲骨继

商刻辞卜甲

1954 年在山西洪洞被发现后，在北京和陕西等地又有发现，其中以陕西周原遗址出土最多，共出土有字甲骨 200 多片，扩大了甲骨学研究的范围。传世、出土甲骨也不断著录出版，其中《甲骨文合集》即为其中集大成者。文字考释方面，唐兰、于省吾、胡厚宣、张政等屡有新说。在分期断代研究方面，不断有论著发表，对董作宾的分期断代有所补充和修正。陈梦家《殷墟卜辞综述》，总结了甲骨文发现至 1956 年的成果。王宇信的《建国以来甲骨文研究》，则介绍了中华人民共和国成立 30 年来的研究成就。在这一时期里，台湾和香港的学者也为甲

骨学的发展做出了贡献。重要著作有李孝定《甲骨文字集释》，严一萍《甲骨缀合新编》、《甲骨学》，张秉权《殷墟文字丙编》，饶宗颐《殷商贞卜人物通考》。不少外国学者也致力于甲骨学的研究，主要著作有日本贝塚茂树《京都大学人文科学研究所藏甲骨文字》、岛邦男的《殷墟卜辞综类》、《殷墟卜辞研究》等。

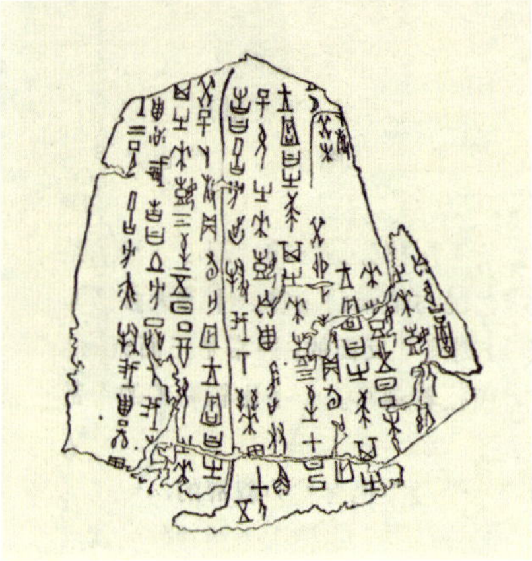
有完整卜辞的甲骨拓片

在众多学者的努力下，目前已释读出甲骨文字2000个左右。通过对甲骨文中保存的商代史料的研究，人们对文献记载颇少的商代历史有了较多的了解。中国学者更通过对甲骨文的研究，揭示出商代社会处于奴隶制时代。

甲骨文字具备了象形、指事、会意、形声、转注、假借等造字方法，已进入了成熟阶段。殷墟甲骨文是殷王朝占卜的记录，中国古代甲骨占卜有着悠久的历史，殷墟时期则是占卜最盛行的时期，商王和贵族几乎每事必卜，占卜成为商代社会生活的重要组成部分。甲骨的纳贡、收贮、整治、钻凿及占卜方法、程序和卜辞的语法、辞例等形成一套严格而有系统的制度。据甲骨文记载，殷代已有专门掌管占卜和记录的贞人，见于卜辞的贞人约有上百人。占卜内容包括祭祀、天象、年成、征伐、王事等，甚至包括商王游猎、疾病、做梦、生子等。商代以后，甲骨占卜逐渐失去了其显赫地位。殷墟甲骨文的发现，见证了已经消逝的商代占卜制度，为研究中国文化史提供了重要的材料。

目前殷墟发现了大约15万片甲骨，4500多个单字。从已识别的约1500个单字来看，甲骨文已具备了现代汉字结构的基本形式，其书体虽然经历了金文、篆书、隶书、楷书等书体的演变，但是以形、音、义为特征的文字和基本语法保留下来，成为今天世界上五分之一的人口仍在使用的方块字，对中国人的思维方式、审美观产生了重要的影响，为中国书法艺术的产生与发展奠定了基础。甲骨文也因此成为世界四大古文字中唯一传承至今的文字。由甲骨文演变发展而来的汉字，在传播华夏文化、推动中国大一统国家的形成与巩固方面发挥了重要作用。

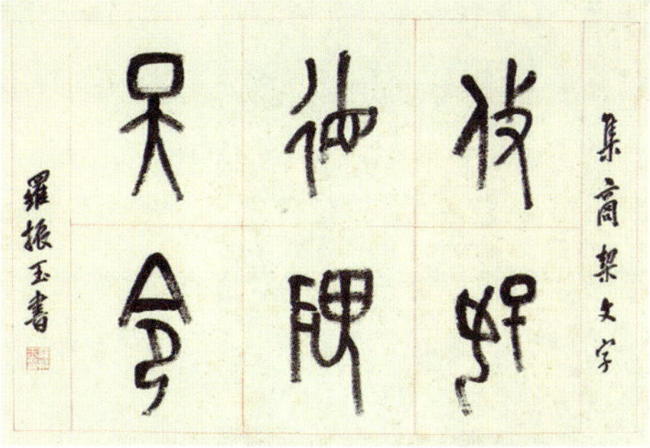

金石学家罗振玉甲骨文书法作品

千载史实的记录

青铜器铭文，又称金文或钟鼎文。青铜器铭文因具有丰富的史料价值而显得特别重要，有许多可以视为信而有徵的历史文献。同时，商周青铜器铭文都是当时语言的记录，保存着大量的文字学、音韵学、训诂学等方面的资料。青铜器铭文的书体，一般称为大篆。汉代许慎在《说文解字 · 序》中说：“周宣王太史籀著大篆十五篇，与古文或异。”根据这一记载，又称大篆为“籀书”。

商代到春秋时期的铭文，几乎都是铸造的；战国至秦汉时期的铭文大都是刻成或鏨成的。

铭文的产生和发展，与文字的发生发展有着密切的关系，与青铜器铸造技术的进步、生产力水平的提高，也有着密切的关系。二里头文化时期，中国文字虽已产生，但尚处在早期，青铜器铸造也较原始，故此时还没有产生铭文。

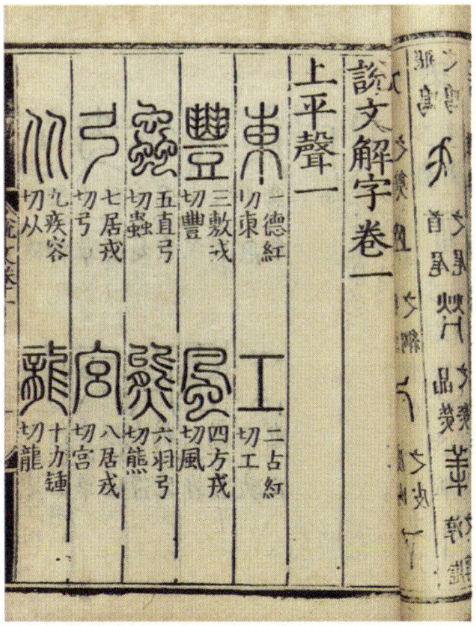
說文解字卷一
上平聲一
一東 德紅切
二 古紅切 工
《说文解字》书影

铭文产生于商代早期，即二里冈文化时期。二里冈遗址、盘龙城墓葬以及同一时期的其他遗址和墓葬出土了许多青铜器，还没有发现带有铭文的。铜罍在郑州白家庄二里冈时期的商墓出土。青铜罍肩部铸有三个“黽”形图案，这应该是文字，也许是氏族的徽号。然而二里冈传世青铜器确有个别铭文发现。

商代中期，特别是盘庚迁殷以后，青铜器铸造技术有了很大的发展，甲骨卜辞的书契也迅速进步，铜器铭文的铸造也就在这个时期逐渐地兴盛起来。此时铸铭铜器增多，但每器

周大盂鼎铭文局部拓片

所铸一般只有1～2个字，多的也就是4～5个字。

殷末，青铜器上未有超过50字的铭文，数十字的铭文也仅有几例。商代铜器的铭文内容也较简单，一般不含有重要的意义。铸铭文的目的在于标记器铭族氏，识别用途。

如“戈”、“天”、“子渔”标记铸器氏族或铸器人；“父乙”、“母丙”表明器为祭祀父乙或母丙而作；“寝小室盂”则表明存放地点和使用场所，所以这个时期的铭文一般都铸在器物的不显著部位，如爵、斝的鋬阴，尊、觚的外底，鼎、甗的内壁，簋、卣的腹底等隐蔽之处。

西周时期是青铜铭文大发展的时期，不论是铭文的性质、内容、形式、数量，甚至书体等方面，都较前有了很大的变化。

西周早期，铸铭之器骤然增多，铭文内容丰富多彩，像何尊、矢令尊、大盂鼎等记述了贵族们接受周王的训告和册命典礼的鸿篇巨制，屡见不鲜。在大量的青铜器铭文中，记载着王室的政治谋划、历代君王事迹、祭典训诰、宴飨、田猎、征伐方国、政治动乱、赏赐册命、奴隶买卖、土地转让、刑事诉讼、盟誓契约以及家史、婚媾等，都是反映当时社会的政治、经济、军事、法制、礼仪情况的重要资料，具有明确的书史性质。这些铭文资料，可以证信古史，补苴史书的缺佚，对于我们研究古代历史和上古语言文字有着重要的意义。

周代青铜器铭文的这种变化，是和周初的政治形势相关联的。周人灭商以后，为了巩固其统治地位，便尽力加强礼制建设。作器铸铭，本质上也是礼的体现，他们利用大量的青铜礼器，铸以长篇铭文，来颂扬祖德，刻纪功烈，记述周王锡命，传遗子孙后代。其作用，一是用以形成奴隶主贵族的权威。西周早期的贵族都是灭商以前的宗族子弟或者以贵族辅助文王伐商灭纣时有功于王室，随着武王的军事胜利，被分封授爵成为大的权贵。他们把自己的功劳和父辈对王室的贡献，以及周王的锡命铭铸在青铜礼器上，就等于获得了地位和职务的证件，具有护身符作用，以便维护他们的权威。二是加强宗法制度。宗法制度是周礼的重要组成部分，是周人维护巩固其内部和加强统治的一种手段。其核心就是严格的宗法承袭关系。西周时期王臣都是世官，靠祖先荫庇获得地位和特权。他们在青铜器铭文和祭祀活动中，追述祖先的功绩，告祭自己的荣誉，都是为了加强自己在宗族体系中的地位。

西周虢季子白盘铭文拓片

春秋时期，周室东迁，五霸兴起，周王朝的权利逐渐分散到列国诸侯之手，他们各霸一方，各自为政，冶铜铸器各得其便。因此，这个时期的青铜器铭文也表现出了较强的随意性，其内容和格式与西周时期不尽相同，一般多为联谊婚姻、夸耀祖先之类。

战国时期，随着奴隶制社会之衰落，礼制开始崩坏，封建地主阶级兴起，人们的思想意识发生变化，加上当时的简册书帛通行，文字应用日渐繁多。镂于盘盂琢之金石终不如书于简册方便。所以，这个时期的青铜铭文，长篇大作不多，书史性质的更为少见，铭文从格式、体例，以至于刻铸方法、书法艺术等方面都起了很大的变化。战国中期以后，铭刻终于转到“物勒工名，以考其诚”的作用上去了。

青铜器铭文从商代早期产生，经过晚商的简铭期、西周的长铭期，到战国晚期衰落，大约经过了千余年的发展变化，在不同的时代和不同的地区，形成了各自的风格和程式。商代中期和晚期的铭文格式比较单调和固定，西周早期铭文尚无规范统一的格式，颇少沿袭；穆王以后，册命渐多，书史若有定格；西周中晚期，铭文布局基本上程式化了；春秋战国时期铭文格式比较单调，记述也较为自由。

商周青铜器铭文的格式归纳起来约有十二种，现分述如下。

徽记：商代早期青铜器上开始铸造的铭文就是徽记，其作用就是为了标识器主。

祭辞：仅记被祭对象，如“父甲”、“母戊”、“祖已”或祭祀者族名、私名、官名及器名等。

册命：册命铭文的格式主要包括时间、地点、受册命者、册命辞、称扬辞、作器、祝愿辞七个部分。

训诰：诰形格式包括时间、地点、受诰者、诰辞、赏赐、作器等部分。

记事：盛行于西周，数量最多，题材丰富，有记功、获赏、从征、出使等。

追孝：商周时期奴隶主贵族非常重视祭祀祖先，他们通过铜器铭文夸耀自己祖先的业绩，吹嘘自己祖先的美德，以此来行孝道，其目的就是要维护世家的尊荣地位，永世享有特权。

约剂：约剂主要有“治民之约”和“治地之约”。“治民之约”是有关税收、买卖、诉讼等内容；“治地之约”是有关土地的使用、分配和转移等。这些事情都与个人和家族的财产权利有关，是大事。

律令：属于约剂的一种，它不是个人之间的，而是政府的法律条令。

符、节、诏令：属于非彝器的铸铭法令。如兵符、节、传、诏版等。

媵辞：青铜礼器中除礼器外，还有一部分媵器，也就是陪嫁品。在西周晚期到春秋时期的诸侯国中特别流行。当时诸侯和大夫们为了维护彼此的政治地位和利益，或者小国求助于大国的保护，往往通过联姻来加强他们之间的关系，组成一定的政治集团，故媵器大量出现。媵辞格式一般有时间、某人为某人作媵器及祝愿辞三部分。

乐律：西周时期出现，记载乐律的名称，即记载各种律名、音名、变化音名之间的对照关系，是研究我国先秦乐律和音乐史的重要材料。

物勒工名：“物勒工名，以考其诚”，这是战国秦汉时期青铜器铭文的特点。其格式一般包括器主、铸造作坊的职官、工师、工匠，有的还有器物置放地点、容量和重量等。

另外，青铜器铭文还有一些个别的格式，如中山王兆域图铭等，不及备载。

铭文的内容主要分为四个具有代表性的时期。

商代前期，有了青铜器铭文的萌芽，如河南郑州出土的铜罍肩部有“黽”字和二里冈出土的铜鬲上有“亘”字。殷商后期，青铜器铭文较多见，但多为1字、2～3字、10多字和数十字不等。族氏铭文则常用1字。殷商金文更多地反映了祭祀与战争，但也有短铭，反映了奴隶主的统治和上级对下级的赏赐及征伐、宴飨、狩猎等内容。

西周散氏盘铭文全拓

西周是青铜器铭文发展的全盛时期，而这时的青铜器铭文内容主要反映西周的社会阶级关系、土地制度的变化、战争的状况、国家的各种礼仪制度、职官名、计时法等内容。此外，西周青铜器铭文还涉及策命、赏赐中的名物制度等。

东周青铜器铭文内容除了反映了某诸侯国的铸器特点外，还反映了该国的历史情况。如列出世系、作器颂政、邦国关系、国史述记、音律等。

秦汉时期，铜器铸造已少有礼器，因此，铭文记事、记功、颂祖等内容基本消失，即使有铭文，其性质也随之有了一些变化。如诏书、诏版及“物勒工名，以考其诚”。

商周青铜器铭文的书体，一般称为大篆或称籀书，也有称为古籀的。它已经是一种很成熟的书法艺术，向来为研究书法的人们所重视。

铜器铭文是按照墨书原本先制出铭文模型再翻范铸造出来的。由于商周时期青铜铸造技术精湛，铭文字迹一般都能在相当程度上体现出墨书的笔意。

商代铜器铭文一般为一两个字，十字以下的占大多数，较长的铭文仅有几件，总的来说铭文的字体较长方，笔道雄劲遒美，行气疏密有致，结构严谨，情势凝重，各篇都有自己的风韵。大体上可以分为两种风格。一种笔势雄健，体形丰腴，笔画起止多显锋露等，多用肥笔，另一种则运笔有力，形体瘦筋，笔画多挺直，不露或少露锋芒，肥笔甚少。

大篆

西周早期的铜器铭文书体总的情势是清秀隽美，笔道首尾出锋，有明显的波磔，其结构严谨精列，行款章法自如。细分有三种不同的风格。第一种风格是瑰异凝重，以成王之世之尊、康侯簋、康王之世的大盂鼎铭文为代表。其中大盂鼎铭文的书法造诣为最高的一品。它的拓本摹本至今尚被书法大家所珍视。第二种风格是雄奇恣放。这种铭文是继承商代末期书体风格发展而成的，典型的作品有成王之世的保卣、康王之世的大方鼎铭文。第三种风格是质朴、平实。这种风格的铭文以武王之世的得簋和王亡簋铭文为代表。

西周中期的铭文向着书写便捷的方向发展，已逐渐形成了一种笔道柔和圆浑的风格。主要分为三类。第一类以穆王之世的登尊、登卣铭文为典型。其字迹中依稀可见肥笔，运笔舒展，字体间架亦较自然，但早期那种瑰异雄奇的风格已经消失。第二类是质朴端庄，笔画波捺，两端平齐似圆箸，故书法家称之为“玉箸体”。这是中期最流行的书体风格，如恭王之世的墙盘、永盂卫盘铭文，孝王之世的大克鼎等铭文。铭文古奥典雅，字体朴实遒劲，行款疏朗而整齐，笔势圆泽而厚实。第三类书写草率，结构松散，代表性的作品有穆王之世的强伯簋、强伯鼎铭文等。

西周晚期的铭文字体趋于规范。书体可分三类。第一类以厉王𬨁簋、𬨁钟和宣王之世的毛公鼎铭文最为典型，字体优美，书写便捷，笔迹圆润，结构和谐。第二类以宣王之世的虢季子白盘铭文为代表，笔法刚劲，笔势匀称，似横成竹，有意求工，颇具崭新的艺术风格。这种书体应该是籀文。第三类是承中期第三类发展而来，间架松散，书写草率，如1975年陕西本岐山出土的此簋铭文。

春秋时期，平王东迁，王室衰微，列国兴起，所以铜器铭文也表现出明显的区域性。

早期，秦人即在宣王时的籀文的基础上创造了一种新字体，这种字体方正瘦劲，书写方便，既有观赏性又有实用价值。宗姓鼎、秦公钟和秦公簋铭文，是这一书体的典型作品。春秋晚期到战国前期，是社会大动荡大转变时期，学术界出现了百家争鸣的局面，此时的铜器铭文也异体朋兴，千姿百态，蔚为大观，黄河下游的齐、鲁、中山、徐等国盛行细长之体。文字繁简并用，书法清新秀丽，代表作品有许子妆簠、王孙遗者钟等铭文。春秋末年，还出现了以写兽虫作为装饰的美术字，即所谓的鸟虫书，这种书体一直流行到战国前期，奇诡多变，极难辨释，代表作品有王子午鼎、越王勾践剑、王子干戈等铭文。

西周散氏盘铭文拓片局部

青铜器的历史价值主要由铭文来体现，青铜器铭文是我国现存的最古的文字之一。我们知道，商周时代距今已那么遥远，由于社会发展，历史变迁，那个时代遗留下来的文献极少，只有《尚书》、《诗经》和《春秋》三部书。就是仅有的这些书籍，经过历代传抄，已不是原来的面貌，因此要想根据这些资料对上古历史有比较真切的认识是很困难的。而青铜器铭文内容丰富，特别是篇幅比较长的铭文，史料价值最高，因为它是当时人们现实生活的反映，没有经过后世的修改，保留了当时的真实面貌，因而具有极高的研究价值。正如郭沫若在《两周金文辞大系图录考释》序中所言：“说者每谓足抵《尚书》一篇，然其史料价值殆有过之而无不及。”下面从几个方面来说明。

1. 记载重大历史事件。周武王伐纣是重大的历史事件。关于伐纣的具体日期，《尚书 · 牧誓》曰：“时甲子昧爽，王朝至于商郊牧野，乃誓。”《武成》：“粤若来三月既死霸，粤五日甲子，咸刘商王纣。”灭商在甲子日，由于记载十分具体，引发研究者的疑窦。而《逸周书 · 世俘解》也说：“二月既死魄越五日甲子朝至，接于商，则咸刘商王纣。”《逸周书》曾受到疑古学派的极大怀疑，所以学界对武王是否在甲子日伐商有很大分歧。1976年陕西临潼零口乡零河西出土西周初年青铜器利簋，高28厘米，口径22厘米，腹内底有铭文32字。铭首曰："珷征商，惟甲子朝，岁鼎克昏夙有商。辛未，王在阑师，锡（赐）有事利金，用作檀公宝尊彝。"大意是，周武王征伐商，在甲子那天岁星当头的早晨灭亡了商。辛未那天武王在阑地，赏赐给官员利铜，用来作祭祀祖先檀公的宝器。其重要意义在于印证了上述文献中关于武王灭商在甲子日，又恰逢岁星当空的记载。我国学者进一步结合天文学进行研究，确定了周武王伐纣在公元前1045年3月27日，从而解决了中国古代历史纪年上长期未能解决的一个重大问题。

西周成王时，据文献记载，曾有迁宅洛邑一事。如《书序》曰："成王在丰，欲室洛邑。"《史记·周本纪》曰："成王在丰，使召公复营洛邑，如武王之意。周公复卜申视，卒营筑，居九鼎焉。曰：'此天下之屯四方入贡道里均。'作《召诰》、《洛诰》。"不过司马迁在《周本纪赞》中认为当时成王仍都丰、镐，未迁洛邑。但《吕氏春秋》等书也说成王营居于成周。1963年，陕西宝鸡出土成王时铜器何尊，高38.8厘米，口径28.8厘米，腹内有铭文122字。铭文开头便说"唯王初迁宅于成周"，证实成王确实迁居到洛邑。尽管目前学界还有不同看法，但何尊的问世，毕竟为解决这个问题提供了重要的实证。

2.为失载或记载甚少的上古国家提供了宝贵资料。1974～1981年，宝鸡市博物馆组织人员在当地发掘一大批墓葬，出土的有铭铜器显示它们是西周□（弓鱼）国墓葬，但文献上并没有记载，可见这是文献失载的一个诸侯国。出土文物表明这个方国具有很高的工艺铸造技术，如果不是铜器上有铭文，我们无从知道它是哪一国。

1977年，河北平山县发掘中山王墓，出土中山王礨鼎等众多精美的青铜器。其中中山王礨鼎铭达469字之多。这是战国时期最长的铭文，对于研究中山王国历史具有极为重要的价值。文献中关于中山王国的记载很少，连王室世系也不清楚。而鼎铭则揭示了前后衔接的六代中山王的世系，从而为深入研究中山国历史奠定了基础。

3.关于分封诸侯的记载。商周时期，天子为了统治国家，将国土分封给诸侯，诸侯再往下分给各级奴隶主贵族，构成金字塔式的统治层

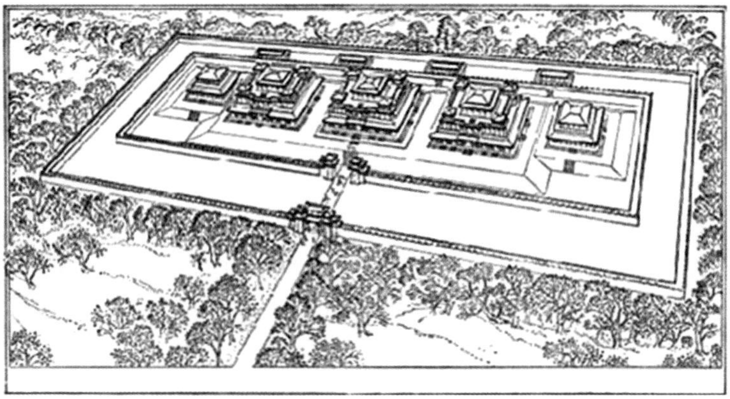

中山国古都建筑图

次，有助于维护奴隶制度。文献中缺少分封时礼仪制度的具体记录，而铜器铭文中比较详细。

例如1986年北京房山琉璃河西周初期大墓出土的克盉，高26.8厘米，口径14厘米。盖内与器内沿内皆有铭文43字，大意是周成王对太保召公奭说，你对我很忠心，奉献食物给我，我封克（召公奭的儿子）为燕侯（“令克侯于燕”），派羌马及驭通知克巡视燕地，收纳燕地的土地及官员，可因此作祭器。铭文印证了《史记·燕召公世家》的记载，并确证琉璃河发现的古城为西周初燕国国都之所在。

又如1954年江苏丹徒烟墩山出土的西周康王时期的宜侯矢簋，高15.7厘米，口径22.5厘米。腹内铭文有120余字，记载了康王将虞侯矢改封于宜，并赐给矢土地和人民：“锡土：厥甽三百□，厥□百又廿，厥宅邑卅又五，厥□百又四十。锡在宜王人□又七姓，锡郑七伯，厥□□又五十夫，锡宜庶人六百又□六夫。”提供了周初分封的具体资料。

4. 关于赏赐奴隶的记载。例如清代道光初年陕西岐山礼村出土的西周康王时期的大盂鼎，高101.9厘米，口径77.8厘米。腹内壁有铭文291字，记载了康王二十三年（公元前998年）赏赐给奴隶主贵族盂：“锡汝邦司（管家奴隶）四伯，人鬲（奴隶）自御（赶马的）至于庶人（种田的）六百五十又九夫。”即一次共赏赐给盂1709名奴隶，数量之大是惊人的。

5. 关于奴隶买卖的记载。中国古代文献中缺乏关于古代奴隶买卖价格的记载，而西周中期的曶鼎铭文却为我们提供了迄今为止唯一的资料："我既赎汝五夫效父，用匹马束丝……用百锾。"即五名奴隶的价值为一匹马加一束丝，或值一百锾铜。说明在西周奴隶社会，奴隶还不如牛马值钱，奴隶的地位比牛马还要低下。

6. 关于土地交易的记载。例如1975年陕西岐山董家村出土的西周恭王三年的卫盉，高29厘米，口径20.2厘米。盖内有铭文132字，其中有"矩伯庶人取瑾璋于裘卫，裁（作价）八十朋，厥贮，其舍田十田。矩或取赤琥两、□□两、□□一，裁廿朋，其舍田三田"。即裘卫用价值贝币百朋的玉器和皮毛换取矩伯的十三块田地。但铭文下面又提到，这件事还要报告伯邑父等执政大臣同意，伯邑父等执政大臣还要派官员来参加受田。这说明西周初期那种"普天之下，莫非王土，率土之滨，莫非王臣"（《诗经·小雅·北山》）的土地国有制，到了西周中期已经开始动摇，这是西周中晚期奴隶制开始没落的具体反映。

7. 记叙周王对臣下册命典礼。这种铭文数量很多，现以山东省博物馆珍藏的颂簋为例。颂簋高31.1厘米，口径24.4厘米。其铭曰："唯三年五月既死霸甲戌，王在周康邵宫，旦，王格大室，即位。宰弘佑颂入门立中庭，尹氏受王命书，王呼史虢生册命颂。王曰：'颂，命汝官司成周贮廿家，监司新造贮用宫御。锡汝玄衣□纯、赤绂朱衡、□旗，攸勒，用事。'颂拜稽首，受命，册佩以出，返入瑾璋……"共计152字，详记册命典礼的时间、地点、受册命者与佑者、王命的内容，受命者还要返纳玉币等，较古代文献诸如《左传·僖公廿八年》所记周襄王策命晋文公的典礼还要详尽。说明西周中晚期时已经形成一套完整的册命典礼制度，为研究西周的礼制及官制提供了重要的资料。

8. 记载周王室对少数民族的征伐。例如清代道光年间陕西宝鸡虢川司出土的西周晚期的虢季子白盘，高40.8厘米，口纵86厘米，横137.3厘米。内底有铭文111字。即"唯十又二年正月初吉丁亥，虢季子白作宝盘，丕显子白，壮武于戎工，经维四方，搏伐□狁，于洛之阳，折首五百，执讯五十，是以先行。□□子白，献馘于王，王孔嘉子白义，王格周庙宣榭，爰飨，王曰：'伯父，孔□有光。'王锡乘马，是用佐王。锡用弓彤矢，其央。锡用钺，用征蛮方子子孙孙，万寿无疆。"铭文记载周王命虢季子白征伐西北的少数民族玁狁（匈奴的前身），获得了胜利，周王在周庙予以赏赐和宴飨。全篇铭文有韵，是一首优美的散文诗。

9．记载周王对臣下的训诰。例如，传清代道光年间陕西岐山县出土的西周宣王时的毛公鼎，高53.8厘米，口径47.9厘米。器内壁共有铭文497字，这是中国古代青铜铭文中最长的。其内容是周王在锡命毛公时，对毛公的五次训诰。铭文谈到当时西周社会已是"□□四方，大纵不宁"。为了挽救周王室的危机，要求毛公率领下属官员，勤劳政事，不要沉湎于酒，不要侮辱鳏寡，辅弼王位。反复叮咛，忧心溢于言表。与《尚书·文侯之命》相似，而实较《尚书》为胜。

10．记载法律判决书。例如1975年陕西岐山董家村出土的西周中晚期的铜匜，高20.5厘米，流至鋬长31.5厘米。器与盖连铭，计157字。铭文内容是记录一篇法律判决书。□的下属牧牛因为与□争五夫败诉，最初被判墨刑及鞭千，后来受到赦免，罚铜三百锾，鞭五百，并立誓今后不敢再扰乱□。□将此判决书铸在青铜礼器上，这是文献所载："凡大约剂书于宗彝，小约剂书于丹图"（《周礼·秋·司约》）的具体例证。铭文为研究西周时期的法律提供了生动的资料。

11．关于商周军制与战争的记载。据金文可知，西周王室直接控制的军队有殷八师、成周八师、西六师。将领出征，其族人随同出战。敌方以淮夷、玁狁为主。攻打淮夷的目的之一是收取那里的赋税。战争的规模很大。据小盂鼎记载，两次战役共生擒鬼方酋长四人，馘五千一百余人，第一次俘人一万三千八十一人。推算双方投入兵力在两万人以上。胜利之后，要向祖庙献俘。这些细节都只能靠铭文来获知。

青铜器的历史作用还有许多。上述仅举数例，以管中窥豹。至于青铜器的具体价格，是无法用金钱来衡量的，尤其是青铜杰作，乃国之瑰宝，价值连城。容庚所著《商周彝器通考》第八章名为"价值"，摘录了宋代以来有关青铜器的价格。严格地说这只是一时的价格，而不是价值。摘取几段如下。

大观初，徽宗效李公麟之《考古图》作《宣和殿博古图》，凡所藏者为大小礼器则已五百有几。世既知其所以贵爱，故有得一器其直为钱数十万，后动至百万不翅者。

金石学家张廷济像

战国鄂君启节

嘉庆七年三月廿九日，张廷济由虎坊桥馆寓车至顺城门内崇福寺街褐陈伯恭太史。归于护国寺之东宁远斋，见仲凫父彝，碧如翠羽、赤如丹砂、白如水银，文字刻露精锐，洵商周彝器中之无上神品。问其价，曰二十四金。许以八两，不果。四月九日，邀同赵秉淳孝廉再过其斋，益以二金，仍不谐。十七日，邀同宋葆淳学博又过其斋，以文银十两零四钱，又元银六钱，作大钱十千文得之。翁树培秋部是科分校礼闱。廿一日翁来见此，拊掌曰：“胜得进士第矣。”张曰：“诚如君言。”

者□（司女）方爵，嘉庆二十四年二月十八日，张廷济同梅里李遇孙明经过苏州，泊舟太子马头，由卧龙街至元庙观，遍观骨董肆数一，铜器绝无佳者。至申衙前，于钟表铺内见阁上度此爵，尘灰委积。张索视之，心怦怦动。问其价，曰番银三饼，许至二饼有半。肆中入诡言寄售，遣人走问，云须十三，顷言误也。张笑谢之。廿日，自常熟回舟至苏，访石友孙均于申衙前，遣仆往瞻，爵则犹是也。乃托孙遣人转购。翌日，孙招饮百一山房，云托王振初去买，彼须十饼，已许至六饼，急不可图也。三月十六日，张治书于孙，促其速买，毋为捷足所得。廿八日，孙遣书椟至，偿以十饼，坚不肯受，唯留汉将兵都尉字中错金丝者之印一，后知得此用银九饼云。

虢叔三钟，以阮元所藏为最大，张廷济所藏次之，伊秉绶所藏最小。其大者宋葆淳曾见于天津卫，后归杭州某姓。其人远出，闺中匮乏，觅售于潘某。为何某携入节署，售于阮元，得银二百两。其次者初为孙星衍所藏。嘉庆末年，归于吴□（才鼎）。吴掌权扬州梅华书院，常陈设院中。斌良观察思得之未果。后归两淮鹾使阿克登布，得白金一千二百两。阿既受替，复送归吴志别，吴殁后，偿归张广德银号，值如归阿之数。张又归润州某，道光十一年春初，苏州郑竹坡以银二百饼得之。二日，转售于张廷济，值银二百七十饼。张别酬居间徐蓉林以八十四饼。是时每饼易大钱九百三十文。其小者陈均在马履泰陕西学使幕所，以银八两买于西安肆中。伊秉绶官扬州太守时，贻以百金得之。

由以上所述可知，无论是在文化艺术，还是在科学技术及历史价值方面，中国古代青铜文化艺术都是处于前沿和顶峰的，它在世界文化史上的地位毋庸置疑。

错金鸟虫书

鸟虫书亦称“虫书”、“鸟虫篆”，属于金文里的一种特殊美术字体。它是春秋中后期至战国时代盛行于吴、越、楚、蔡、徐、宋等南方诸国的一种特殊文字。这种书体常以错金形式出现，高贵而华丽，富有装饰效果，变化莫测、极难辨识。鸟书亦称鸟篆，笔画作鸟形，即文字与鸟形融为一体，或在字旁与字的上下附加鸟形作装饰，如越王勾践剑铭就是鸟虫书以错金形式出现的。

虫书笔画故作蜿蜒盘曲之状，中部鼓起，首尾出尖，长脚下垂，犹如虫类身体之弯曲，故名虫书。如春秋晚期楚王子午铜鼎铭，除少数几个字近鸟书外，余多属虫书。吴王子于铜戈铭亦是鸟书与虫书。鸟书与虫书都是以篆书为基础演变而成的一种美术字体。

鸟虫书主要见于一些青铜器之铭文，尤以兵器为多，极富装饰效果。这是一种变形的装饰用文字，不应将其看成另一种文字系统，且使用范围很有限，简书中就没有此种文字。相比较而言，在文字方面，鸟虫书应是最能体现南方文化特色的文字。当然，它并不为吴、越、楚所独有，使用范围包括了中国南方。

寿字虫鸟篆书

在春秋战国和秦汉时代，一些青铜器（尤其是兵器、乐器和酒器）上的铭文往往在篆书的基础上回环盘曲，添加写画，并以各种图案花纹作为修饰。有许多还在刻文的凹线内用金错嵌，显得非常工整华丽。在这种铭文里，制作的、工艺的审美原则代替了表现的、即兴的书写，因此从本质上说属于金文的美术字。它们有的以鸟装饰，有的以虫装饰，有的以鱼装饰，也有的三者兼而饰之。1972年，河北满城汉墓出土了两个铜壶，上面铭文的基本笔画在起笔与转折处附加了许多像是鸟头的图案，所有线条都写成回环曲折的双线，略作舒卷，像是夔（似蛇而有一足）的体形，整体上看是鸟与夔蛇图案纹饰的结合。

神话传说和“万物有灵”

从古代墓葬遗址和墓地布局中，我们了解了中原王朝严格的葬制礼仪，随葬品的数量多寡显示出墓主的身份等级。从出土的青铜文化艺术品来看，祖先崇拜仍占主导地位，万物有灵观与自然崇拜是古代先民的主要原始宗教信仰。信仰作为一种体现社会存在的思想意识，一种具有广泛社会影响和明显传承关系的社会习俗，是社会生活的一个重要方面。如果说中国古文明是以“萨满式文明”为主要特征，那么青铜时代的青铜文化艺术品才是“萨满式文明”最生动形象的体现。首先，我们来考察其中的图腾崇拜。

一、对自然神灵的崇拜

人类对自然神灵的崇拜是伴随着人类社会的产生而产生的。在原始社会，由于生产力和科学水平低下，人们对自然万物的变化，具有畏惧心理，因而相信日月山川、风雨雷电都有神灵主宰，树木花草、飞禽走兽都有灵性。在这种万物有灵的意识支配下，形成了对自然神灵的普遍崇拜，以求得神灵的庇佑。

（一）对天体的崇拜

古代先民对天体有着无限崇拜敬仰的心理，故有天圆地方之说，许多青铜器物形制为圆形恐怕就是这个道理。最典型的是西南少数民族使用的铜鼓，圆圆的鼓面象征着那浩瀚的天空，而无论任何类型的鼓面上皆着象征着太阳光芒的太阳芒。这样的纹饰寄托了古代先民对太阳神崇拜喜爱的情怀。而铜镜的纹饰也常常以月亮和星星为题材。

（二）对植物的崇拜

中国远古神话中有关树木的传说十分丰富，在先秦文献中有很多神树异木的记载，仅春秋时期的《山海经》一书就载有建木、扶木、若木、丹木、白木、灵寿树、甘华树、不死树等20多种。这些神树被认为生长于世界的中心，或作为天地间人神交往的工具，起着天梯的作用；或充当着提供生命活力的源泉，成为崇拜的对象。因此被称为宇宙树、通天树、太阳树。

汉代的铜鼓、铜镜、铜盘上更多地装饰着缠枝花、葡萄藤枝蔓及果实等图案，这些装饰既反映古代先民善于观察自然景物以及很好地把握自然景物的能力，同时也折射了古人对自然界植物神灵的崇拜心理。

（三）对动物的崇拜

如崇鸟，关于商代的图腾，无论史书还是甲骨文中都有很多传说和记载，其内容大都与玄鸟生商有关。

在传说中，商代有很多的祖先人物，都与鸟有一定的关系。契，是商朝的始祖之一，生活在原始社会末期，传说是舜的臣。关于商的始祖，史书中记载颇多，其中《史记·殷本纪》中有这样的记述："殷契，母曰简狄，有娀氏之女，为帝喾次妃。三人行浴，见玄鸟堕其卵，简狄取吞之，因孕生契。契长而佐禹治有功，帝舜乃命契曰：'百姓不亲，五品不训，汝为司徒而敬娀五教，五教在宽。'封于商，赐姓子氏。契兴于唐、虞、大禹之际，功业著于百姓，百姓以平。"

在典籍中，如《诗经》、《楚辞》、《吕氏春秋》等，都有关于"玄鸟生商"的记载，如《诗·商颂·玄鸟》载："天命玄鸟，降而生商，宅殷土芒芒，古帝命武汤，征域彼四方。"

在《三代世表》中也有这样一段记载："汤之先为契，无父而生。契母与姊妹浴于玄丘水，有燕衔卵堕之，契母得，故含之，误吞之，即生契。契生而贤，尧立为司徒，姓之曰子氏。"《淮南子·坠形训》载："有娀在不周之北，长女简翟，少女建疵。"高注："有娀国名也，不周山名也……简翟、建疵姊妹二人在瑶台，帝喾之妃也，天使玄鸟降卵，简翟吞之以生契。"《太平御览》八三引《尚书》曰："玄鸟翔水，遗卵于流，娀简拾吞，生契封商。"《吕氏春秋·音初》曰："有娀氏有二佚女，为之九成之台，饮食必以鼓，帝令燕往视之，鸣若隘隘，二女爱而争搏之，复以玉筐，少选，发而视之，燕遗二卵，北飞，遂不反。"高注："帝，天也，天令燕降卵于有娀氏女，吞之生契。"《楚辞·离骚》："望瑶台之偃蹇兮，见有娀之佚女。"又《天问》："简狄在台喾何宜，玄鸟致贻女何嘉。"王注："言简狄侍帝喾于台上，有飞鸟坠遗其卵，喜而吞之，因生契也。"《诗·长发》："有娀方将，帝立子生商。"郑笺："禹敷下土之时，有娀氏之国亦始广大，有女简狄，吞鳦卵而生契。"

商代的铜鸮卣、鸟纹铜三戈、鸟柱铜盘、鸟兽纹铜觥、双鸟铜鼍鼓，西周鸟纹铜方鼎、鸟纹铜卣、鸟纹铜觚、四鸟扁足铜方鼎、鸟纹铜觥、鸟纹铜象尊、鸟纹贯耳铜壶、鸟盖扁铜盉等，都表明了商周时期对鸟的崇拜。

崇虎，因为猛虎活动于山林，它威武、凶猛，野性十足，为了觅食，极易祸害人类；而生活在自然环境中的古代先民为了温饱，狩猎便成为他们日常生活的重要项目之一，故猛虎成了时人所敬畏崇拜的动物。崇拜虎图腾的民族在中国并不鲜见。安徽寿县一带、四川巴人都信仰崇拜虎图腾，著名的商代青铜礼器"阜南龙虎尊"、春秋的"虎符"、西周的"虎尊"和汉"立虎钮錞于"上的虎雕就是其文化的遗存。

白虎是巴人的图腾

崇猴，鄂尔多斯猴像铜牌饰，石寨山文化中的长方形猴边镶石铜饰，猴相戏铜饰等，其写实的群猴栩栩如生，姿态生动，充满了灵动的情趣，画面中凸显了古人对猴子喜爱和崇拜的心理。

西汉群猴扣饰

在民族志中，西南古代民族多有猴祖崇拜传说。在少数民族中也一直见有模拟猴动作的舞蹈。石寨山青铜文化多见猴的造型，也是古代先民调教禽兽及驯猴的反映。据史载，两汉时期，中原地区也常见驯猴及驯猴的百戏表演，在山东等地的画像砖上也常见家居的驯猴形象。

崇蛇，在桂、滇、黔地区的少数民族的各种原始宗教艺术形式中，多以蛇为主神，蛇的造型千变万化，极具恐怖和威慑力，强烈地折射出崇尚强力和权威的时代精神。蛇的造型有写实的，也有抽象写意的，如石寨山出土的战国错金剑鞘头，柳州出土的西周喇叭形铜器，广西恭城出土的春秋蛇蛙青铜尊，都有栩栩如生的蛇纹装饰，这些装饰或写实或变形。因为西南上古地区稻作民族认为蛇神不仅能避邪，还能呼风唤雨，更象征着地力、繁殖力、女性或阴司等，所以，蛇是他们极为喜好崇拜的神灵。

崇牛，牛在古代被视为贵重的财富，牛也是献神的最佳祭品，拥有牛的多少更是一个人地位权势的象征。这在殷周礼制（如太牢之礼）和青铜礼器一说中已得到鲜明的体现。如国家博物馆珍藏的战国错银卧牛，云南省博物馆珍藏的西汉虎牛形铜案、缚牛铜扣饰，鄂尔多斯博物馆珍藏的牛雕铜牌饰，广西民族博物馆珍藏的汉冷水冲型牛拉撬、牛乘骑，滇文化中的汉牛头铜饰，牛像铜贮贝器等，都有牛的圆雕。古代先民崇牛，也广泛使用牛牲，这在古代隆重的庆典仪式和青铜艺术品中都有明晰的反映。

崇蛙，岭南青铜文化的典型器物汉铜筒，其双耳就是采用了青蛙的造型；石寨山文化青铜器中见有许多蛙形母题，滇系铜短剑、铜钺就装饰有蛙纹，活泼生动。蛙图腾信仰的产生，与稻作民族有很大的关系。

因为，在他们看来，蛙鸣则雨水至，稻谷有了充沛水源，那么丰收就在望了。故广西的北流型、灵山型、冷水冲型铜鼓都喜用蛙作鼓面主题圆雕。而且，在古越人的心目中，神蛙也为护符，也可以避兵祸，如《太平御览》引《文子》曰："蟾蜍（蛙）避兵，寿在五月之望。"因越人有此之习俗，故兵器上装饰蛙纹就很是自然了。岭南地区青铜器上蛙形装饰姿态万千，艺术创作手法迥异，有圆雕或平雕等，这些，皆深刻地体现了岭南地区先民的民间习俗以及其对自然界动物的观察把握能力及艺术审美意趣。

西汉虎牛形案

二、对鬼神的崇拜

远古时期，人们对于自然界中出现的风雨、雷电、地震、洪水、日食、月食，以及自身的生、老、病、死等现象，不知其因，更无力加以制止或改变，可人们总是希望能够驾驭它。于是，古人便认为世上存在着一种超越现实和自然的力量——鬼神，而将一切无法解释的自然现象都归咎于鬼神的驱使和支配。因此人们相信鬼神，又害怕鬼神，想方设法讨好鬼神，让它满意，祈求它消灾去祸，降福于人间，故多信鬼与巫师。每逢岁时节令、生老病死、水旱灾害，常常要请巫师晃动法器跳舞，驱鬼迎神，将最好的食物供献给鬼神。在他们的鬼神信仰中，最广泛的神灵是土地神、天神、太阳神、雨神、女神等。蒋神，本名蒋子文。干宝《搜神记》卷五载："蒋子文者，广陵人也……汉末为陵尉，逐贼至钟山下，贼击伤额，因解绶缚之，有顷遂死。及吴先主之初，其故吏见文于道乘

壮族地区蛙纹剪纸

白马，执白羽，侍从如平生。见者惊走。文追之谓曰：‘我当为此土地神，以福尔下民，尔可宣告百姓为我立祠，不尔将有大咎。’……（吴主）于是使使者封子文为中都侯……为立庙堂。转号钟山为蒋山，今建康东北蒋山是也。自是灾疠止息，百姓遂大事之。”由此可知，对蒋神的信仰始于孙吴立国之时，起初微行于民间，后受到人们的恭敬崇拜。每有灾异现象，就要向这些神灵祈祷，以求获得庇护。

春秋蛙蛇纹尊

如西汉错金博山炉、羽人铜器座、七乳四神铜镜、漆绘人物竹节铜筒，皆有神仙的题材。

三、对祖先的崇拜

所谓祖先崇拜，就是相信祖先的灵魂不灭，并且成为超自然的一部分而加以崇拜。商周的奴隶主贵族都非常重视祭祀祖先，在商代，最频繁和最隆重的是祭祀祖先神灵。商人认为祖先的神灵能降灾祸和授福佑于时王。于是便形成了一套完整而系统化的祖先崇拜仪式。商人祭祖包括“周祭”和“选祭”，“周祭”即普遍祭祀，“选祭”即选择五系之内的直系祖先若干位一次合祭。商代规定，同一氏族的人在宗庙祭祀，同一宗族的人在祖庙祭祀，同一家族的人在称庙祭祀。祭祖范围的差别，表示血统上的亲疏。周代确定了严格的宗法制度，国王自称天子，王位由嫡长子继承，世代保持大宗的地位。周代的祖先崇拜也体现宗法关系。周代的庙制规定：天子七庙，三昭三穆，合太祖之庙为七；诸侯五庙，二昭二穆，合太祖之庙为五；大夫三庙，一昭一穆，合太祖之庙为三；士一庙；庶人祭于家中，不得立祖庙。左为昭，右为穆。昭穆之分，主要是为了确立世系辈分。周人更多地在青铜器上表现祭祀祖先的热情。他们通过铜器的铭文夸耀自己祖先的业绩，吹嘘自己祖先的美德，以此来行孝道，其目的就是要保持其世家的尊荣地位，永世享受特权。青铜礼器一方面作为权力的象征，另一方面还作为宗教祭祀活动中的祭器，

东汉羽人灯

用来盛放让上帝祖先享用的供品。如商代人面纹铜方鼎、人面纹铜钺、鎏金青铜立人像、人面形铜饰、铜人面具、人面铜盉、人面形饰，西周人形车饰，战国人面纹铜剑、人形足器座、骑驼人形灯、人形车辖，西汉人面纹羊角铜钮钟、舞人铜扣饰的人面纹饰、人形铜钺，东汉人形吊灯、羽人灯等就是他们对人、对祖先的怀念和景仰之情的真实写照。

行土葬是南方民族固有的葬俗，在青铜文化艺术品中也可以得到证明。西南上古民族葬具采用棺椁，这可能是受到商周文明的影响。然而，云南楚雄万家坝和广西西林出土的青铜文化墓葬采用了铜棺葬具，却有着自己的民族特点。

现收藏于云南省博物馆的大波那铜棺于 1964 年在祥云县大波那村出土。这是迄今云南发现最大的青铜器，同时也是全国仅有的一具保存完整的青铜器时代铜棺。

1964 年 3 月，祥云县大波那村村民在取石过程中发现一座木椁铜棺墓，后经云南省文物部门发掘出土了一具青铜棺及大量的随葬青铜文物。经测定铸造年代为距今约 2350 年的战国初期。铜棺重达 2571 千克，长 2 米，宽 0.62 米，高 0.82 米。外形仿一“人”字形两面坡顶的干栏式房屋建筑，由 7 块可拆卸的青铜板斗合而成，棺壁外表两侧铸满云雷蛇纹，即组成云雷纹之回纹中心均为一蛇头。棺盖外表铸有鸟兽纹，主题为二虎噬一猪，周围有鹰、燕、豹、水鸟等向上做升腾状，具有明显的原始宗教意味。铜棺铸造工艺高超，纹饰精美，为多注口同时浇铸，反映了战国早期洱海地区青铜器铸造已发展到相当高的水平。木椁铜棺墓的墓坑为长方形竖井，椁室长 3.75 米，宽 1.1 米，深 2 米。由碳化处理过的巨大方木支砌而成，方木缝隙用白泥填塞，椁内放置铜棺。铜棺内葬有1根象征墓主身份和权力的豹头铜杖。椁内随葬品有青铜锄、锛、剑、矛、钺，鹦鹉形啄及尊、杯、豆、釜、箸、钟、鼓、葫芦笙和房屋及六畜模型等。

据史籍记载，铜棺发现地“大波那”（古称大勃弄）为古白子国国都，汉设云南县。当地至今保留有记录白子国历史和白子国国王家族仁果（战国）张龙佑那（汉）张乐进求（唐）直至当代大波那张姓的家谱和古碑刻，铜棺中随葬的一根豹头权杖是云南最古老的一根古代权杖，非地方君王者不可能有此特权厚葬。因此，大波那木椁铜棺墓的主人应为古白子国中的重要人物，极有可能就是白子国中的一位国王。

商三星堆立人像

大波那木椁铜棺墓是现有的云南青铜文化中年代较早而又有重要代表性的文化遗存。

西林地处广西的西部，属云贵高原的东麓。其地方不仅山高林密，路险流急，而且僻远。1969年，广西西林县普驮屯出土了汉代极为罕见的鎏金铜棺，长2米，宽0.6米，高1米。但遗憾的是在“文革”期间不幸被损毁，仅残存铜棺盖板等40多千克。现在，西林县博物馆已根据当时挖掘的农民的回忆及走访调查做了铜棺复原件。

在云南和广西发现的汉朝的铜棺，反映了岭南地区百越先民的葬俗。

钟乐风雅颂

《诗经》是春秋时期中国第一部诗歌总集，是灿烂辉煌的中国文学的源头，在我国文学及世界文学史上都具有非常崇高的地位。《诗经》具有丰富的文化内涵和重要的史料价值，同时也是儒家文化的经典著作。

《诗经》原称《诗》。包括自西周至春秋约500年间的作品305篇，分为风、雅、颂三大类。

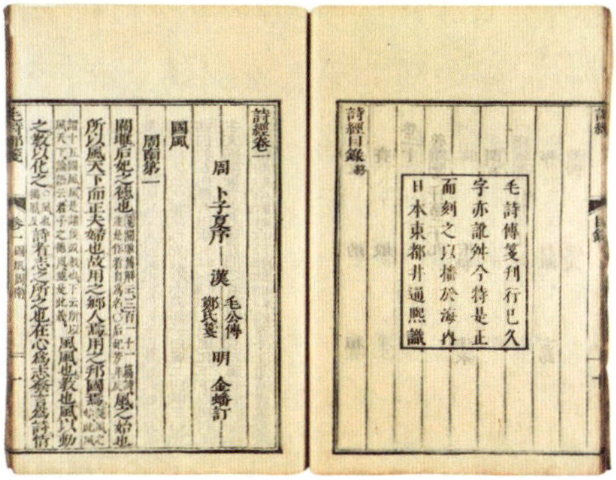

《诗经》书影

近代以来，随着我国考古事业的发展，先秦考古硕果辉煌，考古出土的大量文物，包括甲骨文、金文资料及一些出土文献，推动了对先秦历史文化的研究，也为《诗经》的研究提供了新的契机。

我国古代的青铜器不仅代表了当时经济和技术的最高发展水平，而且还是政治权力和身份等级的象征，并与经济、宗教、科技、美术、音乐、文字等诸多文化现象交织在一起，是时代文化的缩影，也是时代文明发展的标志。从青铜文化的角度有利于揭示青铜时代的本质特征，也有利于对《诗经》进行深入的研究。

四言是《诗经》的主要诗体，《诗经》中的绝大部分诗句都采用了四言的形式。《诗经》中的四言句式明显存在着两言一顿的节奏特征，有时甚至不惜破坏语意和违反语法规则以迁就四言句式的要求。可以推知，《诗经》四言诗体的形成很可能是受到了内容之外的、与节奏有关的强大因素的影响和制约。

西周克镈

根据学者的研究，《诗经》是一部乐歌总集，《诗经》所录全为乐歌，因此影响《诗经》诗体的强大外在因素——节奏，就应当是音乐的节奏。《诗经》是周代礼乐文化的产物，《诗经》的产生与周代的雅乐体制密切相关。根据文献记载及考古研究，周代雅乐是以打击乐为主的音乐体制，编钟是当时雅乐乐悬的核心，编钟等打击乐器所产生的节奏在雅乐节奏中起主导作用。根据学者们对周代乐悬编钟的发音测试和研究，周代编钟多为双音钟，音阶为“宫、商、徵、羽”四声，演奏节奏不能过快，在西周时期还不能旋宫转调，不能演奏复杂的旋律，只能作为节奏性打击乐器。编钟的节奏特点及诗、乐、舞三位一体的艺术形式导致了周代雅乐多采用两拍一顿、四拍一节的节奏方式，也因此产生了两言一顿、四言一行的《诗经》四言诗体。由于编钟在西周早期和中后期不同发展阶段上存在着节奏快慢、齐疏等差别，周代产生较早的颂与较晚产生的雅之间在诗体风格上也存在着一定的差异。

西周云纹铙

商周时期，“国之大事，在祀与戎”，祭祀是国家的一件头等大事，其中祭祖又是当时最为普遍的祭祀活动。根据考古研究，商代的祭祀乐舞极为繁盛，乐舞艺术达到了较高的水平。从文献记载及考古研究可知，商代已有专职乐师及音乐教育机构，商代的文字有了很大的发展，这些都为商代祭祖诗的产生创造了条件。

商代祭祀乐舞的兴盛和发达，祭祖礼中祝官的祷告活动都是商代祭祖诗产生的沃土。商代祭祖诗就是在祭祖活动中的乐舞歌唱声中、祭祖祷告声中孕育而生的。根据考古研究，商代已有掌管颂的乐官出现，《诗经》里现存的五篇商颂及文献记载中的乐舞大濩都应是商代的祭祖诗。

从西周金文可以看出，西周时期人们的祭祖意识非常强，而乐舞娱神是西周祭祖的重要方式，周代祭祖诗就是在乐舞娱神的活动中产生的。祭祖之外，宴饮也是西周时期非常重要的礼乐活动。宴饮是周人维系血缘亲情、强化宗法制度、加强宗族团结、展现君子德仪、规范礼乐制度等的重要方式。根据周代有关宴饮的金文资料可以看出，周代的宴饮活动非常兴盛。而从考古研究及文献记载可知，周代宴饮必有歌舞，乐舞是周代宴饮活动的重要内容和有机组成部分。周代宴饮诗正是在这种歌舞宴乐的礼乐活动中应运而生的。根据对周代金文资料的分析还可看出，周代宴饮活动较为注重礼仪，对兄弟情谊极为珍重，这些特点都与《诗经》宴饮诗基本吻合。正是周代独特的宴饮文化导致了《诗经》宴饮诗的产生。

史官专掌记事、掌管典籍、精通历史，兼掌卜筮、祝册、通天道等神职，而且还是当时各种文书、命辞的起草人，是商和西周时期最富学识、最擅长写作的阶层，基本垄断了商和西周时期的文化事业及文学活动。而《诗经》是周代礼乐文化的产物，不仅具有很高的文学艺术成就，同时还是周代礼乐文化的象征，反映了周代的礼、乐、道德等思想观念，《诗经》这一辉煌的文化艺术杰作的产生必有史官的参与。无论是从文字层面，还是从文化艺术修养，以及对于礼仪、功德及神权思想等的重视来看，史官都是《诗经》歌诗的重要参与者和创作者，而《诗经》所保存的一些史诗性质的歌诗也很可能就出自史官之手。除了掌管记事、保存典籍等职能之外，商周史官还担负着祝册和进谏职能。史官是册告文的重要作者，史官所作祝辞与《诗经》中颂诗的产生具有密切关系，而史官抑恶扬善的进谏职责也促进了《诗经》谏刺诗的产生。另外，史官还是商周金文的重要作者，西周金文中的四言句式与《诗经》里的四言诗句相呼应，可以看出史官文化与《诗经》四言诗之间的密切关系。

第七章 天工巧作

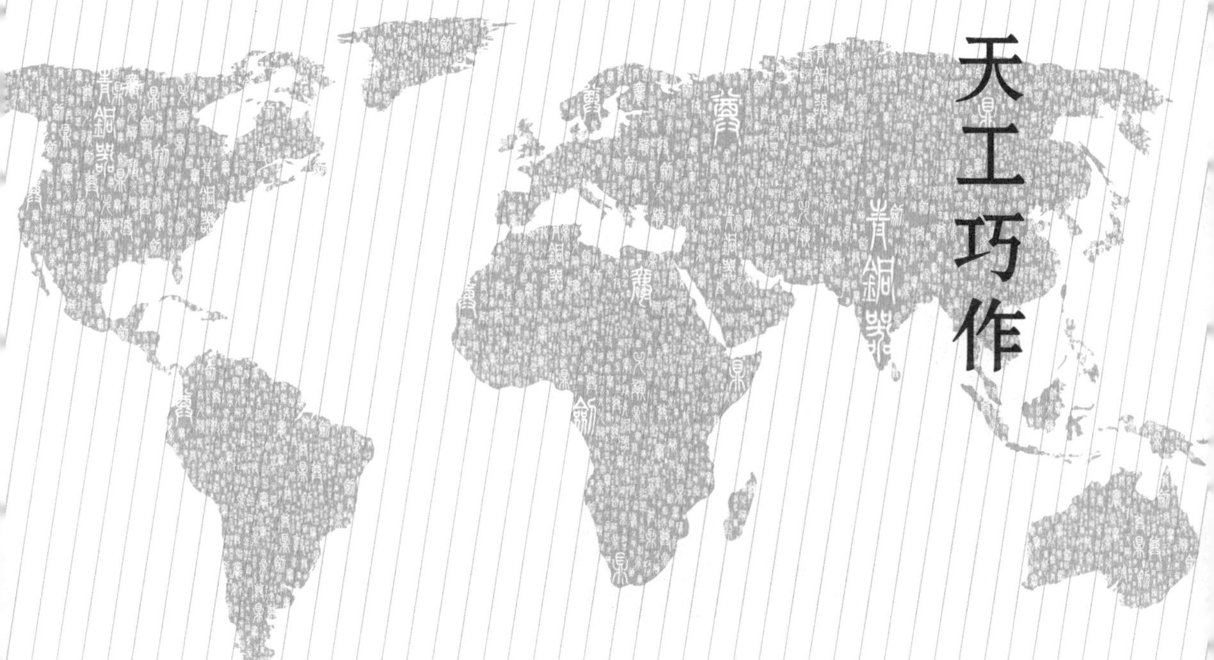

每当人们走进博物馆，看到展柜里陈列着的历代精美绝伦的青铜器文物时，都会情不自禁地怦然心动，四千多年历史的青铜文明，展现了中国古代辉煌灿烂的科技时代的创造发明。

伟大、勤劳、勇敢和智慧的中国古代先民，以其独特的审美艺术和高超精湛的青铜工艺及文化艺术，创造了中国古代青铜独特辉煌之艺术。

“黄文错镂”

二里头文化遗址出土的青铜器出现了引人注目的嵌绿松石的技艺，到了春秋战国时期，青铜镶嵌艺术已相当发达。战国两汉时期，金银错青铜器大量出现，在人们生活的各个领域中广泛流行，考古发现的战国汉代金银错青铜器以千百计。

最具代表性的是二里头的一件长形铜牌饰，满嵌绿松石，构成绚丽的兽面纹；另一件圆形铜牌饰有绿松石嵌出的许多十字纹，排成同心圆圈。这种罕见的图案，美轮美奂，有很高的艺术价值，见于上海博物馆珍藏的一件铜钺上。

青铜器的镶嵌材料就目前所知，主要有红铜、绿松石、玉、金、银、铁等。镶嵌工艺是在铸好的铜器表面上镶嵌其他物质材料做成的丝或片，再用蜡石在铜器表面磨错平整，构成纹饰和图案。

绿松石

关于镶嵌工艺的制作方法，1973 年，中国国家博物馆研究员、著名文物专家史树青先生，在《文物》上发表了一篇名为《中国古代的金错工艺》的文章，主要就是谈这种方法。其制作分四个步骤。第一步是作母范预刻凹槽，以便器铸成后，在凹槽内嵌金银。第二步是錾槽。铜器铸成后，凹槽还需要加工錾凿，精细的纹饰，需在器表用墨笔绘成纹样，然后根据纹样，錾刻浅槽，这在古代叫刻镂，也叫“镂金”。第三步是镶嵌。镶嵌金丝或金片时，金丝、金片都要用火适当加温，金丝需截作点线，然后捶打，使之嵌入浅槽。第四步是磨错。金丝或金片等镶嵌完毕，铜器的表面并不平整，必须用错（厝）石磨错，使金丝或金片与铜器表面自然平滑，达到严丝合缝的地步。

镶嵌艺术，熠熠生辉，美轮美奂，生动地反映了古代先民的无穷智慧和创造力，他们善于利用青铜与其他材料强烈的颜色对比，使嵌入的材料构成的纹饰或文字反差明显，这样的衬托，主题鲜明，更使器物不仅具有实用价值，而且颇具审美艺术意趣，蕴藏着深刻的民俗学寓意。例如河北中山王墓出土的圆雕虎噬鹿器座，河北满城汉墓出土的博山炉、鸟篆文壶等。

战国嵌金错松石鸟耳壶

1. 嵌玉。故宫博物院珍藏的一件商后期的玉刃矛，长 18.4 厘米、宽 4.9 厘米。这是在青铜骹上镶入玉质锋刃。骹饰兽面纹、蕉叶纹，两侧有环钮。云南省博物馆珍藏着许多汉代铜扣饰，有圆形的和方形的，有面平的或凹弧形的，而最令人惊叹的，是在扣饰的面上嵌有数十粒纸一般薄的圆形玉片，且玉片中心加工有针孔。

商玉刃矛

2. 嵌绿松石。中国社会科学院考古研究所洛阳工作队珍藏的嵌绿松石兽面纹铜牌饰，于 1981 年在河南偃师二里头出土，长 14.2 厘米，宽 9.8 厘米。牌饰略呈长圆形，面凸起，两侧有两组穿钮，用于固定在织物上，牌上用绿松石镶嵌成兽面纹图案。国家博物馆珍藏的商代后期嵌绿松石虎形铜饰于 1976 年在河南安阳小屯出土，长 12.8 厘米，高 7 厘米。该铜饰作虎形，有前肢及尾，没有躯体和后肢。头部前端有大圆孔，内存朽木，说明它是木器上的饰件。虎鼻、眉均以绿松石镶成，通体亦嵌绿松石。此外，国家博物馆珍藏的商代后期的嵌绿松石曲内铜戈、嵌绿松石玉援铜戈、嵌绿松石兽面纹铜方罍、战国中晚期嵌绿松石铜方壶，南京博物院珍藏的战国嵌绿松石铜卧鹿，河南省博物馆珍藏的战国嵌绿松石云纹铜方豆，湖北省博物馆珍藏的战国嵌绿松石龙纹铜豆，云南省博物馆珍藏的西汉嵌绿松石舞人铜扣饰、嵌绿松石云纹铜扣饰等，都是青铜镶嵌绿松石的杰作。

3. 嵌错红铜。河南省文物研究所珍藏的春秋晚期嵌红铜龙纹方豆，于 1978 年在河南固始侯古堆出土。通高 30.5 厘米，口长 7.3 厘米；盖顶四隅各有一环钮，两侧有环耳。器两侧也有环耳，与盖耳上下相应。通体镶嵌红铜龙纹，光泽无锈，鲜艳美丽。又如，国家博物馆珍藏的战国早期的嵌红铜狩猎纹壶，1959 年在河北唐山贾各庄出土。通高 35.2 厘米，口径 10.9 厘米；带盖，盖中一钮贯环。器颈两侧有环耳，鼓腹，低圈足。颈饰蕉叶状云纹，腹饰嵌红铜狩猎纹，加以络绳纹。这样别具一格的装饰，非常生动。此外，河南省文物研究所珍藏的春秋中期嵌红铜龙纹咖，安徽省博物馆珍藏的春秋晚期嵌红铜龙纹敦，上海博物馆珍藏的战国早期嵌红铜狩猎纹豆，洛阳文物工作队珍藏战国晚期的嵌红铜繁阳之金剑等，都是古代青铜嵌错红铜的珍宝。

战国错金豆

4. 嵌错金银。故宫博物院珍藏的错金银铜虎子，高 13.6 厘米，长 22.6 厘米，通体错金银，提梁饰几何形云纹，流口下为三角纹及几何形云纹，腹上下均饰盘曲的云气纹，近底处为三角形纹。辽宁省博物馆珍藏的战国晚期嵌错金银鱼鼎铜匕，相传于19世纪20年代在山西出土，残长18.87厘米，匕前端圆，柄首残断。通体装饰错金铭文，正反共存36字。此外，南京博物院珍藏的东汉错银铜牛灯，河北省文物研究所珍藏的战国晚期错金银虎噬鹿器座、错金银犀牛器座、错金银有翼神兽，洛阳市文物工作队珍藏的战国中晚期错金银有流铜鼎、洛阳博物馆珍藏的战国中晚期错金银承弓铜器，河南省博物馆珍藏的战国中晚期错金嵌绿松石铜带钩、错金蟠虺纹铜罍、错金龙耳铜方鉴，山东省博物馆珍藏的战国中晚期错金三钮镜，湖北省博物馆珍藏的战国错金银云纹樽，国家博物馆珍藏的战国中晚期错银卧铜牛、错金鄂君启节等，都是青铜错金银的艺术珍品。

战国金银错犀牛

"金银涂章"

青铜鎏金工艺，古代金属工艺装饰技法之一，在战国时期开始萌芽，西汉时期十分流行。古代称"金涂"或"黄涂"。

鎏金是将金箔和水银按比例在一定的温度下，合成泥膏状的金汞合剂——金泥，涂在铜器表面，然后加热使水银蒸发，金就附着在器表上了，再经过清洗压光等工序，一件光彩夺目的青铜鎏金器就诞生了。

金箔

关于金汞齐的记载，最初见于东汉炼丹家魏伯阳的《周易参同契》。而关于鎏金技术的记载，最早见于梁代。《本草纲目·水银条》引梁代陶弘景的话说，水银"能消化金银使成泥，人以镀物是也"。这个记载比鎏金器物的出现晚了约八个世纪。

中国古代鎏金的方法大体可为五个步骤。

仿“金棍”：预备一根铜棍，将前端打扁，略翘起，沾上水银，晾干即成“金棍”。

煞金：即溶解黄金，用水银溶解。待金溶解后，倒入冷水盆中，使之成为稠泥状，叫做“金泥”。

抹金：即在器物上涂抹金泥。

开金：将烧红的无烟木炭放在变形的铁丝笼中，用金属棍挑着，围着抹金的地方烤，以蒸发金泥中的水银，使黄金紧贴器物表面。

压光：用玛瑙或硬度达到 7 ~ 8 度的玉石做成的压子在镀金面反复磨压，把镀金压平，用以加固和光亮。

河南辉县固围村战国一号墓祭祀坑出土的一件璜，用七块玉石和两枚鎏金的铜兽制成，是已发现的最早的鎏金器物。

西汉鎏金彩绘酒镈

1972 年，河北邯郸出土了一件东汉鎏金铜酒樽的承盘，上面有刻铭“建武廿三年，蜀郡西工造乘舆大爵酒尊。下者室铜工堂、金银涂章文工循、造工业、护工卒恽、长汜、令丞泛、掾曾、令史湆主”。所记“金银涂章文工”就是负责鎏金银的工人。由此可知，错是嵌金而磨错之，涂是把金泥涂在铜器上。金泥涂于铜器上，用无烟炭火温烤，使水银蒸发，金泥固于器上，这就是古代的鎏金。

至今，两汉鎏金铜器保存下来的很多，如著名的“长信宫灯”（河北满城窦绾墓出土）、“舞人扣饰”（云南出土）、“鎏金马”（陕西茂陵出土）、“兽形盒砚”（江苏徐州出土）、“鎏金鍪”（贵州赫章可乐出土），通体鎏金，流金溢彩，光彩夺目，这些青铜杰作，有着极高的艺术价值。可见汉代青铜鎏金技术已经炉火纯青。

鎏金青铜器外表光灿灿的，颇显富贵华丽，格外耀眼，此外，鎏金

西汉献俘鎏金扣饰

对铜器又起保护作用，故而历史上遗存下来的鎏金铜器都保存完好。

从上述的鎏金工艺看，其制作工序相当复杂，且用料又极其贵重，这种异常华贵的奢侈生活用品，当然不是普通百姓用得起的。从考古发掘中也可了解到，这些鎏金铜器是汉代皇宫及贵族的用品，是身份与地位的标志。

“五色杂而炫耀”

中国古代漆绘青铜器是丰富的青铜文化的积淀，它与错金银、鎏金青铜器交相辉映，演绎着古代青铜文化装饰艺术绚丽斑斓的不朽诗篇，它虽然外表装饰不及鎏金鎏银铜器那么富丽娇妖，但也格外华美，绚丽夺目，是青铜装饰艺术的又一派新气象，是夸耀于世的杰出成就。

虽然，古代漆绘青铜器考古实物资料比较匮乏、零星，但是，我们仍能从仅存的考古实物资料及文献资料中看到，古代漆绘青铜器的出土地点，北起内蒙古地区，西到西安，南到广西、广东、云南、湖北、湖南，其中以湖北、湖南、陕西出土最多，而战国时期漆绘铜镜数量最多亦最为发达。

出土的古代漆绘青铜器主要有食用器、酒器、水器、兵器、车马器及镜、灯、扣饰、造像等。

据考古实物资料显示，各博物馆收藏的漆绘青铜器，商、周、春秋、战国、秦、汉、唐代皆有，其年代序列整齐划一，贯穿于古代青铜

全国各地博物院、馆珍藏部分漆绘青铜器一览表

序号	名称	收藏单位	数量
1	商代漆绘铜立人像	广汉三星堆博物馆	1件
2	商代漆绘铜钺	广汉三星堆博物馆	1件
3	西周漆绘王后用之宝鼎	保利艺术博物馆	1件
4	春秋跽坐人漆绘铜灯	河南博物院	1件
5	战国镶嵌漆绘云纹铜壶	宝鸡市博物馆	1件
6	战国银首人形漆绘铜灯	河北省文物研究所	1件
7	战国漆绘曾侯提链铜壶	湖北随县博物馆	1件
8	战国漆绘钟簴铜人	湖北省博物馆	1件
9	战国漆绘人擎铜灯	湖北省博物馆	1件
10	战国漆绘几何纹铜镜	湖北省博物馆	1件
11	战国漆绘蟠螭纹铜镜	湖北省博物馆	1件
12	战国漆绘柿蒂纹铜镜	湖北省博物馆	1件
13	战国漆绘云雷纹铜镜	湖北省博物馆	1件
14	战国漆绘四叶纹铜镜	湖北省博物馆	1件
15	战国漆绘神兽纹扁壶	上海博物馆	1件
16	战国漆绘云雷纹三足鼎	上海博物馆	1件
17	战国漆绘饕餮纹三足簋	上海博物馆	1件
18	战国漆绘铜镜	湖南省博物馆	3件
19	战国漆绘凤纹镜	内蒙古呼和浩特市博物馆	1件
20	战国髹漆狩猎纹壶	台北故宫博物院	1件
21	战国漆绘套环兽耳铜	河南省博物院	1件
22	战国漆绘龙凤纹镜	河南信阳博物馆	3件
23	战国漆绘四禽纹铜镜	河南省博物院	1件
24	战国漆绘青铜	故宫博物院	1件
25	秦代漆绘铜车马	秦始皇兵马俑博物馆	1件
26	西汉漆绘雁鱼铜灯	山西平朔考古队	1件
27	西汉漆绘鎏金铜酒樽	山西博物院	1件
28	西汉漆绘人物车马铜镜	陕西历史博物馆	1件
29	西汉连弧纹漆绘铜镜	陕西省西安文管所	1件
30	西汉漆绘群猴铜扣饰	云南省博物馆	1件
31	西汉漆绘人物画像铜镜	广州西汉南越王博物馆	3件
32	西汉漆绘竹节铜筒	广西壮族自治区博物馆	1件
33	西汉漆绘铜盆	广西壮族自治区博物馆	1件
34	唐代漆绘羽人飞凤花鸟纹金银平脱铜镜	国家博物馆	1件
35	唐代漆绘云龙纹嵌螺钿铜镜	国家博物馆	1件

器所划分的时代之始终。商代，中国的漆器生产及漆绘艺术已十分发达，然而，从商、周、春秋出土的青铜器上看，漆绘青铜器出土的数量极其有限，屈指可数；相反，战国的漆绘青铜器出土的数量、类别、品种却颇多，这是因为，就我国漆工艺的发展而言，历史上第一次的突飞猛进及繁荣，正好出现于战国时期，且经久不衰，一直延续至汉代，乃至唐代。由此可见，战国和西汉的确是古代漆工艺史上的巅峰时代，并且，战国漆器产量之多、品种之多、制作之精、分布之广，都远远超过了前代，这是社会进步、经济发展的必然结果。

战国镶嵌云纹壶

漆绘青铜器的制造方法主要分为四个步骤。

第一，铸造铜器。首先由金工做好模子、翻范，然后用合范法（陶范法、石范法、失蜡法）或分铸法、拍印法来铸造铜器。

第二，调制各种色漆，深色漆直接在漆液中加进颜料即可制成。如丹漆，就是在漆液中加进丹砂制成朱色漆，但是，浅色、淡色必须用油。因为漆树上采割的漆是乳白色的，接触空气后，逐渐变为紫红色，最终变为光亮的黑色漆膜，所谓“白似雪，红似血，黑似铁”。

战国漆绘钟簴铜人

第三，在铜器上作画。在铸造好的铜器上，由漆工在画工绘好的纹样上髹漆其表即可。作画的工具是毛笔，漆画之笔，须用富有弹力的毛笔在铜器上作画，这是因为漆液黏稠，不易展开之故。

第四，风干。将画好的铜器，放进特制的阴室中，让其自然风干即成。

古代青铜器是礼的体现，是尊贵身份的象征。青铜器虽然能铸造出各种精致美

漆树

丽的纹饰，但是，它只能以线型的凹凸、明暗及宽窄作为其表现的手段，颜色暗淡、单一。然而，我国古代的先民爱美、尚美，故用各种艺术形式体现美。而用漆彩给青铜器绘画、装饰打扮，亦是其思想意识和审美艺术升华的体现，也是贵族的一种威势及炫耀的写照，更是当时社会的一种时尚。因而，那些漆绘的青铜器，无论从设计还是纹样上看皆已相当考究，并且，集五光十色、美轮美奂、雍容华贵于一身。无疑地，漆绘青铜器蕴藏着无比深厚的民族文化艺术及诗情画意，它能带给人以无限美好的享受，亦带给人以视觉上的美感及震撼。至战国时期，其装饰艺术已至登峰造极的地步。

漆绘青铜器的装饰纹饰主要有人物、羽人、云龙、飞凤、猴、虎、蛇、鹿、象、云纹、花鸟虫鱼、云气纹、垂叶纹、涡纹、弦纹、勾连纹、蟠螭纹、螭龙纹、连弧纹等纹。

从漆色看，主要有黑、朱、黄、绿、褐、紫、金色。

从内容题材上看，主要有神话故事、车马人物、宴乐、狩猎、云龙、飞凤、群猴、花鸟等。

从装饰方法上看，主要有一色漆、罩漆、彩绘、描金、堆漆、填漆、螺钿等。

由于博采兼施，一些漆绘青铜器之纹样图案与漆色完美地结合在一起，别开生面，独树一帜，成为青铜文化的一颗明珠。它们既是当时贵族思想意识的反映，亦是古代先民漆绘艺术、装饰艺术水平的体现。

西汉漆绘盆

古代漆绘青铜器不仅五光十色，美轮美奂，并且，它能带给人一种美及尊贵之享受。此外，从漆的特性中我们知道，漆，具有抗腐蚀、耐酸、经久不变的性能，更为重要的是，漆能够防止青铜器被氧化和腐蚀，从而长久保存，漆绘青铜器即便是在埋藏了三千年以后，许多铜器表面漆绘涂层仍然色泽犹新。所以，古代漆绘青铜器是装饰艺术和实用价值的绝妙的结合。漆器的运用及生产是与其社会背景、经济条件发展分不开的，是生产力不断发展，社会不断进步、科技水平不断提高、审美能力不断增强的结果。

唐漆绘云龙纹嵌螺钿铜镜

从中国古代漆文化到青铜文化，漆绘青铜器与鎏金鎏银及镶嵌青铜器交相辉映，演绎着青铜文化装饰艺术不朽之篇章，是青铜文化装饰艺术的又一发展高峰，是历史上形成的丰富的文化积淀，是古代青铜文化与漆文化相互结合的产物，其有着极高的历史、艺术、科技、文物、审美、民俗、实用和学术价值。

三维空间的塑像

商周时期，我们的祖先创造了许多精美的雕塑艺术作品。并且，浮雕、透雕、圆雕艺术以装饰形式在器物上获得突出的成就。

商周青铜器上的浮雕装饰纹样，“以怪异形象的雄健线条，深沉凸现出的铸造刻饰，恰到好处地体现了一种无限的、原始的，还不能用概念语言来表达的原始宗教感情、观念和理想”。（李泽厚语）

兽面纹，是中国古代青铜器上最有特色的一种浮雕装饰样式。它以鼻为中心，向两侧展开，形象十分地图案化，雕塑技法的运用使之在器表的平面上表现出一种浑厚、凝重的立体效果。中国古代浮雕艺术的繁荣，集中体现在商周时期铸造的青铜器中。商周时期为数众多的青铜器纹饰装饰，是中国特有的浮雕艺术样式。它把叙事性和表现性统一起来，

兽面纹

以生动的情节和传神的塑造，对当时的社会理念、风俗、生产生活场面等予以形象的描绘。它的造型手法具有写实性，但其构图和空间处理却采用中国绘画的散点透视方法，因此在把握对象方面显示出一种高度的自由。青铜器纹饰中最常用的手法和表现形式是平面浅浮雕，其一般做法是在印模压印出的凸起却细腻平整的画面上再加刻阴线，勾勒出图像的细部，穿插其中的面和线使造型形象丰富而生动。对中国浮雕艺术而言，作为造型语言的“线”的大量运用，具有民族气质和富有审美表现力的特点。

商周、春秋、战国青铜器上的透雕装饰纹样，通过透雕的艺术创作手法，使得青铜器物剔透玲珑，典雅瑰丽。如商代的透雕兽面纹觚（广西柳州市博物馆珍藏）和战国重金络壶（南京博物院珍藏），运用透雕艺术手法，表现出精巧入微、玲珑剔透的艺术效果，使作品产生音乐般的韵律和感染力，成为盈盈珍品。

商象尊

商周的青铜器圆雕装饰题材，写实、生动、逼真，颇富立体感，造型简练、概括，显示了独有的风采，给人以强烈的艺术感受。如商代牺尊（上海博物馆珍藏）、西周牛尊（陕西历史博物馆珍藏），整体造型十分简练，手法夸张，憨态十足。又如安阳妇好墓出土的鸮尊，站立的鸮鸟圆目大睁，坚实有力；湖南醴陵出土的象尊，在基本写实的基础上又有夸张变形的因素，艺术效果独特；四川广汉三星堆出土的站立人物，神态肃穆。

还有集浮雕、圆雕、透雕于一体的表现形式，如湖南宁乡出土的四羊方尊，体态巨大，四角各铸一卷角羊头，造型端庄；河北平山中山国都遗址出土的人物座三连灯，以人物造型为灯具的主体结构，神态自然。

"马踏飞燕"——东汉铜奔马

从整体风格上看，商代青铜器雕塑比较端庄，沉重，伟岸；西周前期、中期的作品比较华丽，装饰繁缛，形象怪异，有一种神秘的色彩笼罩其上；而西周晚期则比较写实，不再咄咄逼人，装饰上也相对简洁了一些。

战国五牛枕

除商周青铜器外，春秋战国的青铜器，也呈现出线性表现的重要特征。在这里，线比立体块面具有更大的灵动性和流动感，通过雕刻线条的运用，浮雕和圆雕结合一体，带给人以巨大的力量感、运动感和扩张感。如内蒙古鄂尔多斯兵器握上装饰的各种动物圆雕和云南滇文化兵器握上装饰的人物及动物圆雕都是这种艺术形式的代表。

商周、春秋、战国的青铜艺术，突出地反映了中国浮雕艺术的基本面貌。尽管它在内容方面没有明显的变化，但其雕刻技法或手法却变化较多，或剔地平雕阴刻，或剔地浮雕阳线，十分注重线型的凹凸处理，体现了中国人特有的审美观和聪慧才智。

魅力纹饰

青铜器纹饰的产生是中国古代先民勤劳、智慧、审美意识的结晶，是体现人们美好心愿的依托物，是与大自然抗争、共存、达到“天人合一”朴素心愿的具体表现，他们用高超的铸造技艺，为世人留下了青铜文明的艺术瑰宝。

1. 夏代青铜器纹饰。青铜器纹饰是青铜艺术中的重要组成部分，常饰在器物的腹、颈、圈足或盖上。中国古代青铜器上的纹饰，始于夏代二里头文化期，二里头文化的青铜器一般没有纹饰，但有些爵的杯体正面有一排或两排圆钉状纹饰，一些器物上也出现了简朴的云纹、弦纹和网纹。除此以外，值得重视的就是镶嵌绿松石的牌饰了，牌上的兽面纹除两眼之外，其他部分都是抽象而不写实的。它也是目前已知的青铜器上最早的兽面纹。如 1975 年在二里头遗址发现的镶嵌圆铜器，直径 17 厘米，厚 0.5 厘米，器物的边缘镶嵌 61 块呈长方形的绿松石；再如 1981 年在二里头一座墓葬中发现的长圆形兽面纹铜牌饰，牌饰凸起的一面以绿松石粘嵌成异常精致的兽面纹图案。这两件器物是目前在中国所见到的最早的镶嵌铜器，其熟练程度已经脱离了该种类技术的最初阶段，从中可以看出夏代的青铜铸造技术与装饰艺术有了较大的突破。

2. 商代青铜器纹饰。商代的青铜器纹饰最为发达，尤其到了商代晚期，青铜器纹饰的式样和种类极为丰富，器物纹饰丰富多彩、繁缛富丽，大体可分两大类。一类是变形动物纹的改进，原来粗犷的线条变得细而密集。第二类是用繁密的雷纹和排列整齐的羽状纹构成的兽面纹。

商代青铜器纹饰以兽面纹和夔纹为主，还有鸟纹、象纹、蚕纹、蝉纹等。兽面纹饰只是纹样结构规格化的形式，所表现的物象很多。此时的装饰特点是集群式，多种物象或作为主纹或作为附饰布满器身，甚至视线所不及的器物底部也有装饰，有时一件器物上有多达十几种动物纹。就表现手法而言，商代中期纹饰的形体基本上还有象征性，除了炯炯有神的双目外，其余部分即使是较精细的图像，也是主干底纹不分、轮廓不清。商代晚期动物形象比较具体，有的甚至还带有写实感，纹饰主干和底纹明显地区分开来。底纹通常是繁密的细雷纹，与主纹形成了强烈的对比。纹饰的主体往往采用浮雕，同时采用平雕和圆雕相结合的手法，层次更加细腻丰富。

兽面纹（饕餮纹）

3．西周时期青铜器纹饰。西周早期的青铜器纹饰，绝大多数是商晚期的式样。兽面纹没有什么变化，但角型中多内卷角、牛角，也有少数其他的角型。有一种长垂角的兽面纹，为晚商所未见。周初具有时代特征的纹饰是蜗体或卷体有触角的兽纹，武王时代的天亡簋、泾阳高家堡周初墓出土的一组青铜礼器都有这种奇异的纹饰。

西周中期的青铜器纹饰与早期的相比变化很大，兽面纹逐渐衰退。班簋上的主纹兽面纹已经开始简单化，但基本上仍然属于西周早期的式样。卫簋、日己方彝、蔡姬尊等所饰是有些变形的大卷角兽面纹，这类纹饰多不施雷纹底。兽面纹进一步变形为更简略的对称构图。这时的目纹已蜕化，变得可有可无了。这样的变形是在同一时期内出现的，最后一种变形兽面纹在此后流行最广。凤纹是西周中期具有特征性的纹饰，虽然西周早期已经有一定数量的凤纹，但在穆王时代达到了高峰。效卣、丰卣、静簋、孟簋等许多重要青铜器，都饰有当时最为流行的大凤纹，有长而华丽的冠或分冠，喙大部分作蜷曲形态。长尾鸟纹也是西周中期鸟纹中使用较多的一类，鸟尾的长度常为鸟体的 2 ～ 3 倍，而且它延长的部分多与鸟体分离。一些簋类器皿常用这种分尾的长尾鸟纹作为主题，而且线条粗犷简单，很有力度。

西周晚期的纹饰构图简洁而又疏朗，刻画粗壮而有力，种类上较中

蝉纹

期有些减少，但从艺术欣赏价值来说已经远超过商末周初。最常见的是波曲纹、横行“S”和“C”形的变形兽纹、鳞纹。有些重器素面不施加纹饰，但是器物的突出部分仍保持装饰的具体形象，如簋耳、匜鋬之类，这主要是因为主体的形象很难变形和做得抽象。这一时期的雷纹蜕化，鸟纹销声匿迹，立体动物附饰也不怎么发达。此外还有弦纹、双头夔纹和蟠蛇纹等。龙体交叠的纹饰也就出现在个别器物上，如交龙纹的颂鼎等。

4．春秋时期青铜器纹饰。春秋早期的纹饰与西周晚期的较为相似，但是也存在微小的变化，即出现了龙体相交缠的纹饰。春秋早期交龙纹与其他纹饰一样都显得粗糙稀疏，可能是春秋早期中较晚的新式样。

凤纹

春秋中期的青铜器纹饰也存在着新旧交替的情形。“∽”形与“U”形的变形动物纹、波曲纹等继续流行使用，但是已逐渐改变了粗犷的风格，显得愈益规矩和精丽。在上述纹饰的基础上进一步发展为重叠的或相交的环形交龙纹结构，并且由早期抽象的，甚至首尾不辨的动物纹，重新恢复龙或兽的具体形象。首、角、目等各部分越来越清楚。但是，变形的动物纹并没有完全消失。本时期新出现了较为复杂和繁密的四方连续动物纹，如秦公簋、黄君孟等不少器物上都布有这类复杂交缠的纹饰。春秋中期的纹饰在结构上虽然有新的式样，但在技巧上还不是精工细作，因而仍然具有某种粗犷的风格。

春秋晚期是青铜器纹饰发展的又一个高峰，纹饰种类繁多，风格上总的来说倾向于追求精丽细密，以繁缛为美，而且具有极高的艺术水平和审美价值。春秋晚期流行的青铜器纹饰主要有蟠螭纹、蟠虺纹、羽纹（波浪纹）、贝纹、垂叶纹等，以前流行的饕餮纹依然被保留，但狞厉色彩已经消退而更富于装饰趣味。其中蟠螭纹、蟠虺纹这两种纹饰多由两条或数条螭龙纠结而成。

5. 战国时期青铜器纹饰。战国早期的纹饰仍然是交龙、卷龙或蟠龙等龙的世界。山彪镇1号墓的龙钮钟和随州擂鼓墩曾侯乙墓编钟上都是新颖而复杂的交龙图案。

到了战国中晚期，青铜器的纹饰发展有了十分明显的变化，除了战国早期的某些纹饰仍然流行使用外，出现了许多嵌金、银、铜、绿松石以及其他物质的几何变形图案，有云纹、菱纹、勾连纹、三角纹等。这种变形的几何纹排序规律，又富于变幻的绚丽效果，令人目眩。最典型的有中山王墓的虎噬鹿器座、龙凤方案座、嵌金银翼龙、嵌金银绿松石钫，还有记伐燕之功的陈璋壶等。此外，素面青铜器大量出现。大梁司寇鼎、梁十九年鼎、平安君鼎、楚王后六室鼎等，都是不施纹饰的素面器，至于中山王鼎、圆壶、方壶则利用器物的素面凿刻长篇铭文。对以大量纹饰为特色的中国青铜器来说，素面器的流行被视为纹饰衰退的表现，也是一种时代的印迹。

交龙纹

6. 秦汉时期青铜器纹饰。这时期的北方青铜器上的动物纹以浮雕和透雕为主，尤其以长方形透雕带饰最为典型。这一时期的动物纹构图复杂，设计奇巧，用不同的层次来表现动物各部位的特征以及富于变化的形态，刻画出各种不同的姿态，如伏卧、伫立、栖息、奔跑、惊吓、争夺猎物、相互打斗等，甚至面部、肌肉、毛发细部都能够清晰地看到。偶蹄类动物的蹄子，通常以柳叶形、三角形或圆点凹纹表示，猛兽及鸟类的脚爪以刻线纹或牛角状纹来表现。除此之外，有些饰牌上还用许多装饰图案相配合，常见的有柳叶形、圆点形及树枝状花纹。

7. 隋唐时期青铜器纹饰。从这一时期青铜器的实物资料来看，铜镜铸造业在此时得到高度发展，而且隋唐统治者对铸造铜镜都非常重视。

隋朝铜镜的镜面较大，壁较厚，最大的直径可达33厘米，造型均为圆形，大多为连珠纹和柿蒂纹。纹饰繁缛工整，图案多四方配置，讲求对称，并设置有界格，大致上可将其分为三类，即四兽纹、十二生肖纹及四神十二生肖纹。

唐代铜镜的外观厚实，表面大多呈银白色、黑褐色（俗称“黑漆古”），铜镜的边缘处多呈斜面内倾，并饰有花纹。

唐代初期，铜镜以瑞兽为主题纹饰，造型丰腴、活泼，最引人注目的当属海兽葡萄纹镜。它以高浮雕葡萄为主题，其间饰有海兽、雀鸟、蜂蝶和花草，纹饰华丽而繁缛。除此之外还有宝相花纹，那是一种将某些自然形态的花朵（主要是荷花）进行一系列艺术加工处理，从而变成一种装饰化的花朵纹样。唐代中期，铜镜的纹饰，格调新颖、题材广泛，主要流行鸟纹、蟠龙纹以及人物故事图案。唐代后期，铜镜的纹饰逐渐趋于简单、粗拙，失去了盛唐时期那种富丽堂皇的风格。

以下分别介绍各类纹饰。

1. 兽面纹。兽面纹旧称饕餮纹。兽面纹的特点是以鼻梁为中线，两侧作对称排列，上端第一道是角，角下有目，形象比较具体的兽面纹在目上还有眉，目的两侧有的有耳，多数兽面纹有曲张的爪，两侧有左右展开的体躯或兽尾，少数简略形式的没有兽的体部或尾部。所有兽面纹基本上是按这一模式塑造的，只是在表现方法和技巧上，随着时代的发展而有所不同。

2. 龙纹类。龙纹包括夔纹和夔龙纹，自宋代以来的著录中，在青铜器上凡是表现一足的、类似爬虫的物像都称之为夔。青铜器纹饰中，凡是形体蜿蜒的动物，都可归之于龙类。按图案的结构，龙纹可以分为爬行龙纹、卷体龙纹、交体龙纹、双体龙纹、两头龙纹等。

凤鸟纹

3. 凤鸟纹类。凤鸟纹包括凤纹和各种鸟类的图案，鸟纹比较形象写实，但是也有变形的鸟纹。凤纹除了华丽的冠外，它的体躯和尾部也有许多变化，凤的冠大致有多齿冠、长冠和花冠 3 种形式。

4. 各种动物纹。马、牛、羊、鸡、犬、豕六畜，还有野生动物象、鹿、犀、虎、兔、蛇、蝉、鱼、龟、蟾蜍和一些变形的动物如长鼻兽、蜗身兽等。

5. 各种兽体变形纹。兽体变形纹不具备某一些动物的整体形状，只有象征性的兽体残余的变形，是现实生活中不可能存在的动物。它们在青铜器上表现的形式有鸟兽合体纹、兽目交连纹、兽体变形纹、曲波纹、鳞纹、蕉叶纹、鱼翅纹等。

6. 火纹。旧称圆涡纹。火纹是太阳的标志，因此它是圆形的，中间略有突起。边缘有 4 至 8 道旋转的弧线，表示光焰的流动。

7. 几何纹。几何形纹是几何形的图案，组成有规律的纹饰，体现形式上的变化和结构上的美感。主要有连珠纹、弦纹、直条纹、横条纹、斜条纹、云雷纹、百乳雷纹、曲折雷纹、钩连雷纹、三角雷纹、菱形雷纹、网纹等。

8. 人物画像。人物画像是用写实的手法描绘出当时贵族的社会生活和勇猛作战的场面。主要有宴乐、弋射、采桑、狩猎和徒兵搏斗、攻城、水战等战争场面。

宴饮画像：在一个高台的中间，宾主飨饮酬酢，佣仆奉酒献豆，或有列鼎陈设，周围有鼓钟、击磬、击鼓、奏瑟和歌舞等场面。

弋射画像：有两种形式，一种是贵族们弯弓搭矢，射向布侯的情景，

战国水陆攻战纹

鳞纹

侯上或有中箭的；另一种是数人张弓向天，以矰矢射鸟，画像中矰矢皆系有线。

采桑画像：有几个妇女在桑树上采桑叶，树下有人相接。此为贵族妇女的一项农事活动。

狩猎画像：几个狩猎者手持弓箭或矛，追逐成群的牛、羊、鹿、犀、象等大小走兽，有的兽已中数箭，也有的作遁逃状。

徒兵搏斗画像：一列徒兵持戈互相格杀，以两人成对搏斗的形式排列。

攻城画像：以云梯攻城，上有礌石下掷，地下有尸体。

水战画像：在水上作战的场面，舟中有武装的士兵，舟下有鱼、龟等生物。

建筑画像：有大屋顶的楼台、帐包、城墙等建筑物的构件。

细若毫发

线刻纹饰，亦即细线刻纹，顾名思义，就是极细的，似鬃发或细如针尖錾子刻出的纹饰。细线刻纹最早见于春秋时期，而流行于汉代。如春秋时期酒器铜壶上的水战画像和狩猎画像等，就是用细线刻纹来装饰图案题材的。广西、云南、贵州出土的部分汉代青铜器集中地表现和传承了这种细线刻纹的装饰工艺，精细华丽，别开生面。

广西、云南、贵州汉代细线刻纹青铜器的发现，不仅拓展了人们对我国古代细线刻纹青铜器分布的认识，并且它细致生动的描绘方式折射出广西、云南、贵州汉代社会生活的内容、艺术画面以及生动活泼的审美情趣，是研究广西、云南、贵州汉代历史、社会形态和文化艺术创造的宝贵的实物资料。

广西出土的细线刻纹青铜器，图案构思新颖，设计巧妙，其纤细流畅的纹样，展现了形和线的完美结合，绚烂无比，给人以视觉上的震撼和深刻影响。迄今为止，据初步统计，总量已逾数百件，种类多，图案华丽，内容丰富，工艺极其精湛，具有极高的艺术、史料、学术以及审美价值。其多数出土于合浦、贵县、梧州、西林等地的墓葬，器型主要有：

1. 食用器：簋、瓯、案。

2. 酒器：壶、高足杯、樽。

3. 水器：洗、筒、盘。

4. 兵器：剑、矛、戈。

5. 杂项：灯、盒、仓、炉、魁、环、镇兽。

6. 其他：鸡、鸭、鸟等。

其中最负盛名的有广西壮族自治区博物馆、合浦县博物馆、柳州市博物馆、梧州市博物馆珍藏的西汉悬山顶干栏式铜仓（一级文物）、西汉羽纹铜凤灯（一级文物）、西汉动物群雕铜池塘、西汉磨锄铜俑、西汉柿蒂纹人形三足铜盘、西汉柿蒂纹兽形三足铜盘、西汉云海几何纹铜熏炉、西汉几何纹三足格盒、西汉龙首羽纹铜魁、东汉菱形纹高足铜杯、东汉猴形铜灯、东汉铜鸟、东汉铜鸭、东汉圈足三凤钮羽纹铜簋、东汉铜铺首、西汉铜狗、西汉铜牛、西汉山首形铜镇、东汉龙纹蹄形三足铜盘、东汉铺首衔环兽形三足铜樽、东汉双鱼纹铜洗、东汉龙虎纹铜瓯、东汉

东汉细线刻纹铜鸟

羽状菱形纹环钮铜盒、东汉鸟兽纹铜剑、东汉蟠螭纹铜剑、东汉铜象、东汉山兽铜镇、东汉龙首羽纹铜魁、东汉卧足铜盘等。

云南汉代出土的青铜器同样有细线刻纹的。就现有的文物资料看，毫无疑问地，云南是我国细线刻纹青铜器出土数量最大、种类最多、工艺水平也较高的省份。其器型包括：

1. 生产工具：锄、镰、铲、削、凿、卷刃器等。

2. 兵器：剑、矛、戈、臂甲、箭箙等。

3. 礼器：铜鼓、贮贝器。

4. 生活用具：铜锥、铜镇、铜盒、铜筒、铜铃、铜壶、铜俑。

这些精美的器物多数出土于大型贵族墓葬，平民墓葬中极其罕见。典型器物有云南省博物馆珍藏的西汉透雕三水鸟铜扣饰、西汉二人猎猪铜扣饰、西汉猎鹿铜扣饰、西汉铜立牛、西汉立牛豆形盖铜尊、西汉叠鼓形狩猎纹铜贮贝器、西汉锥形项七牛贮贝器、西汉饰孔雀衔蛇纹锥形铜簪、西汉铜箭箙等。据考古资料表明，云南晋宁、江川、官渡之汉代墓葬均有细线刻纹青铜器出土。通过研究、观察和对比，可见云南省出土的汉代细线刻纹青铜器器型很有本地域之特点，但是，其构图却单一、简约，没有繁缛富丽的图案；与之相比，广西的细线刻纹青铜器的造型、图案和冶铸却显示了自身的独到之处，亦精、亦美、亦繁缛、亦神秘、亦经典。

除广西、云南之外，贵州也曾出土过细线刻纹青铜器，但贵州出土的却为数不多。

广西青铜文化考古资料表明，早在春秋战国时期，滇黔桂地区各民族间就有往来和文化传播。汉代，滇黔桂地区的文化交往和联系已十分密切，并且，其相互间的文化影响深远。例如，贵县罗泊湾汉墓出土的滇式石寨山铜鼓；容县、浦北、西林出土的战国羊角钮铜钟以及战国靴形钺等就是其最好的佐证资料。因而，滇黔桂地区出土的青铜器物的形制和纹饰等方面都有着相似的艺术形式，即有着一定的共性。这是古代滇黔桂地区人口迁徙、贸易交往、文化传播、密切往来的结果。人类历史的发展表明，交往是人类文明发展的动力，是人类历史变革和社会进步的标尺。世界各民族或国家之间的交往，都有文化的相互影响，社会的进步和交往的发展都是一个无止境的连续的过程。事实上，由于滇黔桂地区自然地理、生态背景和地缘的相近，三地区在历史文化上的一致性以及在其他方面形成的共性是非常突出的。毋庸置疑，汉代细线刻纹青铜器是滇黔桂地区文化水乳交融之结晶。

西汉柿蒂细线刻纹人形足铜盘

众所周知，夏商周的出土青铜器已有用纹饰来装饰图案。一般来说，青铜器的纹饰都与原始宗教、图腾标记、神灵崇拜、驱神避邪、咒术、装饰作用有关。汉代，青铜器的社会功能已从商周时期祭祀用的礼器逐渐变成实用器具。所以，目前广西发现的汉代细线刻纹青铜器都是实用器具。仔细观察，不难发现，广西出土的细线刻纹青铜器之图案无不彰显着地方民族习俗之图腾崇拜之遗风。详细地考察古代民族的神话传说与遗留物品，任何民族，都可以发现图腾制的痕迹。盖图腾制即为原始人类从事狩猎、采集的生产关系上必然产生的体制，一切民族无不经过狩猎、采集经济生产的阶段，图腾制也应该为古代民族共同具有的普遍现象。当时的广西先民的图腾崇拜对象，以动物为最多，植物、自然物或自然现象如太阳、火、雷等间而有之。一般来说，各图腾民族都相信其种族为图腾所降生，如《诗·商颂》就有“天命玄鸟，降于生商”之说。因此，广西的先民喜爱在他们的用具、武器、屋宇上用牛、羊、狗、虎、狮、蛇、象、蛙、龙、鸟、枫树、太阳、原人像等图案来装饰。

细线刻纹分为三类，即深细线雕刻、浅细线雕刻、轮廓细线雕刻。广西细线刻纹青铜器采用了浅细线雕刻之技艺，论其技术，最为精巧。要雕刻时，先把设计构思好的图案用笔描在器表上，然后再用锋利的工具，如铜针錾子、铁针錾子、复合铜针錾子等在铜器器表上进行雕刻，錾刻惯用直线、曲线、螺旋形线、半圆、圆圈等，刻成各种纹样，完毕后，再以椴木炭蹭磨细腻。青铜器细线刻纹工艺属于一种二次加工的技术，它的装饰作用显然超过了其实用价值。广西汉代工匠精心镂刻的件件作品，不仅作为一种美的装饰，同时也是广西贵族夸富逞强的重要工具。

广西出土的汉代细线刻纹青铜器上的主要纹饰有：

1. 龙纹类。

2. 植物纹类。

3. 各种动物纹类及各种变形动物纹。

4. 几何纹类。

5. 人物画像。

6. 其他，如人面纹等。

我们今天所见的广西的许多汉代细线刻纹青铜器图案无论写实还是抽象，均内容丰富、线条流畅、圆熟、细腻、自然。细细地观赏，那些布局理想、精心设计、精心制作、针刻笔道纤细匀称、图案细如鬃发的细线刻纹青铜器，铸造和雕刻技巧精妙绝伦，深值得我们惊叹，有的甚至是我们今天也望尘莫及。这一件件无与伦比的美丽杰作，是广西先民智慧、才华、创造力的结晶，是中华民族的骄傲。

龙纹

象纹

人面纹

第八章

遗韵留痕

追寻青铜

一、新石器时代

人类社会进入文明时代的标志除了有城市的建立、文字的发明以外，另外一个重要的标志就是金属的冶炼。这也是人类社会发明起源的三大要素。如果说文字代表了人类智力文化发达的水平，城市意味着政治、经济和军事发展的程度，那么铜器的冶炼、铸造无疑象征着人类社会科学技术创新和发展的一个巨大飞跃。

西安半坡博物馆

金属的冶炼和使用以铜的冶炼和铸造为最早，这是世界金属冶炼史上的普遍规律，在中国也不例外。众多的文献记载和大量的考古发现资料表明，中国的青铜冶铸是相当早的。

各地出土的原始社会铜器主要分如下几类。

1. 仰韶文化铜制品。仰韶文化是黄河流域新石器时代较早的一种文化，公元前5000年到公元前3000年。仰韶文化主要分布于黄河中游地区，包括陕西的关中、山西南部和河南大部分地区。仰韶文化的居民已经过着定居的农业生活。1956年在陕西西安半坡和1973年在陕西临潼姜寨仰韶文化遗址内，各发现一个薄铜片，分别为长条形和圆形。通过对其成分测定，前者为含镍20%的白铜，后者为含锌25%的黄铜。依据^{14}C测年法，分别距今6000多年和5000多年。

马家窑彩陶鸭形壶

2. 马家窑文化、马厂文化的青铜制品。马家窑文化集中反映了甘肃、青海地区的原始文化，延续了仰韶文化的一支。1977年在甘肃马家窑、马厂遗址各出土了一件铜刀，前者完整，后者仅存刀体前半部。经过对铜刀合金成分测定，两件均为锡青铜，距今3000～2300年。这两件青铜刀是目前中国

甘肃武威皇娘娘台

发现的最早的青铜制品。

3. 齐家文化铜制品。公元前2000年左右，人们已经认识了金属的性质并运用锻造和铸造技术制作出了各种铜器。齐家文化中冶炼技术的普遍应用，为商、周时代的青铜文化奠定了基础。甘肃武威皇娘娘台、永靖大何庄、永靖秦魏家、广河齐家坪遗址和青海贵南尕马台遗址及墓葬出土的红铜和青铜制品主要是小型工具和装饰品，即细长棒形铜锥扁平刃的凿、凸背凹刃的长条形刀和斧。斧长13厘米，一端有长方孔，便于安柄。装饰品类则有由扁条铜片卷合而成的圆形指环和弓形小钮圆形铜镜。甘肃广河齐家坪出土的铜镜为素面，直径6厘米；青海贵南尕马台出土的一面铜镜直径为9厘米，背上有两个同心圆，同心圆面饰凸起的人字形弦纹和直线纹。经过科学测定，两面铜镜均为锡青铜所制，尕马台铜镜中锡的成分占10%。它们是迄今中国发现最早的铜镜。

制造工艺如此复杂的铜镜在史前的齐家文化时期已经产生并开始使用，表明我国齐家文化时期的冶炼技术尤其是冶铜技术已经相当成熟。

4. 龙山文化铜制品。龙山文化由大汶口文化发展而来。1955年，河北唐山大城遗址出土了两件大小相似的梯形铜片，含铜量99.33%、97.97%。1983年山西襄汾陶寺遗址龙山文化3296号墓内出土了1件铜铃，器表有丝麻织物痕迹，表明随葬时外面包

齐家文化遗址人骨

龙山文化陶寺村落遗址

裹有丝麻织品。器体横断面呈菱形，口部较大，顶部略小。高 2.65 厘米。顶端有一圆孔穿。该铃通过科学测定，铅占 97.86%，铜占 1.54%，锌占 0.16%。该墓经 ^{14}C 测年法测定为公元前 2085 年左右。该铃是目前中国发现的最早的金属乐器。它表明了中国原始社会后期铜器的制作水平已经达到了较高程度。

5. 龙山文化黄铜制品。1974 年，山东胶县三里河龙山文化遗址出土了含锌23%的黄铜质的铜锥。冶炼金属锌要比冶炼铜、铁、锡困难得多。

上述青铜制品的发现，展现了新石器时代青铜制品的发展状况及主要特征。

二、夏代

公元前 21 世纪，相传禹治水成功，奠定了夏族在中原文化区的中心地位，禹死后，其子启继承了王位，开创了王位世袭制的先河，建立了中国历史上第一个王朝——夏。夏自禹至桀，共传 16 王，13 代，统治时间约 500 年。

夏代是青铜时代的开始，这个时期的主要代表是河南偃师二里头出土的青铜器。二里头文化处于青铜时代初期，但青铜制品中不仅有工具、武器、装饰品，而且还有乐器和容器。从青铜的种类看，这时已较铜石并用时代极大地丰富了。

夏禹王像

工具主要有锛、凿、锥、刀、鱼钩等。铜锛仅二里头出土 1 件，扁平体，横剖面呈梯形，弧形刃，长 11.4 厘米，厚 0.5 厘米，刃宽 2.9 厘米。铜凿在二里头发现两件，夏县东下冯 1 件，均为一面刃，横剖面呈梯形和矩形。二里头凿长为 9.2 厘米、刃宽 0.6 厘米；东下冯的凿长 11.4 厘米。

兵器有铜镞、戈、戚。镞有双翼形、圆叶形和四棱形。戈有曲内和直内式两种。铜戚是钺的一种，窄长身，刃部略外侈，身中部凸起，内与身间有阑。

出土的容器重要的有铜爵、斝和鼎。爵的特征是形体单薄、束腰、平底，有的为细三尖锥状足，微向外弯曲，也有的为三棱柱形足。流与尾部较长，有的流与尾几乎在一条直线上；有的在靠近流折处有二短柱。宽形鋬，鋬与流几呈直角。

铜铃形体不大，圆形，素面，顶上铸一鼻，鼻上有一孔穿系。铃的一侧有半圆形的扉棱。此外，该时期的铜器绝少有铭文。从发现的铜爵的铸痕看，当时已能采用合范法了，尽管这时期出土的青铜器形体都较小，粗糙、单薄，数量不多，但它代表了新的生产力，在生产、生活以及战争中表现出的优点，远远超过石、木、蚌、骨器等，起到了划时代的作用。

总的来说，二里头遗址不仅出土工具、兵器、装饰品，而且还有乐器和容器。但是却没有发现农具，这说明其他质地的器具在生产、生活中仍占主导地位。可是无论如何，二里头青铜文化表明，夏代青铜铸造技术是当时的一项重要发明。

三、商代

夏朝末年，居于黄河下游的商族，其势力发展至黄河中游，渗入夏的统治地区。公元前16世纪，汤灭夏建立了商朝。商初是中国早期国家的一个重要发展阶段。大量的考古材料，特别是甲骨文的发现，为研究商代历史提供了宝贵的实物资料。在商代，国家机器不断强化，经济和文化取得了巨大的成就，活动地域的影响远远超过夏代，为中国古代文明的进一步发展奠定了基础，在世界古代文明史上占有重要位置。

商告宁鼎

商代，是中国的青铜时代，是青铜器趋于成熟、发展、鼎盛的阶段。当时铸造的大批精美的青铜器，是中国古代先民对人类社会和世界文明的杰出贡献。这也是中国古代铜器在世界艺术史上占有独特地位并引起普遍重视的原因之一。

商代的青铜铸造继承了二里头文化的传统，并在商代后期达到中国古代青铜文明的鼎盛时期。

商代前期，开始在器上铸图形、文字，但字数较少，大多是1～2个字，多为作器者先人的庙号。商代末年，出现40余字的长篇铭文，内容涉及当时的战事、王室与贵族的关系及王室祭祀。铭文字体象形意味较浓，大小参差，笔画分明。

云雷纹

商代后期，青铜器多以细密的云雷纹为底纹，主题则采用高浮雕形式表现，两者形成鲜明对比，而且有些浮雕还分成几个层次。器类大量增加，器形复杂多样，造型注重平衡、对称，并融入自觉而生动的艺术创作。

商代的青铜器装饰经历了由简单到复杂的发展过程，题材众多，其中兽面纹（饕餮纹）是装饰主题，肃穆神秘。

商代青铜的成分主要是铜与锡，铜与铅或铜与铅、锡的合成，一般称为锡青铜，铅青铜或锡铅青铜，为商文化的主要特征之一。铸造青铜器的模具有陶范、石范和金属范类。铸造一件青铜器需要经过塑模、翻范、烘烤、浇注等一整套工序。

商代青铜器的表面除了有装饰纹样外，还出现了镶嵌玉或绿松石的“铜镶玉”技术，在商代，这种技术主要用在兵器和小件装饰品上。商代铜器的发现和著录始于北宋时期，《考古图》中著录的青铜器，就是安阳殷墟出土的，从1928年发掘安阳殷墟开始，才有了经过科学发掘出土的商代青铜器，可以确认属于商代，从而成为研究商代铜器的基础。中华人民共和国成立后，随着商代早期、中期遗址的发现，又得到了一

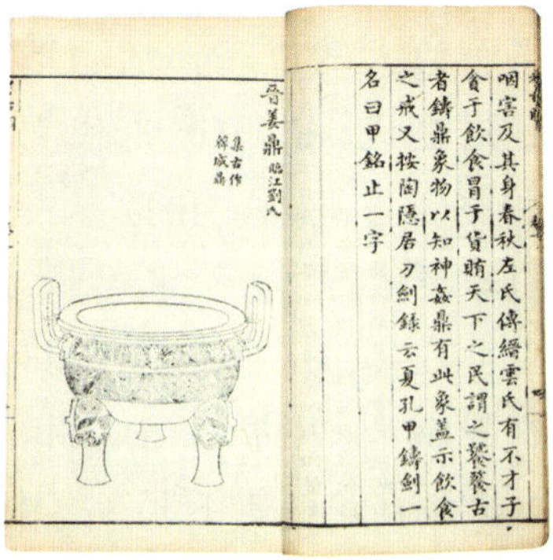
《考古图》书影

批商代早期和中期的铜器，建立起商代青铜器的发展序列。

现在已发现的商代铜器分布范围，包括北自内蒙古、南至湖南、东起山东、西到陕西的广大地区。其中以河南发现最多，也最重要。

一般来说，商代铜器可以分为早、中、晚3期。

商嵌绿松石兽面纹方罍

早期以二里冈遗址所出铜器为代表，这一时期的铜器发现数量较少，食器有鼎、鬲、甗、簋；酒器有爵、斝、觚、尊、罍、盉、卣；水器有盘、盂；兵器与工具有戈、刀、镞、矛、钺、戟、斧、锛、凿、鱼钩等。铜礼器仅一两件，胎质很薄，铸造较粗糙，但是青铜器铸造已有花纹和铭纹。有的铜牌饰以绿松石镶嵌纹饰，显示出较高的技术水平。

纹饰题材主要有兽面纹、乳钉纹、弦纹、浮雕牛首纹；容器形制主要是斗形、方形。这时各器物有一定的组合形式。器形特征表明商代早期铜礼器只发现爵和斝两种，爵多为束腰、平底、三足短小，无柱，一般也无花纹。

中期以郑州商代遗址和黄陂盘龙城遗址所出铜器为代表，其年代大致相当于仲丁至盘庚迁殷以前。中期的铜器发现较多，礼器的种类增加了，主要有食器鼎、甗、簋、盂、三联甗；酒器方彝、觚、尊、爵、方罍、壶、瓿、兕觥、斝、盉、觯、卣；水器盘；乐器铙。

商代中期铜礼器数量有很大增长，酒器以觚、爵、斝为核心，爵的形状与早期有所不同，没有明显的束腰，三足也较长。食器中鼎有几种形式，郑州发现的方鼎为方斗形，与后来的长方形的方鼎不同，颇具特色。中期的铜礼器普遍有带状的纹饰，大都是单线条的兽面纹，或在上下夹以圆圈纹等。另外，还有乳丁纹、圆涡纹、夔纹、鱼纹、龟纹、虎纹、蛇纹、弦纹等。综合来看，其花纹线条简单粗疏，圆转流畅。器上除有平雕装饰外，开始出现了浮雕，为商后期青铜器物的装饰继续创新奠定了基础。

此期的铜礼器胎体一般仍较薄，花纹也简单，只有单线条和花纹带，但是已经能够铸造出像郑州发现的 1 米的鼎那样的大型器物，表现出相当高的铸造技术水平。

商龙纹觥

晚期以安阳殷墟所出铜器为代表，年代从盘庚迁殷至商末。这是商代铜器发展的极盛时期，发现的铜器很多，年代也较可靠。因此晚期还可划分为三期。殷墟第一期的铜器和郑州商代中期铜器比较接近，第三期的铜器和西周早期铜器很相似。但第二期的铜器最具特点，如妇好墓所出铜器即为代表，这个时期铜器有很多新的器类，器形也有明显的变化。铜礼器一般都较厚重，花纹也较繁复，不但有主纹，还有衬托花纹，甚至在主纹上再填以花纹，形成三层花，并开始出现铭文。

商代铜器按用途大致可以分为礼器、食器、兵器、工具、车马器等，其中最重要的是礼器。礼器又可以分为食器、酒器、水器等。食器有鼎、甗、簋、盂、三联甗等；酒器有觚、爵、觯、斝、尊、卣、壶、兕觥、罍、盉、方彝、缶；水器有盘；乐器有铙。纹饰流行兽面纹、夔纹、弦纹、叶脉纹、乳钉纹、鸟纹、蚕纹、蝉纹、象纹、鱼纹、龟纹、龙纹、云雷纹、涡纹、圈带纹、人面纹。

商晚期青铜礼器出现了许多新的器形，妇好墓出土的三连甗、偶方彝都是以前所未见的，这个时期还盛行以鸟兽形象铸成铜器，如妇好墓的鸮尊、湖南的四羊尊、虎食人形卣等，石楼出土的铜觥也是极罕见的器形。晚期铜礼器中酒器仍占绝大多数，最主要的是觚和爵。爵的形状有较大的变化，多为圜底、高柱、三棱形足，很少再有平底的。晚期的铜器一般都较厚重，最著名的是安阳西北冈出土的后母戊鼎，重达 875 千克。铜器花纹趋于繁缛，普遍以雷纹为地纹，主体花纹及式样除饕餮纹外，还有夔纹、龙纹、蝉纹、鸟纹、蚕纹、龟纹及各种几何形纹饰，花纹往往布满全器，很多铜器的器身还有凸起的扉棱和牺首等装饰。乐器有铙和鼓。铙是三件一组大小递减的乐器，湖南出土的大铙不见于中原地区，可能是南方特有的。鼓发现较少，鼓面上有鼍皮纹，表明是仿照木铸造的，兵器有钺、戈、矛、刀、镞、盔和方形器等。戈的数量最多，形式上也有不少变化，有直内戈、曲内戈和銎内戈几种，晚期还出现有胡、有穿的戈。大型的钺往往出于较大的墓中，是权力的象征。刀的式样也较多，有凹刃直背的，也有弧刃凸背的，柄首有环形的，也有兽头形的。工具有斧、锛、凿、铲、锥等。车马器有车、辖套、踵、轭、镳等。在妇好墓中还发现 4 面铜镜，镜为圆形，背面有半环形钮，这是目前发现的年代较早的镜子，此外，城固铜器群中的铜面具和牛头形面具，也都很有特点。晚期还有铜镶玉的技术。

商妇好三联甗

商代早期和中期的铜器上已见有铭文。较早的铭文只有很少几个字，大都是族徽图像、人名或父祖名，如妇好墓出土的铜器。商代末年始有较长的铭文，最长有 30 ～ 40 字的，内容大抵是因受赏而为父辈作器。安阳后冈祭祀坑出土的戍嗣子鼎有铭文 30 字，是科学发掘所获商代铜器中铭文最长者。

总之，商代是中国青铜器制造的顶峰阶段，因其制作精湛、形制瑰异、花纹繁缛、富丽堂皇而魅力无限。

四、西周时期

公元前 11 世纪，周武王灭商建周，史称西周。西周传 11 世 12 王，统治时间约 357 年。周族是活动在今中国西部陕西省、甘肃省一带的古老部落。约在公元前 11 世纪，周武王联合许多方国部落，大败商军于牧野，建立了周朝。

西周时代由于礼乐制的发展，青铜器铸造业较商代更为兴旺发达，这时不但数量较商代更多，而且青铜器铸造业上的许多方面都达到了更高水平。西周时期，不同等级贵族所使用青铜礼器的数量、组合各不相同，形成等级秩序森严的用鼎制度。

从青铜器本身特点看，西周初年多沿袭商代后期特征，而中后期更多地出现了本时代的特色。这时的青铜礼器、乐器、兵器等，是周文化的主要特征之一，西周铜器是中国古代铜器发展的一个重要阶段，在此时期青铜冶铸技术日趋成熟，铜器种类和数量均有较大增长，有许多铸工精湛的艺术珍品传世，并且这时期的铜器多有长篇铭文，因此，西周铜器对于研究西周社会的历史文化艺术等均有重要意义。

西周铜器的出土地点，北起内蒙古、辽宁，南到江西、湖南、四川，东起山东半岛，西到甘肃、宁夏，其中以王畿所在的陕西、河南出土最多。周朝贵族大臣铸作的器物，在西周铜器中占有很大比例，这是周王朝政治经济力量较强的反映，各侯国的器物，以姬姓、姜姓国的发现较多，如鲁国、齐国、燕国等，其他诸侯国的铜器数量少，边远地区的西周铜器多带有一定的地方特点，一般来说，这种地区的礼、乐器多受中原地区影响，有些是由中原传入的，有些则模仿中原器物的形制。兵器、工具等具有更多的特色，如有特殊的器形或纹饰，南方的西周铜器比北方的更多地表现了地方特点，例如江苏、安徽的西周器物，多用鸟形装饰和几何形花纹装饰，四川的西周兵器多见三角形援的戈等。

西周铜器一般分为三期，早期相当武王至穆王时，中期相当共王至夷王时，晚期相当厉王至幽王时，也有人将穆王划归中期、夷王划为晚期。

总的来说，西周青铜器是商代青铜器的继续和发展，周初器物虽出现若干新的因素，但很难在商周之际划出截然的界限。

西周早期青铜礼器有食器、鼎、鬲、甗、盂。酒器类别较齐全，但数量大为减少，这与西周王朝吸取了商纣“酒池肉林”最后导致灭亡的教训有关，西周王朝禁止贵族饮酒。《尚书·酒诰》和康王时代的大盂鼎铭文都有这方面的记载。酒器主要有觚、爵、角、斝、觥、尊、

周朝疆域示意图

卣、方彝、罍及陈设器用的禁。如1925年在陕西宝鸡斗鸡台出土的夔纹禁，呈长方扁形，四周有镂孔，禁面上有三个椭圆孔，可能是放置青铜卣用的。水器有盘等，少见的还有乐器编钟、铙及铜镜。陕西宝鸡茹家庄和长安张家坡出土的3件1组的甬编钟，是目前所见最早的编钟。

这时青铜礼器的组合，有爵与觯、鼎与簋的配合。鼎制上开始出现列鼎制度，反映了礼制之加强。鼎在形制上为直耳立于口沿上，腹较浅，柱足与蹄足并存。有方座簋、四耳簋之类，这是商器中没有见到的式样，即在形制上均有别于商后期的同种器物。器物的铸造皆通用合范法，胎体多较厚重。如珍贵的大盂鼎重153.5千克，古朴厚重、宏伟。1979年在陕西淳化县发现的淳化大鼎，高122厘米，口径83厘米，重226千克，非常罕见。

纹饰方面崇尚繁缛富丽，喜饰饕餮纹、夔纹、环带纹、窃曲纹、鳞纹、重环纹、瓦纹、蚕纹、直线纹、乳丁纹、长身分尾或长尾高冠的凤鸟纹等，并且，长身分尾或长尾高冠的凤鸟纹常常装饰在器物的重要部位上，非常醒目，格外华丽。此外，不少器物有突起较多的扉棱和大角

西周追簋

西周来父盉

西周人面匕首

的兽角形附加装饰，到本期后半段，鼎、尊、卣、方彝等器腹部下垂，即所谓倾垂的特点。

兵器常见戈、短剑等，戈多为短胡。戟为浑铸，又有上端作刃形的勾戟。短剑多有鞘。另外，还有不少异形兵器。商代出现的方形器，这时也有遗留。

在铭文方面，书体排列均匀整齐，字体严谨，书法娴熟，竖笔呈上下等粗的柱状，被称为“玉箸体”。大克鼎还采用在方格内填字的方法。虢季子白盘铭文内容自然、流畅，书体秀美雅致，有小篆的韵味。同时还出现了长篇铭文，如小盂鼎文约390字，字体多有明显的波磔。总之，本期铜器制作凝重结实，花纹造型异常华丽庄重，仍属青铜器的鼎盛阶段。

西周中期铜器有简朴的趋势，早期常见的方鼎、觚、爵、角、觥、卣、方彝等，已减少甚至消失，壶、罍、盂、尊仍继续保留。列鼎和编钟开始出现，簠、盨、匜等新器种出现于本期，器形也有明显变化，鼎的柱足向蹄足过渡，鼎腹长方扁形。有盖簋渐多。援末作三角形的戈开始出现。纹饰带状的花纹增多，流行顾首的疵纹，分尾的鸟纹、窃曲纹、变形疵文瓦纹开始盛行。族氏铭文已罕见，长篇铭文更多，内容多格式化。字体波磔渐少，较早的书写谨饬，较晚的趋于疏散，此时期铜器有明显过渡性的特点。

西周晚期铜器以简朴为主，在铸造上也有粗随苟简的迹象，常见的食器有鼎、鬲、簋；酒器有尊、罍等；水器有盘。新器种有浅盘铺。列鼎、编钟数量增多。兵器流行中胡、援末三角形的戈。器形方面，鼎足几乎都为马蹄形足，簋多鼓腹有盖，有的在圈足下另加三足。这时，夔纹、鸟纹已经绝迹，最常见的纹饰是窃曲纹、重环纹、波带纹、

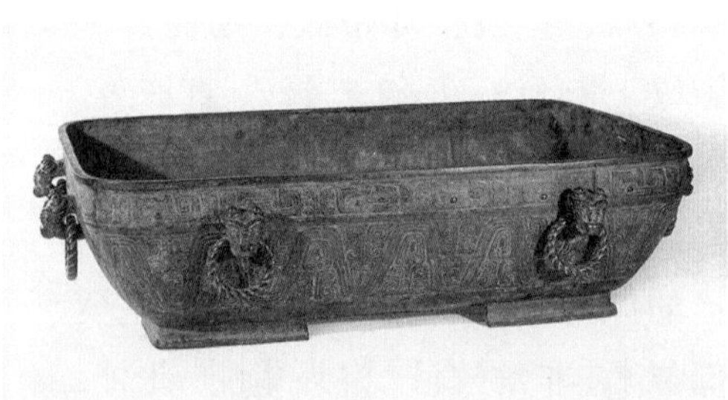

西周虢季子白盘

瓦纹等。铭文多长篇，如毛公鼎铭文有497字，是已知铜器中铭文最长的。由于铭文长，有的鼎、殷、盨、钟往往以盖、器连铭或数器连铭，行款排列较整齐，字体没有波磔，笔画起迄粗细如一。

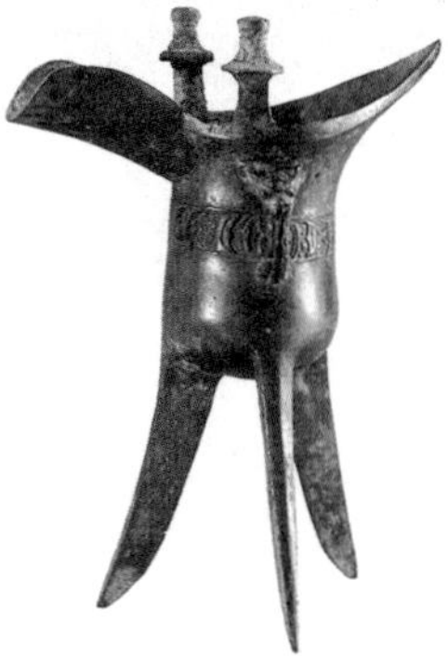

西周伯丰爵

西周铜器多铭文，且多长篇，有些铜器可据铭文内容推究属于某王而成为标准器。如武王的利簋、大丰簋，康王成王时的方鼎，康王时的盂鼎，昭王时的过伯簋等。

五、春秋时期

公元前770年，周平王即位，并把都城从镐京迁至洛邑（今河南洛阳），至此，西周结束，东周建立。自这年起到公元前476年，史称春秋时期。这时王室之器日益减少，而列国青铜器铸造很多。

春秋早期的青铜器，虽然出现了一些新器型，但总体依然类似西周晚期。最突出的一点就是铸造有着显著的进步，商代就已发明而西周继续沿用的分铸法，这时从过去在制范时作整模，变成器身与耳、足腹附件单体作模。与分铸法相联系的焊接法得到普遍应用，虽未能排除掉附件铸好后再嵌入器身范上进行一次浑铸的嵌入法，但分铸法技术的改进有着很大的意义，它适宜于处理部分复杂的器物的制作，创造出那些结构复杂、优美动人的艺术品，例如，春秋莲鹤方壶器底与器身的卧兽、爬兽，盖顶上展翅欲飞的仙鹤，都采用了分铸法。

铸造工艺上的另一个进步是拍印法印模花纹技术的发明，可节约不少人力物力，提高了生产效率。这时在商代就发明的嵌玉石和见于兵器戈上的嵌铜技术又复兴和盛行起来了。铜器种类上，大体继承了西周后期以来的器类，主要变化在于，食器和乐器的种类数量很多，食器中的鼎、簋、簠、

春秋王子午鼎

春秋蟠虺纹鉴

豆、甗、鬲都有发展，盨基本绝迹，新出现的有扁圆体、矮足或球形体的敦、豆形铺；酒器有缶；水器有盆、鉴；乐器有錞于、钟（甬钟、纽钟、镈钟、编钟）；杂器有带钩。铜镜在商周的基础上又有发展，如河南陕县上府岭发现了三面铜镜，两面是素面的，一面背面有虎、鹿、铭文。兵器中盛行戈、矛、戟、剑，以及戈、矛的附件镈、镦等。这时青铜钺在北方已经很少见到了，主要盛行于西南地区，但形制与中原地区不同，多呈靴形状。

据考古实物资料证明，最早的铜质货币应早到春秋时代，形式是铲形的空首布，在山西侯马和河南洛阳、孟津等地都有发现，其主要形式有平肩布、斜肩布、耸肩肩足布等。这时的空首布主要属周、晋。

作为官方书信往来和私人交往凭证的玺印，这时也开始萌芽，目前所知传世的春秋时代玺有“连尹之玺”、“上场行邑大夫玺”。

这里特别要提到的是，这时期铜质建筑构件的发展已经有了一定的基础。1973 ~ 1974 年，在陕西凤翔姚家岗先秦宫殿遗址发现的铜质建筑构件，主要形状有曲尺形、单齿形、双齿形。据学者研究，一般认为这些构件主要用于梁枋或门窗上，对建筑物起着加固和装饰的作用。

春秋中期，由于考古资料不够充分，尤其是有绝对年代可考的标准器太少，因此难于严格地标定分期的年限，而且，各国青铜器的发展也未必平衡。虽然如此，仍有少量的标准器或接近标准器的资料。

陕西凤翔秦公一号大墓

传世的秦公簋和宋代著录的秦公钟，铭记其先世有十二公，此十二公从秦仲算起，到十三世作器者为秦康公（前 620 ~前 609 年），秦公簋的形制尚是春秋早期式样，而其纹饰已是较为繁缛而重叠的卷龙纹或交龙纹了。河南光山黄君夫妇墓和山东沂水刘家店墓中所出的黄大子白克盘，在某种意义上也有标准器的作用，黄国之灭在前648年，这些器物大都比春秋早期的要精美，因而是春秋中期的器物。

春秋三轮盘

传世的青铜器有宋公戍钟，式样近于秦公钟，为宋平公器（前575～532年）。这时，前6世纪中叶的楚王子午鼎，前6世纪后半期的寿县蔡侯墓青铜器群（前530～前522年），已是极其精湛漂亮。

春秋中期青铜器和西周中期有某些类似之处，即具有早期到晚期的过渡特点。

盂、鼎器这时较盛行，除了沿用圜底的兽蹄足或垂腹的兽蹄足等常见的式样，还出现了浅腹平盖的盂鼎。双耳有盖的簋和簠仍然继续使用，但簠的形制有所变化，在口上另竖一道宽阔的边。铜盨已经消失了。食器中敦已多次出现，其形制为球形有三小足和圈耳，盖可却置，还没有发展为上下对称的形式。短颈壶开始流行，个别地方还发现了一种酒器甗形盉。

楚王问鼎

青铜乐器在国君级的墓中既出现了成组的甬钟，也有平口的钮钟和铃钟，錞于也在此时出现了。

春秋中期青铜器纹饰也存在着新旧交替的情形。变形动物纹和波曲纹继续沿用，但逐渐地改变了粗犷的风格，颇显规矩和精丽之态。原来抽象的动物纹这时重新恢复龙或兽的具体形象。首、角、目等各部分愈来愈清晰。但是，变形的动物纹并未完全消失，又出现了更为复杂繁缛的四方连续动物纹，如秦公簋上的纹饰就是如此表现的。

春秋中期的纹饰在结构上虽然有新的式样，但在技巧上还不够精工细作，仍然是有粗犷的风格。

春秋蟠虺纹尊

春秋中叶以后出现了鸟虫书美术字及光彩夺目的错金书。这是书法艺术史上的发明与杰作。

总的来说，春秋中期开始，青铜器的装饰风格逐渐精细、繁缛，细密的蟠螭纹成为主题，出现嵌铜龙、凤、鸟、兽及反映狩猎的题材。

春秋晚期已经进入了铁器时代，新兴地主阶级取代了奴隶主阶级，他们的代表人物逐步得到政治优势而进行社会改革，新的生产关系适合于生产力的发展，从而促进了社会生产的进步。从当时各种遗存诸如玉雕、漆器、原始青瓷、纺织品等制造工艺的水平看，的确有着极大的提高，青铜铸造业并未由于青铜时代的终结而衰疲，反而由于整个社会生产发展的需要而注入了勃勃的生机，春秋晚期的青铜铸造业在生产技术、艺术水平和器物种类等许多方面，呈现出崭新的面貌，在青铜器发展史上形成了第二次高峰。

这一时期的标准器物在山东的有齐子孟姜壶、邾公钟；在安徽和江浙地区的有蔡侯产剑、徐王庚儿钟、吴王光鉴、吴王光戈、吴王夫差御鉴、吴王夫差剑、越王勾践剑；在江汉地区的有楚王领钟，昭王諻簋；在中原地区的有句敌夫人簠；在山西地区的有浑源李峪寸器群、赵孟介壶等。

这一时期或与这一时期有联系的重要考古发掘有安徽寿县蔡侯墓，固始侯古堆 1 号墓，山西万荣庙前村春秋大墓，山东莒南县大店镇老龙腰莒墓，以上皆为较完整的大墓；中小型墓，如山西侯马上马村 11 号墓、15 号墓，长子县东周墓之 1、2、7、11 号墓，河北邯郸百家村 57 号墓，山东莒南大店镇莒国殉人墓的编钟，长沙楚墓和江陵楚墓群中这一时期的墓葬等。

春秋晚期青铜器的形制比较复杂，各个地区的器物之功用也不尽相同，有的地区发现甚少，情况不明。但总的来看，春秋晚期各地区的青铜器，其形制与纹饰的共同点很多，不同之点较少。

鼎在形制上继续保持着无盖、立耳，还有深腹。附耳有盖，盖有圆形捉手或上有三小兽或三环小钮的鼎流行，流行马蹄形足多呈外侈的瘦长形，尤以南方楚国的鼎最为突出。带方座，盖上有莲瓣装饰应是这一时代的新特征。

注水器匜有的已经变成了平底。鉴有圆形和方形，多大口，深腹，有两耳或四耳，有的耳上还有套环。作为盛酒器或盛水器的缶，圆腹、有盖、器肩上有环耳。

侧悬的甬钟、直悬的钮钟、平口的镈钟同时并举。编钟的数量一般都是 8 ～ 9 件。

食用器中的簋，传统的式样已很少见，但是在诸侯的礼器中还可以看到旧式的方座簋，总之，簋的数量是减少了很多。

敦甚为流行，这种体似圜底浅腹鼎，两侧有圈耳，下承三小足和高盖上有三圈钮可却置的器形，实际上是敦的雏形，始见于中期，至晚期中原三晋地区普遍使用。敦在南方则发展为“西瓜敦”，器形上似西瓜，中剖为二，下器承三足，上盖有三环形兽钮。也有的上下如一，皆为三足。这两种敦寿县蔡侯墓中皆有出土。

簠仍然在流行着，其口沿的一周边往往很宽，圈足中凹处常做成无花果叶缘状。蔡侯墓簠和传世的徐子妆簠，都是同一形制。自此以后，簠的形制很少变化。

酒器壶一般多高颈且方，腹或方或椭圆，兽耳衔环，有的圈足用龙或瑞兽来替代。壶多出于中型或大型的墓葬中，墓中有壶，显示了墓主的身份。

这时酒器的新式样尊缶和提梁盉出现。而尊自西周晚期至春秋早中期都没有出现，而在晚期出现较多。

盥器发展为鉴、盥缶、盘、匜、盥鼎等，大型水器鉴在此时出现，智君子鉴、吴王光鉴、吴王夫差鉴等都是典型器。匜初见于此时。

青铜乐器编钟仍为甬钟、钮钟、铃钟和平口钮钟。

由于战争的需要，戈的穿加多了，常在 3 穿以上，使其与柲的缚结更加牢固，援部同时也开始向上微翘。矛向细长发展，戟常是戈与矛分铸。

春秋晚期青铜器纹饰种类甚多，风格总的倾向是追求精丽细密，以繁缛为美，交缠的各种龙蛇纹占有支配的地位。西周后期出现的简朴奔放的窃曲纹、环带纹、重环纹、鳞纹等逐渐被细密谨严、镂雕工整的单层的蟠螭纹和蟠虺纹代替。

春秋晚期另一种新的纹饰是红铜镶的图案，包括龙、凤、兽、鸟，以及表现狩猎的各种题材等。

1978 年，在河南淅川下寺出土的用失蜡法铸造的铜禁，设计巧妙，工艺极其精致，造型奇特生动。这件青铜艺术杰作表明了春秋时期的青铜铸造水平已发挥到了极致。

狩猎纹

线刻画像工艺这种装饰艺术上的新技术，更是打破了商周以来传统的纹饰装饰种类，是很新颖的纹饰装饰手段。例如江苏六合程桥发现的残铜片上刻有人物、动物和树木的形象，线条简洁，显示出初期的朴拙风采。1923 年，在山西浑源出土的狩猎纹豆上有嵌纯铜的狩猎形象，图案写实，且细腻生动。线刻画像和嵌纯铜图案，构成了这一时期装饰艺术的新风格，这无疑是一个很大的进步。

春秋中晚期之后，各地区青铜器在形制、装饰、铸造工艺及器物组合方面，逐渐形成自身独特的面貌。

春秋晚期，描绘人们生活场景的图样，如宴饮、乐舞、射箭，跃然展现在器物上，构图生动自然。

在铭文上，各诸侯国铸造的青铜器的字体丰富多彩，有的作瘦体，如吴王光鉴铭文；有的作肥体，如鲁大司徒圃、公平侯鼎等器铭，意仿商周时的波磔体，有意求工，加强了字体的风采和装饰性。反之，中原和三晋地区的青铜器铭文却反而少见。这时，遗存的铭文内容，以自作用器的为多，铭辞或长或短，但大体上皆有一定的格式，内容总是彰显器主的家世、地位和身份，也有自诩品德之美的，而记载婚媵的铭文则较少了。总之，春秋时代的青铜器在造型、装饰、铭文、制造技术上表现出活泼的时代气息。这是社会变革的反映。

六、战国时期

战国，公元前 475 至前 221 年。以田氏代齐和韩、赵、魏三家分晋为标志，中国历史进入了战国时期。这一时期兼并战争空前激烈，也是经济、文化迅速发展的时期。当时封建制已占据愈来愈明显的地位，新的生产力方式处于上升阶段。列国诸侯为在兼并战争中抗衡和发展，不断地变法图新，壮大自己的经济实力和军事实力。新的社会制度和经济的发展，促使变革需要的新思想、新学术纷纷涌现，形成了百家争鸣的局面；艺术领域生机盎然，自然科学、金属冶炼和铸造、医学有了长足的发展，不少发明居于世界前列。各地区经济、文化联系的加强和各族人民的交往，为建立统一的多民族国家奠定了基础。

战国七雄方位简图

战国时代是我国封建社会初步形成时期，由于封建制度生产关系的确立和生产力的发展，铜器发生了很大的变化。

就青铜器而言，无论是其形制和纹饰，战国早期和春秋晚期共同的特点很多，但是，由于器物的自然演变，也产生了一些值得注意的征象。

这个时期，由于礼乐制度进一步衰落，先前的传统礼乐器逐渐减少，青铜日常生活用器逐渐增多，钟鼎之器占的比例很大，钟必成编，鼎必成列，反映了贵族宴飨的奢侈生活，但同时亦反映了这个时期青铜器发展的卓越成就。例如，河南信阳长台关楚墓出土的 1 组编钟计 13 件；四川涪陵出土的错金编钟 1 组 14 件；1978 年湖北随县曾侯乙墓出土悬挂在曲尺形钟架上的 3 层 8 组 65 件钟；

战国中山国王陵

战国曾侯钟

1981年发掘的擂鼓墩2号墓，也出土编钟36件。

河南汲县山彪镇1号墓、山西长治分水岭14号墓、湖北随县擂鼓墩1号墓都出土了大量的青铜器。如曾侯乙墓出土的这批代表楚文化的典型青铜器物达140多件，纹饰多为蟠螭纹和蟠虺纹，普遍运用了嵌错、浮雕、透雕等艺术技法。其间有不少的大型器物，如大缶、下有承盘的圆壶、冰鉴等。冰鉴是匠心独具的用器。鉴为方形，内贮1件方壶，壶底用钩固定在鉴的内底上，然后有镂空的鉴盖套覆于壶颈。又如有细高足的鼎，也设计得十分巧妙，足间嵌入盛食物的盒，成为便于携带的旅行食器。常见的青铜容器有鼎、鬲、簋、盘、鉴、盂、匜、甗、罍、豆、敦、壶、缶、盘等。在青铜容器的组合中更多地出现了小件的附件，如匕、勺、鼎、勾等。灯、炉、箕的铜饰件也有发展。

轻便实用的青铜器主要有西瓜敦和螭梁盉。敦的使用相当普遍，一般为三短足，圆腹，二环耳，有盖，盖上有钮。有的盖与器均呈半球形，合起来成为球形，也有的上下合起来呈长圆形。曾侯乙墓还出现了形体不大的长足敦。

战国错金银云纹鼎

壶的形制丰富多彩，有圆形、椭圆形、方形、扁形、瓢形。无论是哪种形式的壶，一般都有盖，盖为平板式或中心隆起式，盖上置钮，有的钮与梁、耳之间系链，形成链梁壶。

盉变成圆腹式，有盖，有流，流长作兽首或龙首。商周时候的鋬，在这时已改变成提梁式的了。鉴有圆形和方形两种，腹颈一般为4耳。盘有圆形、长方形和方形的。

此外，玺印、符节、货币也是这时期发展起来的。战国时期兵器变化最大，主要有戈、矛、剑、镞、弩机等，数量颇多。

战国曾侯尊盘

青铜制货币形式，主要有似农具镈的布币、似刀削的刀币、方孔或圆孔的圜钱，以及仿海贝的铜贝币。由于国别不同而使用的货币形式也常有不同，但同是一种形式的货币不同诸侯国也同时使用，例如刀币主要流行在齐、燕和赵国。铜币上常标明地名、货币单位名称等。

战国早期的纹饰，从题材而言，仍是交龙、卷龙或蟠龙等龙的图案。山彪镇1号墓的龙纹钟、随县擂鼓墩曾侯编钟上都是新颖而又复杂的交龙图案。当然，这些交龙的装饰手法有省略和变形，也有纯粹的几何纹装饰。战国早期描绘水陆攻战、燕乐、采桑等画像不断发展，山彪镇1号墓的水陆攻战纹鉴、狩猎纹钫，成都百花潭镶嵌燕乐纹壶及陕西翔高王寺战国铜器窖藏的镶嵌射燕壶等，都是这种纯粹的几何纹装饰，这是这一时期的典型纹饰。

战国时代的青铜器铭文内容较之商、周和春秋时代更加简略，但也有例外，如中山国王器铭。

总之，战国早期，青铜器的使用相当广泛，与春秋时期的共同点很多，因为这两个时期的分界是因大国政治斗争的影响，而主要不是经济和文化方面的因素，但由于器物的自然演变，也出现了一些变化，如新式样的分体式的甗开始出现。

战国中期以后，青铜器逐渐衰退，其铸造工艺和艺术装饰均逊色于东周兴盛时期，但是在少数的大墓中出现了精美的器群。由于战国中晚期铜器发展的前后区别不甚显著，故我们把战国中晚期并为一期。这时铜器在造型上承袭了战国早期的风格，这时的墓中所出的许多青铜器大概都是春秋晚期和战国早期的遗留物。地区不同所形成的器物特点也不

战国杜虎符

同。如鼎的三蹄足向低矮发展，但也有高足鼎，如楚式鼎。有盖、腹耳，盖上常有三环、三牲、三鸟钮，也有的盖中心有圆形捉手。而三晋器与楚器风格迥异。

这时鬲偶有发现，而甗已不甚流行。敦仍是圆形的和扁圆形的上下对称的两种。方座簋还见于寿县楚王陵出土器群中。豆类器长柄的，燕晋皆有，寿县楚王陵所出的长柄豆，故柄有节，盖有三钮，可以却置，方豆仍有所发现，如江陵藤店 1 号墓出土有长柄方豆。

酒器类中变化较为显著的是壶，有方壶、扁壶、环耳圆壶等。中山王墓出土的镶嵌方壶，甚为精致。

另一种称之为罍的，实际是尊缶之类的器形，有做成方形的，或称方罍。

战国中晚期壶的个别新型式样还有多种，如细长颈多钮壶、小口短颈大圆腹壶、蛋形壶等。

水器的基本器形仍然是盘、匜、鉴。

装饰纹饰的变化最为明显。这时出现了大量的镶嵌金、银、红铜或绿松石及其他物品的器物。纹饰多为几何变形图案，如云纹、菱纹、弦纹、贝纹、绳纹、勾连纹、三角云纹等，这些有规律的变形几何纹富于变幻的效果，令人目不暇接，起到了极好的装饰效果。

到了战国末期，开始出现大量的素面铜器。特别是铜镜和带钩普遍发展起来了，最令人瞩目的物品有三山镜、四山镜、五山镜、六山镜和螺钿镜等，铸造精巧、漂亮，带钩形制千变万化，其中有许多错金或错银的，十分华丽，且数量较大。考古发掘中，不但这时期大墓有这类物品，就是在平民墓中也常见。铜镜在南方，特别是楚国最发达，而带钩则在中原地区多见。

七、秦代

秦王嬴政从公元前 230 年到前 221 年的 10 年间，先后兼并韩、赵、魏、楚、燕、齐六个诸侯国，结束了长期以来的诸侯割据的局面，统一了中国。秦王嬴政自称为“皇帝”，在全国范围内实行郡县制，创建了中国历史上第一个统一的、多民族的、中央集权的封建国家，对后世中国政治体制的发展产生了深远的影响。秦朝徭役繁重，刑罚严酷，公元前 209 年，陈胜、吴广斩木为兵，揭竿而起，发动了中国第一次农民起义，反秦风暴席卷全国。公元前 206 年，刘邦率领的起义队伍攻占秦都咸阳，煊赫一时的秦王朝灭亡。

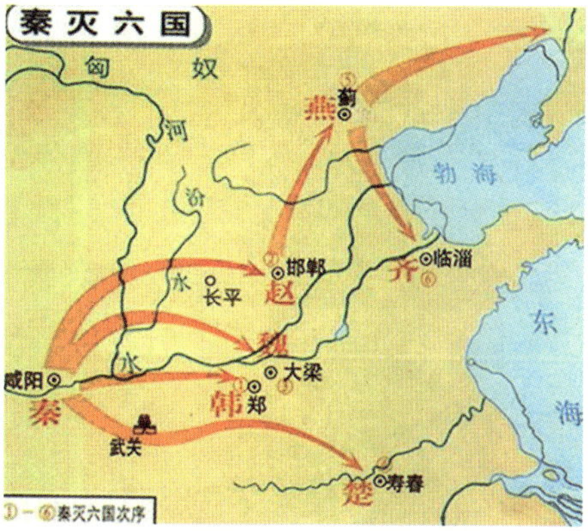

秦灭六国示意图

秦统一政权的建立，使得封建制度进一步发展，这时，秦代青铜礼乐制比战国时期更加衰落。秦代在历史上虽然仅存在了 15 年，但秦始皇提倡新工艺，另辟蹊径，发明了在铜器上镶嵌东西的方法，如镶嵌金银丝、金银片、金银块、大小珍珠、各色宝石及孔雀石等，设计还算精巧，图案也极自然，做工也很精致。在款识方面，和周朝末年相同，也是大小篆参用，但此时以小篆为多。隶书虽然已经出现，但还没有以之作款的。铜器镶嵌之法属于创制，能取得如此成就，实属难能可贵。

而这时期的青铜器日用生活器皿继续得以发展。如 1950 年河南洛阳西宫发现了一座秦代墓，墓内出土了 4 件青铜容器，即 1 件鼎、1 件簋、两件壶。鼎的形体略小，附耳，马蹄短足。簋盖饰变形的蟠螭纹；壶腹作长圆形，肩腹无明显分界，颈较长，有较高的圈足。20 世纪 70 年代在湖北云梦睡虎地和大坟头两地发现秦汉墓葬 23 座，从第 11 号墓出土的竹简文可知，墓主是秦狱吏喜，死于秦始皇三十年，即公元前 217 年。在随葬的 70 余件质地不同的器物中，包括青铜

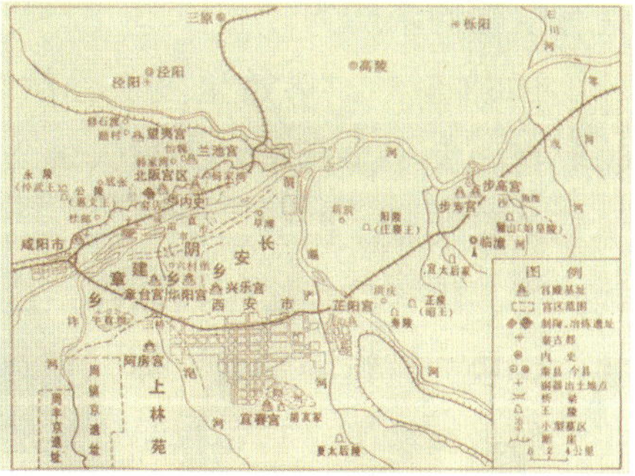

秦都咸阳布局示意图

秦乐府钟

器10件，类别有鼎、钫、匜、鎏、勺、镜、剑和削刀。从这里可以看出秦代对青铜制造业的重视和铸铜的发展水平。

陕西临潼始皇陵的考古调查和发掘是一个重要的发现和收获。这里出土各类文物上万件。尤其是三个兵马俑坑的发掘，出土了大量的陶武士俑、陶马俑、木质战车、青铜质与铁质武器等。武器大部分为青铜质，箭镞有铁质的或铁铤铜镞的。青铜质实用器主要有刀、剑、戈、矛、镞、铍、弩机。

“铍”被认为是近年青铜兵器考古收获中的重要一项。铍形似短剑，以往称之为短剑是错误的。铍有茎而无首，窄薄身，有六个面，没有中脊，格呈菱形，柄作长方形。用时在器身后部缚一长木柄，是一种长兵器。俑坑出土的铜铍有的全长达35.2厘米，最宽处3.16厘米，厚仅0.91厘米。铜铍实物的发现与文献和云梦秦简的有关记载得到了相互的印证。文献中谈到“铍”这种兵器的，如《左传·昭公二十七年》：“夹之以铍”；《秦律杂抄》：“铍、戟、矛有室者，拔以斗，未有伤殴，论比剑。”铍的发现与认识，对于检验传世和出土的“铜剑”，是剑抑或是铍，提供了实证的实物资料，并丰富了中国古代兵器的种类。此外，有的铍上刻有“寺工”铭，此名应为秦汉时中央所设管理百工的官所或官名。

秦俑坑内出土的铜镞，经有关部门化验其成分，证明镞的刃部与铤部所含铜、锡的成分比例不相同。刃部含锡量较高，增强了镞的硬度，具有很强的杀伤力。

1980年冬，秦始皇陵1号铜车马的发现极为重要。铜车马和车上的驭官俑大小是真车马、真人的1/2，车、马与人皆是青铜铸造，每辆车马都是两服、两骖。车、马、人俑均施彩绘。车马的附件如当卢、节约、軎、辖等均为金银所制作。这组车马的结构非常复杂，集嵌铸、铆接、焊接、销钉固定于一体，且制作工艺极为精细，代表了秦代青铜器工艺的最高水平，它不仅是卓绝的艺术品，更对研究古代车制有着极重要的价值。中国过去在考古工作中发现的商周等时代的车马坑的车大都为木质，因而不易保存至今。

上海博物馆

秦始皇统一中国后，为了巩固专制主义中央集权，采取了一系列措施，“分天下以为三十六郡”、“一法度衡石丈尺，车同轨，书同文字”和统一货币。秦始皇统一度量衡的诏书，有的直接刻或铸在官定的量器或衡器上；有的先刻在一块铜版上，此铜版称为诏版，然后再将诏版嵌在量或衡器上。现传世和出土的秦代量或衡器上带有诏书的为数不少。例如，上海博物馆珍藏的战国商鞅方升的底部加刻秦始皇统一度量衡时的诏文，量的形状呈长方体，有柄。北京故宫博物院珍藏的一件秦权上也刻有二十六年诏文，“廿六年，皇帝尽并兼天下诸侯，黔首大安，立号为皇帝。乃诏丞相状绾，法度量，则不壹，谦疑者皆明壹之”。小篆字体。秦代还有一种体呈八棱状，顶上铸一圆形钮的铜权。

在秦始皇时期，货币和度量衡最发达。在圆形铜质币中，有一种直径约 3 厘米，中心部分为方孔，方孔两侧有小篆“半两”二字的铜币，《史记 · 平准书》曰：“重如其文。”黄金为“上币”，半两为“下币”。秦始皇统一中国后将这种圆形方孔的半两钱推广起来，因使用方便，从此被固定下来，在中国流行了两千多年，甚至影响到日本、朝鲜等许多国家。秦朝货币的统一，可视为中国古代的最早的一次货币立法，对促进当时的经济发展和交流有着十分重要的意义。

秦代，青铜器纹饰主要为单、双层旋纹，变形蟠螭纹，变形鸟纹。

总之，秦代的铜器发现数量少，但货币、度量衡较多，是一个过渡时期，虽然其仅存在了 15 年，却是很重要的历史阶段。

八、汉代

西汉初期鉴于秦王朝迅速灭亡的教训，实施与民休息的政策，社会经济得到恢复和发展。同时打击各地诸侯割据势力，国家进一步统一。汉武帝刘彻即位后，继续削弱地方割据势力；通西域，大规模反击匈奴的侵犯；实行盐铁官营，货币专铸；罢黜百家，独尊儒术，使中央集权制度得到巩固，统一的多民族封建国家得到发展。

汉代兴起后在青铜器制作上一改秦制，效仿先朝，取法前代，对于夏、商、周三代的规章典制极力恢复，不仅将三代铜器重新置于重要的地位，而且在其基础上又多创新意。如在铜器上鎏金、鎏银、包金、包银、错金、添漆、雕刻等，这些创作手法始于秦汉，且都取得了成功，因此十分值得称道。

汉代用青铜器制成的器物，包括各种容器（食器、酒器和水器）、烹饪器、用具、兵器、乐器、度量衡器等。总的说来，和商周时代相比，礼器的比重大减，生活用器种类和数量增多，而铜器则因被铁器取代而不断减少。匈奴、东胡、西南夷等少数民族的铜器，在种类形制和纹饰方面都有其特殊的风格，与一般的汉代铜器不同，传世的铜器，在宋代至20世纪前期的许多金石学书籍中，颇有著录。中华人民共和国成立后，在考古调查中又有了大量的新发现，为研究汉代铜器提供了更为丰富可靠的资料。

汉代铜制的容器在种类和器形上与前代相比有许多变化，流行的豆、缶、敦、簠等食器已经绝迹。鼎、釜、甑、鍪、樽、耳杯、盉、壶、钫是最主要的食器和酒器，继承前代的形制而略有改变。其中钫只流行于西汉，其他盘、杯、樽、鉴、锅、洗等容器，在形制上都有汉代的特点。烹饪器如釜、鍪、鐎斗等，有的继承前代的形制而略有改变，有的为汉

西汉彩绘木俑

代所新创，而其中最常见的是灯和薰炉。铜灯的形制异彩纷呈，姿态万千，重要的有豆形灯；底座似雁足的雁足灯；呈人形的长信宫灯、骑驼人形灯、人托盘吊灯；呈动物状的有牛形灯、羊形灯、凤鸟形灯；呈树形的多枝灯等。此外，开关特殊，制作精巧的，则有河北省满城汉墓出土的长信宫灯、朱雀灯和广西合浦汉墓出土的凤鸟灯等。

西汉朱雀灯

两汉时期的薰炉是一种焚香的器具，不少薰炉在制作上非常考究，外表鎏金或错金银，显得异常华丽。《西京杂记》中记载西汉成帝时的工匠丁缓可以造“九层博山炉”，被当时的人们誉为美谈。薰炉亦有各种样式，博山炉是主要的一种，其形制一般是半圆形腹，尖状盖，盖呈山峦起伏状，山上有镂孔及浮雕的人物、鸟兽。下面有盘。有的博山炉底座为力士骑龙，力士一手作托举博山炉状，圆雕塑造得生动、形象。陕西茂陵 1 号无名冢从葬坑出土的鎏金银铜竹节薰炉，作竹节形长把，长把底端自龙口伸出，炉高 58 厘米。整体造型高贵典雅。

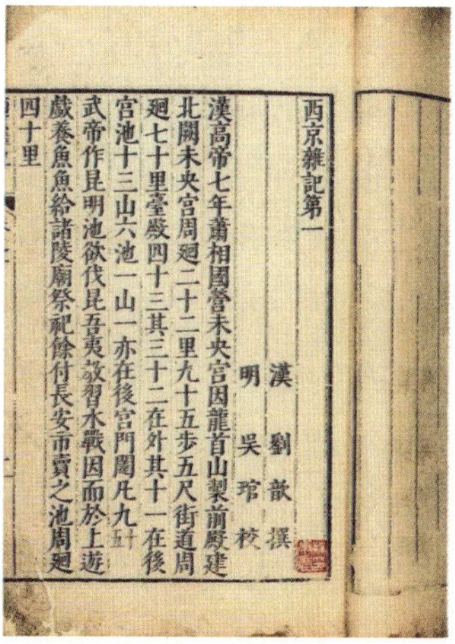

西京雜記第一

漢 劉 歆 撰

明 吴 琯 校

漢高帝七年蕭相國營未央宮因龍首山製前殿建北闕未央宮周迴二十二里九十五步五尺街道周迴七十里臺殿四十三其三十二在外其十一在後宮池十三山六池一山一亦在後宮門闥凡九十五武帝作昆明池欲伐昆吾夷教習水戰因而於上遊戲養魚魚給諸陵廟祭祀餘付長安市賣之池周迴四十里

《西京杂记》书影

其他铜制的用具，如案和熨斗这类，使用甚普遍。有的熨斗上还有“熨斗直衣”铭文。熨斗形为圆腹，宽口沿，腹一侧有一长柄。熨斗上常常有纪年铭文。文具有铜书刀，偶尔也有铜砚盒。计时用的铜漏壶亦有发现。河北满城刘胜墓、

西汉竹节薰炉

陕西兴平汉墓和1976年内蒙古鄂尔多斯市出土的汉代铜漏壶，体呈长筒形，上有提梁，下有三短足，壶体近底部伸出一筒状流，提梁与壶盖中心处各开一相对长方形小孔。在使用漏壶时，两小孔插一刻有度数的竹或木片，该片称“刻箭”。使用漏壶计时时，将壶内盛水，水上浮一称作“舟”的木片，使“箭刻”的下端在壶内立于“舟”上，由于壶内的水由壶下边的管不断外滴，因此，“刻箭”也随“舟”不断下移，从而指示出不同的时刻。“刻箭”上一般有100个刻度，代表一昼夜的时间。漏壶的发明和使用代表了中国古代科学技术在计时方面的伟大成就。

两汉时期边远地区的青铜器有着异于中原地区的特点和风格。首先是北方匈奴和东胡族使用的透雕各类动物铜牌饰，即“鄂尔多斯式”或“北方式”铜牌饰，这种牌饰在内蒙古鄂尔多斯市、乌兰察布市等许多地方都出土不少，陕西省的一座匈奴墓中也有出土。牌饰上多饰镂空的人形和各类动物形状，其布局富于丰富的想象和无穷变幻，故动物之塑造或动或静或动静结合，极尽意趣。总之，各种动物牌饰反映了两汉时期北方游牧民族的生产与生活的一个侧面，亦反映了该地区的青铜铸造业的发展之水平。

其次，值得关注的是四川、云南、贵州、广西、广东、湖南地区少数民族铸造的乐器铜鼓。面圆，中空，无底，鼓面中心饰太阳纹，面沿有圆雕的人形塑像和各类动物塑像，内容丰富，鼓面常饰云雷纹、翔鹭纹、竞渡船纹、羽人舞蹈纹等，它的形状有8种类型。目前所见的铜鼓的时代大多为两汉时期及其后，一直到清末，可见时间的延续性之长。

此外，岭南地区出土的羊角钮钟、铜筒、铜棺、贮贝器等较有特色。

在西汉时期，铜剑逐渐被铁剑所代替，铜戈亦在西汉中后期为铁矛和铁戟所取代。汉代铜制的兵器，主要是弩机和矢镞。弩机始创于战国时代，汉代在设计上颇有改进。矢镞主要流行于西汉，其铤部多为铁质，到东汉则被铁镰所取代。

度量衡器中有尺、量、衡、权。铜尺的长度一般为当时的一尺，铜量分斛、斗、升、合、龠几种，量的形体以圆形和椭圆形的为多，方形的甚少，铜权大小不一，重量不等，其主要有锤形和环状两种。乐器有钟、钲、铎、铃等。但是，和前代相比，钟的铸造量大减，在考古发掘中，铎和铃等的出土亦不多。汉代有时还用铜制的俑和车马的模型随葬。甘肃雷台汉墓出土的铜戈、铜马及骑马武士，在造型和铸造技术上达到了很高水平。

总之，汉代铜器的造型，已摆脱了商周铜器那种庄严、厚重、古朴的作风，显得比较灵便、轻巧，适应于现实生活的需要，崇尚实用。一方面，纹饰相当简素，除了少数弦纹和铺首以外，各种容器纹饰都是素面的，朴素轻巧，但另一方面，华贵的则施以鎏金、鎏银以及用金银、玻璃、宝石之类镶嵌花纹，技术相当发达，满城汉墓出土的长信宫灯、错金银博山炉代表了这种工艺的最高水平，此外，湖南、广东、广西等南方地区出土的铜器，多有用细线镂刻花纹的，纹样有各种兽类、鸟类及几何图案等，显得甚为细致、流畅。

在汉代，铜镜的制作和使用比战国时代更为普遍，西汉前期，铜镜的形制和花纹保留着战国时代的作风，常见的是带有地纹的蟠螭纹镜。与战国时代不同的是，有些镜上已经有了铭文，西汉中期开始出现汉式镜，主要是草叶纹镜和星云纹镜，镜上的地纹都已消失。西汉后期有四螭镜、圈纹镜、日光镜和昭明镜等，其特点是花纹规整而简洁，铭文加长，镜钮普遍为半球状。

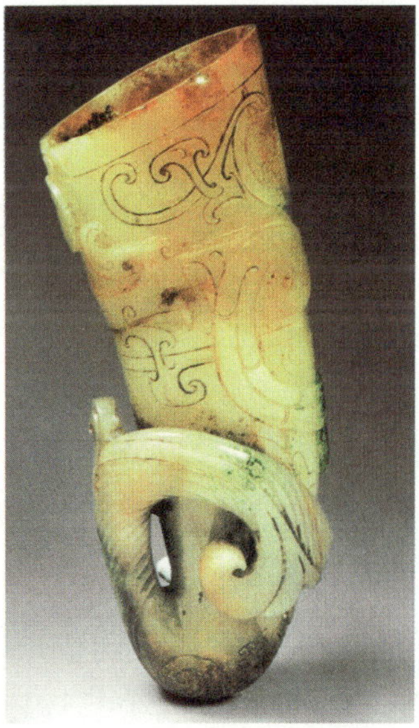
西汉角形玉杯

到了晚期，阴阳五行的思想反映到铜镜上，便大量制作有青龙、雀虎等“四神”纹样和子、丑、寅、卯等“十二表”文字的所谓方格规矩镜，流行于东汉前期乃至中后期。从新莽开始，在铜镜的铭文中出现了纪年。东汉中后期，又开始有兽首镜、夔凤镜、盘龙镜、双头龙凤纹镜等，都以图案化的动物为花纹。长江流域还出现神兽镜和画像镜，前者以东王公、西王母等神像和龙、虎等兽形为纹饰，后者除神像和兽形以外，还有车马、歌舞、历史人物和传说故事等图像。汉代铜镜的花纹，纹样的设计多对称于镜面的圆心，可称“心对称”。

到了东汉后期，有些铜镜，如有“君宜□官”、“位至三公”铭文的双头龙图纹直镜，可称“轴对称”。被称为“魔镜”的透光镜，则是利用铸造过程中镜面花纹和厚薄的不同，形成相应曲率，而产生透光效应，它们从另一个角度反映了汉代的科学技术的发展水平。

汉以后，青铜器的制作主要是一些小型的生活用具，如铜镜、带钩、漏，大型铜器基本绝迹，而且逐步为新兴的瓷器所代替。

龙蟠鹤立

一、河北、辽宁、吉林及内蒙古东部地区的青铜器

这些地区出土的青铜器以青铜短剑和各种动物纹饰牌为特色，包括兵器、工具、农具、生活用具、车马器和装饰品六个类别，具有浓郁纯厚的地方风格。从年代上来看，相当于中原地区的西周到春秋早期。出土的地点主要有内蒙古自治区赤峰市的宁城南山根、赤峰红山后，河北省的平泉东南沟，辽宁省的朝阳十二台营子等。

兵器中以短剑居多，其他则为刀、矛、戈、剑鞘、镦、镞、盔、盾等。工具主要是斧和凿。农具有镐和锄。车马器有衔、銮、泡、环、络饰等。装饰品有方扣、圆扣、耳坠、联珠形饰、铃形饰、人面铜牌、兽面铜牌，以及各种动物纹饰牌。生活用具有匕、匙、镜、针筒等。其中，一些鎏金铜牌饰，美丽异常，十分珍贵。

战国伫立羚羊形青铜杖首

青铜容器主要出土于宁城南山根101号墓，器形有鼎、簋、簠、鬲、双系壶、

豆、觚、双联罐、勺等。其中的长锥足鼎独具特色，敛口浅腹，口部有环形耳，圜底下有三个很长的实锥足。鬲为敛口短颈，口沿上有两个鼠形小耳，裆部较平，下有尖锥足。双系壶为小口短颈，鼓腹圈足，肩上有小环耳。豆的盘中接连一浅腹罐，双联敛口圆腹、平底，盖呈半球形，两罐的腹部由两条平行梁连接在一起，顶上各有一个马形钮。勺的柄呈“丫”字形，柄作男性器形。

战国虎噬羊纹青铜饰牌

这些青铜器主要表现了本土的地域特点，同时不乏中原文化因素的影响。如南山根出土的柱足鼎、蹄足鼎、双耳簋、簠及其花纹，镜、柳叶形矛，夏家店12号墓出土的二穿戈，平泉东南沟出土的等腰三角形锋的戈，都是在中原地区常见的式样。南山根出土的双系壶、觚、勺、斧、凹腰柳叶式矛、凹腰柳叶式剑，弧背凹刃刀、盔以及车马器等，都是受到中原文化影响而铸造的变体器物；长锥足鼎、鬲、双系壶的形制，也见于赤峰红山后的陶器中。双联罐、豆、盾、各式剑及其花纹、剑鞘、三刃镞、镐、锄、大部分车马器和各种饰牌，都具有独特的地方风格。

根据史书记载，这一地区在西周到春秋是山戎的活动区域。《史记·齐世家》记载齐桓公北伐山戎至于孤竹而还。《齐世家》也记载山戎侵燕，以及燕不能支撑，求救于齐。由此，可推测使用这些青铜器的主人或许是山戎、东胡部族。

二、晋北、陕北及内蒙古河套地区出土的青铜器

在内蒙古的河套地区和宁夏、陕北、晋北等地，通过田野考古发掘出土了一定数量的青铜器群，它们皆以各种各样的动物纹样饰牌和圆雕动物装饰品为特征，极富地方民俗文化和艺术魅力，根据近年来

齐桓公像

战国双牛纹青铜饰牌

的研究成果，大多数学者专家认为这些青铜器属于匈奴族文化系统。这些青铜器可以称之为鄂尔多斯式青铜器。它的发现，为研究我国北方地区游牧民族的历史和统一的多民族国家的形成和发展，提供了珍贵的实物资料。

匈奴族文化系统的青铜器主要包括兵器、工具、车马器具和装饰品4个类别，迄今尚未发现农具和礼器。其中青铜短剑、鹤嘴镐、小铜锤，各种各样的动物纹样和圆雕动物装饰品以及马具最多，最有特色，也最为精湛。

从春秋晚期到战国早期，匈奴族文化系统的青铜器，以内蒙古杭锦旗桃红巴拉、乌拉特中后旗呼鲁斯太、和林格尔范家窑子等地墓葬出土物最多最为重要。此外，土默特旗小涧沟门，凉城县毛庆沟和宁夏固原鸭儿沟等地也出土了这个时期的青铜器。

这个时期出土的工具和兵器主要是鹤嘴镐、小锤、刀和短剑。鹤嘴镐又称为鹤嘴斧，一端是扁刃，另一端呈鹤嘴形，中部厚实，有椭圆形銎，以便安柲；圆銎斧，呈狭长的条形，弧刃，銎一端有一短柱状突起；刀为弧背凹刃，柄扁平，后端有孔；短剑颇富特征，直刃有背，剑格突起，扁茎，首一般呈两兽头或鸟头相对形，也有作双环形的。另外还有锛、锥、凿、斧、戈、镞等。戈、斧、镞多为中原式。马具有马衔、马镳、络饰、鞍饰、扁环等。装饰品种类繁多，尤其以带扣、环饰、联珠形饰、鸟兽头形饰，以及动物纹饰牌最为典型，这些饰物往往成组出土，如桃红巴拉的三马纹饰牌和范家窑子的虎咬兽纹饰牌，长安客省庄出土的武士搏斗纹饰牌，呼鲁斯太出土的立鹿形饰牌等，都是这一时期的典

战国双马撕咬纹青铜饰牌

型遗存艺术品，蕴藏了独具特色的地区风貌。

战国后期的匈奴文化系统的青铜器以内蒙古准格尔旗西沟畔、玉隆太、速机沟、瓦尔吐沟、杭锦旗阿鲁柴登，宁夏固原杨郎，陕西神木纳林高兔、李家畔等地出土的为代表。这些地方出土的战国后期匈奴文化系统的铜器鹤嘴镐、弧背曲刃刀仍然具有早期风格。短剑略有变化，剑首的双兽或双鸟头相向形，变成了双兽或双鸟头连成双环或单环形。

装饰品中的饰牌较前期发达，有几何纹饰牌、鸟纹饰牌、马纹饰牌、涡纹扣形饰牌，种类繁多，式样各异。其中最为讲究的是动物纹长方形饰牌，有浮雕，有透雕。动物纹的种类有马、鹿、虎、盘羊、狼、驴、鹰等，以鹿为最多。它与同期的金银动物纹饰牌的风格完全一样，富有较高的艺术价值。其中属精品的有呼和浩特附近出土的盘羊饰牌、屈足鹿饰牌，内蒙古博物院收藏的双虎夺鹿纹饰牌、鹰袭鹿纹饰牌，以及固原杨郎出土的虎背驴纹饰牌等。

这一时期最为引人注目的艺术品还有圆雕动物饰件。这些饰件大都是套接在杖首、辕头或装饰车軎，通常有两种。一种是在圆銎前端做成圆雕动物头像，有羊头、鹰头、鸭头、狼头等；另一种是在方銎座上做成圆雕完整动物形象。动物的种类有鹿、羊、羚羊、牛、驴、马、豹、鹰、兔、刺猬、犬等，神态逼真，形象生动，造型以写实为主，同一种动物姿态各异，变

战国铜鹿

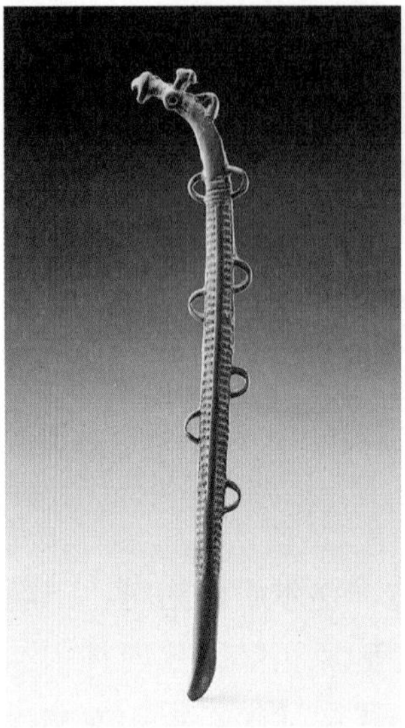
战国龙首匕

化万千，有静有动，有立有卧，或昂首或低头或嘶鸣或远眺，工匠极其熟练地掌握和捕捉动物的神态，故刻画的动物皆栩栩如生，如玉隆太的盘角羊辕饰、羚羊饰件、鹿形饰件、立兽饰件、立马饰件，西沟畔的鹤头饰，速机沟的羊头饰件、狻猊饰件、狼头饰件、屈足鹿饰件，神木纳林高兔的刺猬饰件，中沟的立犬饰件等。此外，还有单独的圆雕动物造型，如玉隆太的五件雌雄卧鹿、速机沟的四件雌雄立鹿、瓦尔吐沟的卧状绵羊、神木李家畔的四件伏兔等。这些丰富多彩，千变万化的动物形象，有的还采用了鎏金工艺，高贵、华丽，颇具历史、艺术、科学价值，是研究古代匈奴族的文化、经济、科学技术发展的珍贵文物资料。此外，西沟畔等地出土的铜镜、车軎、戈、镞等器物，明显地体现了中原地区青铜文化的影响。

上述这些极具地方文化特色的艺术品，是该地区青铜文化的典型代表，是不朽的艺术杰作。

三、成渝地区出土的青铜器

成渝地区位于四川盆地的中心区域。商周青铜器的主要出土地点有彭县、新繁、成都、郫县、峨眉、峨边、广元、绵竹、广汉、双流、芦山、犍为、重庆、巴县、涪陵、奉节等县市。

巴蜀两个国族的遗物以兵器最有特色，容器和乐器也有自己的风貌。巴蜀式兵器中的戈、剑之类的形制，有着强烈的模仿西周早、中期或更早时期的兵器的倾向。如以戈为例，有长条形有阑直内式、阔援有穿直内式、阔三角形援直内式、狭援甚阔本直内式、兽头援本长胡直内式、狭援长胡直内式。只是因为形制相传的年代久远，所以才会或多或少地有些变样，总的来看，当时的铸造技术还是比较精湛的，有的戈竟然铸造得非常相似，可以鱼目混珠。另外，巴蜀兵器钺和矛也颇富特色。巴蜀式剑有柳叶短式和柳叶长式两种。值得一提的是巴蜀文化青铜器，尤其是兵器上常有的笋形、心形、鸟形、虎形等各种铭记，这些铭记的属性还不太清楚，有的说它是一种符号，有的说它是文字。

商人面铜像

1986 年，四川广汉三星堆的两座商朝墓出土了大量青铜器，多达 900 余件，其中立像、跪坐人像、人头像、人形面具、兽面具、瑗戈、神树、神坛等都具有地方本土文化特征，其铸造工艺之精湛，令人震撼。另外，还出土了中原地区较为常见的尊、罍、瓿以及湖南、湖北、安徽等地常见的尊。

器形高大、造型生动、结构复杂是三星堆青铜器的重要特点。二号祭祀坑中出土立人像高达 2.26 米，重 180 多千克，人像头戴兽面形高冠，身着衣服三层，最外层衣服近似“燕尾服”，两臂平抬，两手呈持物献祭状。这样高大的青铜铸像在商代青铜文明中是独一无二的。同坑出土的大型兽面具宽 138 厘米，重 80 多千克，造型极度夸张，方形的脸看起来似人非人，似兽非兽，角尺形的大耳高耸，长长的眼球向外凸出，其面容十分狰狞、怪诞，可谓青铜艺术中的极品。青铜神树高 384 厘米，树上有九枝，枝上立鸟栖息，枝下硕果勾垂，树干旁有一龙援树而下，十分生动、神秘，把有关古代扶桑神话形象具体地反映出来了。

三星堆青铜器以大量的人物、动物、植物造型为特征。青铜的人头像、人面像和人面具代表被祭祀的祖先神灵；青铜立人像和跪坐人像则代表祭祀祈祷者和主持祭祀的人；眼睛向前凸出的青铜兽面具和扁平的青铜兽面等可能是蜀人崇拜的自然神祇；以仿植物为造型特点的青铜树，则反映了蜀人植物崇拜的宗教意识。以祖先崇拜和动、植物等自然神灵崇拜为主体的宗教观念，构成了早期蜀人最主要的精神世界。

三星堆出土的这些青铜器，除青铜容器具有中原殷商文化和长江中游地区的青铜文化风格外，其余的器物种类和造型都具有极为强烈的本地特征，它们的出土，首次向世人展示商代中晚期蜀国青铜文明的高度发达和独具一格的面貌。

巴蜀文化中，一部分青铜器的器形保留了西周早期或更早一些的青铜器的特征，其中有一类是依照原形仿铸的，还有一类是仿造且经过变形的；部分器形没有受到外来文化的影响。上述两类器物之所以要采用这种形式，可能与巴人参与武王伐商获得殷周型兵器并将其长期流传有关，是小邦国为增大其荣誉而对周文化仰慕的一种表现。

巴蜀出土的青铜容器有鍪、釜、甑等炊器，这些器的耳是用绳索成范后翻铸在器上的。鍪似圜底束颈敞口壶，肩上有一耳或两环耳。釜如敛口的大圆钵，也有两环耳。

巴蜀的乐器有两类。一类是外地传入的，主要是从楚地，如涪陵小田溪出土的一套错金编钟，铸作极精，纹饰特征为楚国器；另一种是形体很扁的甬钟，枚的地位缩得很高，甬上没有旋和干，衡空中设一横梁可悬。这类钟属于巴蜀文化的产物，是变了形的西周甬钟的仿制品。

四川彭县竹瓦街窖藏周初的青铜器有罍、觯、尊等，共出的有带穿的戈，这是战国时代巴人的古式戈，这个窖藏应以所出的最晚器的年代来判断入藏的时间。窖藏的器物，说明巴人曾有长期的珍藏商周青铜器的习惯。蜀国青铜器以前发现的材料不多，近年来有重大发现，需要进一步地研究和探索。总之，巴蜀青铜器深刻地体现了周文化和巴蜀文化交流和融合的历史遗存。

四、滇、黔地区出土的青铜器

地处我国西南高原地带的云南、贵州，早在东周至秦汉时期就是西南各族人民居住的地区，出土了数量极多的具有浓厚地方色彩和独特艺术风格的商晚期青铜器。

云南地区发现的青铜器，主要分布在滇池和洱海两个区域。滇池地区青铜器的出土地点有昆明、呈贡、晋宁、澄江、江川、新平、陆良、曲靖、富民、安宁、禄丰、路南 12 个县市的 39 个地点。洱海地区青铜器的出土地点有剑川、祥云、

云南晋宁石寨山古墓群

滇王之印

大理、德钦、楚雄、元谋、姚安、永胜、宁蒗、巍山、昌宁等县市。这两个区域的青铜器在器形和纹饰上都存在一定差别。滇池地区出土的青铜器，一般种类较为复杂、铸造精致，合金配比适宜，尺寸合度，尤其是器物上的纹饰装饰集浮雕、圆雕、透雕于一体，极为丰富和生动。而洱海地区的青铜器则制作粗糙简朴，种类也较少，且大多数器物上没有纹饰。大坡那出土的器物，有许多是红铜铸造的。晋宁石寨山墓还出土了汉王朝颁发的金印“滇王之印”。

云南地区出土的青铜器种类十分繁杂，按用途可分为兵器、生产工具、生活用具和乐器4个类别。

兵器主要有剑、矛、戈、斧、钺、戚、啄、叉、矢镞、箭箙、弩机、盔甲等。生产工具有锄、镰、锯、凿、削、鱼钩、针、锥和纺织工具。生活用具有壶、洗、釜、甑、樽、斗、耳杯、案、盆、贮贝器、伞盖、枕、镜、扣饰、带钩、印章、干栏式房屋模型、动物透雕饰牌等。乐器有鼓、编钟、芦笙等。在这些青铜器物中，许多具有明显的地方特征，反映了这一地区的青铜文化风貌。生活用器中，如盒、枕、贮贝器

西汉曲管笙

以及干栏式房屋模型等，都具有地方色彩，此外，随葬品汉铜棺，长约200厘米，宽约60厘米，高约100厘米，形制巨大，颇具地方民俗特色。

特别值得一提的是，云南晋宁石寨山出土的西汉鎏金骑士贮贝器、战争贮贝器，在其盖上，雕铸或镌刻有神态各异、栩栩如生的各种人物形象，场面有祭祀、战争、杀殉、纳贡、上仓、狩猎、放牧、饲养、演奏、舞蹈等，反映了当时滇国的社会状况，是十分珍贵的民族学、民俗学实物资料。云南铸造的铜柄铁剑数量较多，有长的或短的，剑握铸造采用几何形状并饰乳钉纹等纹饰，极富装饰效果，形制优美。铜鼓是中国南方地区的古代少数民族的重器。云南出土有春秋、战国、西汉的铜鼓，其中，汉万家坝铜鼓、石寨山铜鼓闻名遐迩，极其珍贵。此外，滇文化的兵器颇具特色，剑的形制有圆茎宽平格长三角形腊式、圆茎宽平格圭状腊式、收锷无格式、长三叉格式、短三叉格式、三字形格式、无格式；戈有斜勾援有阑式、狭条援宽本式、狭条援甚宽本式、曲援长胡式。其直内戈的内上或援上常常装饰人面纹和几何纹；匕首在握上常常装饰圆雕人像或动物，极具造型艺术。

云南地区发现的春秋至汉代青铜器，在铸造技术方面已达到相当高的水平。从铸铜技术看，已经熟练地使用了陶范法、失蜡法、分铸法、焊接法等技术。此外，云南出土的青铜器中有的还鎏金，颇显华贵之态，如汉人骑鎏金贮贝器等；有的器物的纹饰装饰采用了细工工艺的细线刻纹，彰显细腻华美之态，这些皆充分体现了滇民族的艺术才能。

贵州毗邻云南之处，根据史书记载，在西汉时曾是西南夷夜郎国的地域。青铜器主要出土地点是黔西北的赫章可乐和威宁中水。另外在贵阳、盘县、兴义、普安、清远等地，也发现有少量的青铜器。

就这一地区目前所发现的青铜器的断代来说，上限为战国时期，下限为汉代。在这一时期，青铜器已经广泛应用于生产工具、兵器、生活用器和装饰品等各个方面。出土青铜器的造型、花纹风格，很明显地可划分为三种类型：第一类如镜、鼎、弩机、錾、镞、铜钱、印章等，完全是由中原汉文化地区输入的产品；第二类是与云南滇文化中出土的青铜器造型、花纹风格相同或一致，如贵阳、盘县、兴义、赫章出土的锄，威宁、清镇、普安出土的剑，清镇出土的钺，以及戈、矛、釜和鼓改装的釜、镂花铜饰牌等；第三类如威宁出土的戈、剑、矛等，都与四川地区出土的巴蜀文化的同类器物的风格一致。第二、三类器形都具有地方色彩，属于滇文化系统，并受到巴蜀文化的影响。

商大禾人面纹方鼎

五、湘、桂、粤地区出土的青铜器

湖南、广西、广东三省是中国古代“百濮”、“百越”族系的聚居之地，这一地区出土了一大批铸造精湛的商周时期的颇具本土特征的青铜器。其中一部分青铜器，无论是造型，还是花纹、铭文，均与中原地区的青铜器一致，应是来自中原地区的。而另一部分青铜器，在造型、纹饰上，均具有浓厚的地方特征，是当地人在中原地区青铜文化的影响下铸造的器物。三省区发现的青铜器，虽有一些共同的文化特征，但又因地域和族属的不同，存在着一定的差异。

湖南的资兴、衡阳、长沙、宁乡、益阳、常德、石门等地，陆续出土了很多商周时代的青铜器，多达四五百件，如商兽面纹提梁卣、豕尊、醴陵象尊、牛尊、桃江金泉马簋、旅父甲尊、四羊方尊、兽面纹铜斧、夔龙耳罍、鱼纹罍、皿方彝、象纹大铙、虎纹大铙、蛙纹大铙、兽面纹大铙、云纹大铙、龙鸮卣、龙凤纹戈卣、三羊纹鬲、虎纹钺、龙纹立斧铜刀、兽面纹瓿等。其中以宁乡一带出土最多。这些青铜器均为窖藏出土，造型奇特，纹饰精美，铸造技术精湛。西周中晚期以后，湖南地区地方青铜文化的特征较为明显，如西周的双索耳圈足簋形器、资兴出土的侈口圜底垂腹高足变形夔纹鼎和直腹雷纹鼎，都是春秋时代仿铸西周早期的越式鼎之器。稍晚出现了立耳盘口鼎，也是越式鼎的一种。此外，还有战国时期的剑、镞、刀等。

广西出土青铜器的地点分布很广，包括桂北、桂中、桂东、桂南、桂西南等地区，其地域占广西大半境，器形有卣、钟、罍、尊、鼓、鼎、剑、戈、矛、匕首、镞、钺、斧、弩机、匜、筩、镜、羊角钮钟、人首

西汉漆绘竹节铜筒

柱形器等。

从上述青铜器的造型、铭文、纹饰特征来分析，广西青铜器可分为两种类型。第一类是器形、纹饰、铭文与中原地区商周青铜器风格一致或相近的，如武鸣全苏、灌阳钟山、忻城大塘、横县镇尤、恭城会加等地出土的商周时期的卣、甬钟、鼎、罍、编钟、剑、戈、矛、匕首、镞、斧、削，贵县、合浦出土的汉代鼎、镜、灯、印章、弩机等，恭城的蛇噬蛙纹尊和菱形几何纹尊，都是春秋晚期时仿铸西周形式之器。第二类是具有明显地方特征的器物，如贺县、象州、德保、恭城、平乐出土的战国各式铜钺及靴形钺，贵县出土的很有特色的汉羊角钮钟、漆绘竹节铜筒、漆绘铜盆以及羽人舞蹈纹铜桶、竞渡船纹铜筒；百色出土的汉铺首衔环蒸馏器、竞渡船纹铜钺；武宣县出土的战国人面纹铜剑；柳州市出土的西周人面纹铜剑、喇叭形铜器；西林县出土的汉鎏金面具、博局棋盘、鎏金铜棺等。同时，广西出土的数量颇多的汉冷水冲型铜鼓、北流型铜鼓、灵山型铜鼓，其纹饰装饰繁缛富丽，鼓面圆雕题材丰富，颇具历史、艺术和科学价值。

广西出土的青铜器，从年代上看，商周春秋战国各期器物都有，最早的属于商代晚期。因此，广西地区的青铜文化是以输入中原青铜文化作为起点，在中原青铜文化的影响下逐渐地发展，因此在器形、纹饰等方面既有中原风格，又有浓厚的本土特色。同时在西周中晚期至春秋时期，在中原文化的影响下，融合楚滇文化因素的一种特殊的当地文

西汉铜屋及其纹饰展开图

化在广西兴起，到战国时期发展到鼎盛阶段。到汉代以后，广西的青铜文化与中原汉文化融为一体。

广东位于岭南地区，与广西一样，在先秦以前，这里也是我国古代南方“百越”族系聚居之地。广东地区的青铜器，在中华人民共和国成立前有零星的发现，而大部分是中华人民共和国成立后出土于墓葬的随葬品。广东出土青铜器的地点有信宜、饶平、清远、德庆、肇庆、四会、广宁、怀集、佛岗、龙川、罗定、惠来、博罗、连平、海丰、惠阳、龙门、揭阳、佛山、广州以及香港地区，其中主要出土地为西江地区，少部分在北江、东江、韩江及其支流两岸。出土的青铜器包括炊器、容器、乐器、兵器、工具和杂器。器形有鼎、罍、鉴、盉、壶、盘、缶、编钟、钲、錞于、甬钟、剑、戈、矛、钺、镞、斧、凿、刮刀、匕首、锥、削、人首柱形器等。在上述地点发现的青铜器中，信宜县松香厂出土的盉时代最早，约为西周时期。但是早期青铜器的数量很少。春秋战国时期是广东地区青铜器的发达时期，出土的数量比较多。青铜器在汉代仍然较广泛地使用着。

广东发现的青铜器，从造型、纹饰特征分析，也可分为三种类型。

第一类是与中原地区出土的同类器形相同的少数器物，如信宜县出土的分裆盉，口沿外侈，曲管长流，鋬由两个镂孔的夔龙相合而成，面饰夔纹、云雷纹、兽面纹。它的形制与著录的龙纹盉相似。清远出土的春秋晚期至战国早期的铜罍，形制与花纹也与中原地区出土的同类器相同，这说明可能从西周开始，到春秋战国，广东地区与中原地区有着文化交流和往来。

第二类是在春秋战国的青铜器中，很大一部分与长江流域出土的同类型器物相似，如罗定出土的折沿直、盘口半环耳、敛口附耳等式，三实足细长外撇的越式鼎，在江苏、江西、湖南等地均有出土，各式剑与岭北流行的式样一致，连平出土的錞于，其形制和长江流域出土的也相似。特别是广东出土的青铜器中有很大一部分与楚国的青铜器相同，肇庆出土的错银铜罍、铜提梁壶、三足盘，四会出土的铜盉，罗定墓出土的铜鉴、铜鼎、铜缶等，形制、花纹和铸造方法都与楚地出土的青铜器一样。如肇庆的口平，沿宽厚，颈稍高，腹圆，平底加圈足，肩部有双耳，铺首作鸮首形，盖上置钮和环的银错铜罍，全身错银，花纹由勾连的鸟纹和云气纹组成，极其精致典雅，是楚国的典型器物。出土的鼎、剑均与长沙楚墓中出土的完全一致。罗定、肇庆等地出土的甬钟，形体瘦长，枚长，形制和花纹都与湖北随县曾侯乙墓的编钟一致。其他如矛、戈、钲、斧、凿、削，均在湖南楚墓中常见。

第三类是具有浓厚地方文化色彩的青铜器。在具有地方特色的青铜器中，越式的盘口鼎和斜支足鼎时有发现，有一部分与桂、黔、滇等地出土的有相同的特点，如德庆马墟出土的椭圆形銎的靴形钺，扇形、斜肩、銎部饰勾连云纹钺和铲形钺，肇庆出土的直筒、双附耳、平底的筒、铜鼓等。另外，如清远出土的短剑，刃圆平，柄上有环首，中为方孔，有立像；一件匕首的握上装饰有圆雕人像。

广东地区的青铜文化，是在商末两周时期受中原青铜文化的影响发展起来的，在春秋战国时期，已具有浓厚的地方色彩，同时反映了广东地区的青铜文化与岭北青铜文化相互融合和相互影响。

六、苏、皖、浙、赣地区出土的青铜器

江苏、安徽、浙江、江西四省地处长江中下游和太湖、钱塘江、鄱阳湖流域，系吴越文化的分布地区之一。

在江西的清江流域，发现了一批相当于商朝早期和中期之际的青铜器，有兽面纹斝、虎耳扁足鼎、兽面纹卣工具和兵器等，并发现了铸造工具和不知名容器的石范。如1989年江西新干大洋洲出土的475件青铜器，包括青铜礼器、乐器、兵器、工具和杂器。特别值得一提的双面神人青铜头像，神情神秘诡异、威严慑人，是巫师贯通天地之神器；鹿耳四足青铜甗，重78.5千克，体形巨大，气势雄浑，奇美诡异，为青铜甗之最大者，有“甗王”之誉；虎耳虎足青铜鼎，把虎的神性和对虎的崇尚表现到了极致，可谓虎之王者，是文物之奇珍，国家之瑰宝；具有温食功能的青铜温鼎，可谓今日流行于大江南北的火锅的鼻祖；伏鸟双尾青铜虎，表现了当地独特的虎崇拜，是商代江西本土文化最具代表的青铜器之一；嵌红铜云纹青铜钺，身巨体重，象征地位的高贵和权力的显赫，是我国现存最早采用错金属工艺的商代器物之一。这些器物既有典型的商代青铜器，也有经后人加工或改造过的，这种器的形制、纹

饰既具有本地特色，也带有南方民族独特的创造性，如瓿形鼎、折肩鬲、假腹盘、三足卣、双面神人像、伏鸟双尾虎。其中兵器的形式与陕、晋等地相同。

吴越青铜文化的分布地区，主要在长江以南。兵器、生产工具、生活用具和乐器等青铜器出土的数量也不少。江苏丹徒烟墩山出土的西周康王时代的宜侯矢簋，便是著名的青铜器。丹徒大港母子墩的一批青铜器中铸铭“伯作宝尊彝”的方座簋，更是西周中期偏早之器。此外，还有武进淹城内城河出土的三轮盘、匜及七件句鑃以及大港磨盘墩的西周墓。

在安徽屯溪的墓葬中，出土了铸铭的西周早期和中期的青铜尊。这些吴越文化特色浓厚的青铜器明显地分为两类：一类是模仿西周器，但是形制或多或少已变了形，这是大多数；一类是当时设计的新式样，是少数。第一类的有鼎、簋、尊、卣、双耳扁壶、盘、匜等，器形模仿一般很少能严格地保持西周的式样，鼎为浅腹斜支足；簋为多敛口有肩浅腹双耳式，且双耳有的成为两道镂雕的棱脊；筒形尊腹部鼓出而呈圆或扁圆形；大口垂腹尊器体极阔；卣的肩部特别丰满而使整个造型显得偏高而且臃肿；盘多直口紧附耳和直圈足等，都是不甚精确或很不精确的模仿件。另外，这些器物除个别以外，器壁都比较薄或很薄，这和中原地区西周器乃至春秋早期器是全然不同的。此类仿铸的器，其纹饰没有什么规定的格式，如屯溪卣的纹饰为不太相似的仿西周凤纹卣的式样，鼎类亦是如此，其余大多数器上的纹饰，都是吴越文化分布地区所特有的式样。这些纹饰以屯溪和丹阳出土的器最为集中，主要有以下一些形式。一、传统窃曲纹的变形，同地所出的鼎即有这类纹饰的前型，为西周晚期或春秋早期的通行式样；二、窃曲纹的复杂变形和交连；三、双勾式的窃曲纹的变形和交连；四、交连和不交连的变形兽纹；五、棘刺纹，密集的方格状的简单线条中有棘刺状突出；

窃曲纹

六、动物变形的几何纹等。设计式样新颖的青铜器有盂形器、方缶等，纹饰与以上大致相同。

上述青铜器经过化学分析，含铅量均较高。铸造如此精细的纹饰，在当时的情况下，如果不加大量的铅来增加液态青铜的流动性，则浇铸几乎是不可能的。这和春秋晚期至战国的纹饰精美器壁甚薄的青铜器皆含有大量铅的原因是完全相同的。

吴越文化中的青铜器，和巴蜀文化中的青铜器颇有相似之处，有西周早中期的，也有大量东周时代的仿制品，当然也有不依赖于模仿的地区特色浓厚的器物。有很早的器物，也有很晚的器物，但所仿铸的选择标准，都是西周早中期之器物，这也是非常相似的。春秋早中期的吴器，则完全没有地方色彩，与中原毫无二致。经研究证明，吴越文化式的青铜器，一般不早于春秋早期，晚期约在春秋战国之际。

兰膏明烛，华灯错些

中国各地的博物馆都珍藏着一定数量的古代青铜灯，这些考古发掘出来的珍贵的实物资料，一般大都是战国时期和汉代的。这些青铜灯的形制千姿百态，有的婀娜多姿，有的秀拔伟岸，有的古朴典雅，有的小巧玲珑；它们或鎏金、或镶嵌、或漆绘、或镂刻、或浮雕和透雕，争奇斗艳；而且，极具科学性和先进性，高度地显示了中国古代制灯工艺的卓越成就，堪称世界灯具史上的一枝奇葩，在当时世界上具有领先地位。

灯和“灯”字究竟起源于何时目前尚不清楚，但战国以前都还没发现名为灯的实物。在商代的甲骨文中也未见“灯”、“烛”之类字样。西周时在人们日常生活中出现的“烛”应是最早的照明用器。

西周时“烛”应是一种由易燃材料制成的火把，用于执持的已被点燃的火把，称之为烛；放在地上的用来点燃的成堆细草和树枝叫做燎；燎置于门外的称大烛，门内的则称庭燎。

中国现存最早的灯具出于战国，在《楚辞·招魂》中有“兰膏明烛，华镫错些”的记录，说明战国时已出现“镫”这个名称了。在周代“镫”、“登”通用，《尔雅·释器》载：“木豆谓之豆，竹豆谓之豆笾，瓦豆谓之登。”徐铉曰：“今俗别作灯，非是。”晋郭璞云：“礼器也。”

古人把“镫”称灯，应是字义的假借。

早期应是燃用动物膏脂或把一种泽兰草提炼成植物油膏，放在这种镫上照明。灯烛光明闪亮，而它需要点燃，而何为引火用具呢，这里就要说说阳燧了。

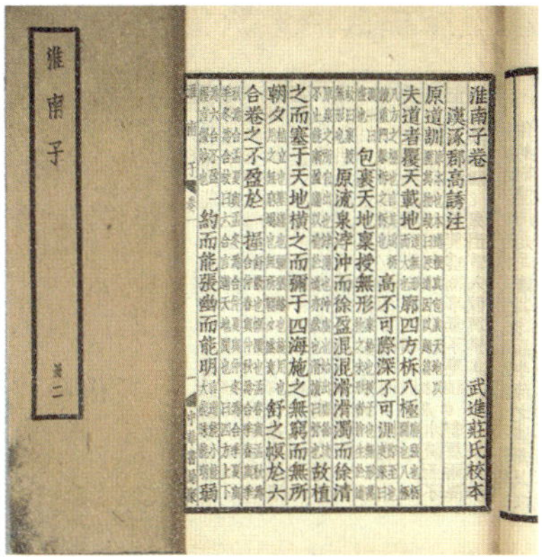

《淮南子》书影

阳燧是用日光反射聚焦来引火的工具，初看上去呈圆形似镜，但它的正面却不像镜子那样呈平面或凸面状，而是内凹，凸弧背上有钮，施纹或素面。文献上有关阳燧的记载相当多。《周礼 · 秋官 · 司烜氏》云：“掌以夫遂取明火于日。”郑玄注：“夫遂，阳遂也。”《疏》：“以其太阳之精，取火于日，故曰阳燧。”《考工记》还讲到了制作阳燧的配方：“金锡半，谓之鉴，燧之齐。”可见，西周时期人们就已经在利用阳燧取火了，并设有“司烜氏”专职此事，其重视程度显而易见。《汉旧仪》云：“以阳燧取火于日。”《淮南子 · 天文训》载：“故阳燧见日，则燃而为火。”注曰：“阳燧，金也，取金杯无缘者，熟摩会热；日中时，以当日下，以艾承之，则燃得火也。”崔豹《古今注 · 杂注》亦云：“阳燧，以铜为主，形如镜。照物则影倒，向日则火生，以艾炷之则得火。”

山顶洞人像

河南汉魏许都故城遗址出土了一批铭文小砖，其中的两块很耐人寻味，铭文分别为“阳燧富贵”、“阳燧富贵大吉利”。文字皆位于砖面的一侧，竖式排列，字与字之间都以横线间隔，隶书，外形偏长，笔画方折，现藏于许昌博物馆。“阳燧富贵”中的“阳遂”应为“阳燧”之省写，这在汉代陶文或金文中常常见到。从大量的文献描述可知，将阳燧放在日光下可以聚光于中心，中置艾绒使其燃烧，用于取火。

我国古代先民除用太阳能取火外，还

有用摩擦起热取火的。大约在18000年以前，山顶洞人就已经懂得人工摩擦取火，火的使用增强了人类征服自然的能力。西周时期凹面镜的出现，证明了人类利用太阳能取火的事实。到了汉代，人们还将对火的崇拜、依恋、珍爱和怀念等情感都凝聚在“阳燧富贵大吉利”的美妙希冀中。

西汉凤尾灯

火是人类祖先抵御猛兽的主要工具，灯也是因为火而得到发展。根据文献资料和考古实物资料的佐证，铜灯的出现始见于战国，且战国和两汉时期是中国使用铜灯的鼎盛时期。

铜灯的铸造方法一般用陶范法，有分铸、合铸、焊接和嵌铸等方法，有以下步骤。

首先制模。模亦称“母范”，原料可选用陶或木、竹、骨、石等各种质料来制作。其次制范。要选用和制备适当的泥料。其主要成分是泥土和沙。第三浇注。将已焙烧的且组合好的范趁热浇注，不然需在临浇注前进行预热。预热时要将范芯装配成套，捆紧后糊以泥沙或草拌泥，再入窑烧烤。预热的温度以400℃～500℃为佳。焙好的型范需埋置于沙（湿沙）坑中防止范崩引起的伤害，并在外加木条箍紧，也是为了防止铜液压力将范胀开。范准备好后，将熔化的铜液（1100℃～1200℃为宜）注入浇口。器物之所以倒着浇，是为了将气孔与铜液中的杂质集中于器底，使器物中上部致密，花纹清晰。浇入铜液时应该掌握好速度，以快而平为宜，直到浇口与气孔皆充满铜液为止。待铜液冷却凝固后，即可去范、芯，取出铸件。一次浇注成完整器形的方法叫“浑铸”，或“一次浑铸”，或者“整体浇铸”。第四修整。铸件去陶范后还要进行修整，经过锤击、锯锉、錾凿及打磨，消去多余的铜块、毛刺、飞边，只有这样经过打磨修理加工，青铜器物才能表面光滑、纹饰清晰漂亮。

铜灯的造型种类繁多，有各种各样的动物及瑞兽形状，如牛、羊、鹿、朱雀、鹤龟、雁鱼、虎、鸟、蛇、龙、凤鸟等，此外，还有兽面形灯，凡是祥瑞的鸟兽，皆可入灯。

此外，还有以人形或人俑为造型的灯。人形灯的人物造型千姿百态，或站立、或跽坐、或张臂、或匍匐，绝少雷同。有的还用银做人首，或错金银、或绘黑漆红、或鎏金，华丽无比。战国时期有银首人俑灯、彩绘跽坐人俑灯、人骑骆驼灯、人擎双盏灯、站立人俑灯；汉代有人骑兽灯、“当卢”铭灯、羽人灯、人形做飞翔状灯、长信宫灯。

人形和动物一起为造型的灯有骑驼人形灯（湖北省博物馆藏）和花篮形人鸟铜灯（广西柳州市博物馆藏）。

植物造型的铜灯中，最引人瞩目的当数汉树形多枝灯。

取材于各种器皿造型的象物形灯，以豆形最多，此外有簋形灯（河北省博物馆藏）、鼎形灯、耳杯形灯、卮形灯、壶形灯、镳轳形灯等。

在古代社会，贵族的礼仪活动很多，出行有许多的讲究。在铜灯艺术品中，我们可以清晰地看出古代社会的一些等级关系，如战国骑驼人形灯，反映了当时的贵族往往以驼代步、以马代步，还有的倚坐下人肩负的乘舆。

战国时期，各国的变法革新促进了地区经济的迅速发展。青铜器在铸范的制作、合金原料的配比选择、冶铸的技巧上更加讲究，其中合范铸造、熔模铸造、焊接等多项技术的出现，错金、错银、嵌赤铜、包金、鎏金、镶嵌、刻镂等新工艺的使用，使青铜器制作呈现出新的风貌。大量精美青铜灯的使用，表现出王室贵族追求奢华的时尚，如对圆雕艺术品战国银首人形灯、战国漆绘人形灯的装饰与塑造。

战国至秦汉时期，社会经济获得很大发展，青铜日用品已广泛发展，数量逐渐增多，渗透到了社会生活的诸多方面，而铜灯普遍应用。例如，战国簋形灯、西汉鼎形灯等，体现了社会生活的一个侧面。

史志中记载信奉万物有灵与自然崇拜的上古民族并不鲜见，虎、熊等猛兽活动于山林，极易危害人类，同时又与生活在这种自然环境中的先民的狩猎生活息息相关，故虎便成了时人所敬畏崇拜的动物；植物中的树木，上古民族亦视为神树，如战国树形灯，造型枝繁叶茂，繁华瑰丽。并且，其中的鸟雕、猴雕、虎雕生动写实，让人们从上古先民的青铜文化艺术品中领略了古代各民族的原始宗教信仰和图腾崇拜的习俗。

神话传说中的仙人，具有超人的能力，可以超脱尘世，长生不老。而青铜艺术品的纹饰装饰题材，有着丰富的文化内涵，故神话传说和神仙故事题材，也是青铜艺术品纹饰装饰中永恒的主题。如东汉羽人灯，再现了先民对神灵的尊崇。

灯是光明之源，有着照明的功能，是一种实用性很强的日用品。青铜灯具的造型尺度和结构，都是根据其实用功能来确定的。

灯的尺寸是以使用方式的不同为依据的。战国时期的铜灯立灯较多，其铸造的高度一般为 90 厘米。而汉代的铜灯座灯较多，其铸造的高度一般则为 40 厘米。立灯都不使用灯罩，当点燃所有灯盘时，室内就可以形成较大的明亮空间，符合整体照明的需要。座灯是汉代最常用的一种灯具，一般放置在当时低矮的家具上，因此高度一般为 20 ～ 40 厘米，如长信宫灯高为46厘米，而汉代的书桌一般高度为30 ～ 40厘米。这样，座灯放置在书案上的高度约 70 厘米。精致的青铜座灯多置灯罩，灯光从灯罩的一侧照出，与人坐下时眼睛的视线基本相当，适合于局部照明的需要。至于夜间行路的手执行灯、提灯等，其造型尺寸都是根据人体学特征来铸造的，尺寸大小及结构合理，提携方便。

为了适应多种环境照明的需要，铜灯的造型结构也是各有千秋。如座灯安装的灯罩具有挡风和调光的功能，有的灯罩屏板上还有镂空的菱形孔，可以散热透光。使用者对灯具的要求是多方面的，但基本上不外乎简便和合理。具体来说，既要有良好的照明功能，又要易拆装、易清洗、易携带，这就对灯具的结构设计提出了较高的要求。青铜灯具的灯盘构造有豆盘形、圆环凹槽形和椭圆形，灯盘与灯体的连接方法主要有铸接、榫接，或用键、铰链、活轴等连接，一些大型、复杂而体内中空的灯具，除了灯盘与灯体采用了铸接、榫接，其他主要造型部位的结构也都采用分铸套合组装的设计方法。长信宫灯是由头部、身躯、右臂、灯座、灯盘和灯罩六个部分分别铸造后再套合组装而成的，其携带拆卸便利，组装也简单牢固。从青铜灯的造型尺度和结构上不难看出，汉代青铜灯具设计水平已达到一定的高度，其合理、科学的设计理念对青铜日用品实用功能的生活化具有重要的指导意义。

汉代青铜灯具的设计十分注重环境保护，解决了灯烟污染室内环境的问题。当时灯具的燃料主要是动物油脂，虽然燃烧时产生了火焰光源，实现了照明功能，但有一些没有完全燃烧的炭粒和燃烧后留下的灰烬，造成室内烟雾弥漫，污染了室内的空气。因此，汉代的座灯大多设计有导烟管，并于灯体内贮入清水。大部分象形灯具巧妙利用形体本身的有机部分作为导烟管，如人的手臂，牛的双角，凤、雁、鹅的颈部等，设计匠心独运、令人惊叹。油脂燃烧时，烟尘通过导烟管溶入体腔内的清水，从而实现了环保功能。这是汉代青铜灯具在功能方面最先进的发明创造。

以下我们对一些精品铜灯进行艺术鉴赏。

战国簋形灯，1976年河北平山三汲出土。高15.2厘米，径20.6厘米。形制如簋。圈足。盖一边以铰链与器口相连，顶上有可拆卸的短柱，柱端贯环，可提环将盖揭开，短柱成为灯的支足。器与铰链相对一侧有铺首衔环。盖器均饰瓦纹。该灯简洁朴素，设计巧妙，便于携带。现藏于河北省文物研究所。

战国银首人形灯，1976年河北平山三汲出土。高66.4厘米。灯作长袍男子形。首系银质，双目嵌宝石。衣上纹饰可见朱、黑色漆。其右手握螭，螭口衔柱，柱顶为一灯盘。柱饰错银龙纹，绕以浮雕螭龙，并有一猴作攀缘状。左手持螭尾，螭身夭矫横出，口托另一灯盘。螭下方又有灯盘，有蟠螭卧其中，翘首攫噬。人形足下有兽纹方座。此灯塑像男子，赤手搏持螭龙，有一定的民俗寓意。男子面部表情愉悦恬静，非常生动，发型也很别致。现藏于河北省文物研究所。

战国漆绘银首人形灯

战国树形灯，1977年河北平山三汲出土。高82.9厘米。形制为树形。枝端有灯盘15个。树干上端有一螭龙盘绕。枝间有鸟及猿猴，姿态各异。其中两猴引臂悬空，接取树下2人抛掷的食物。树下承以圆座，饰镂空蟠螭纹，有三虎形足，虎口衔穿索用环。此灯可拆为8节，节间榫形各异，极为工巧。现藏于河北省文物研究所。

战国漆绘人形灯，1975 年河南三门峡上村岭出土。高 48.9 厘米，盘径 23.7 厘米。形制为跽坐人形，冠带，双手持叉形灯柱，柱顶有环形灯盘。有方板承座，前方有两个圆形穿孔。盘缘有漆绘三角形纹，人形衣饰上也有漆绘。此灯人形腰束革带，带前有钩，显示了带钩的用途。现藏于河南博物院。

战国骑驼人形灯，1965 年湖北江陵望山出土。高 19.2 厘米，盘径 8.9 厘米。形制为圆雕塑像，一人骑于双峰驼背，手捧筒形座，其中插入灯柱。柱中间有节，顶为灯盘。灯的艺术造诣颇高，人物和骆驼的塑造非常精准而且生动活泼。现藏于湖北省博物馆。

西汉龙形灯，1983 年广州象岗出土。高 33.5 厘米，长 27.8 厘米。形制作龙形，昂首张口，两角间有烛插，背上有一钮贯环。龙爪攫蛇，蛇又缠绕一蛙。灯出自南越王墓，共有一对，爪上分别刻“左”、“右”两字，当系摆放位置的标记。现藏于广州南越王墓博物馆。

西汉龙形灯

西汉鸟形灯，1983 年广州象岗出土。高 26.4 厘米，宽 24.5 厘米。形制为立鸟形，举首翘尾，张翅欲飞。鸟头上有烛插。同出共有一对。此灯造型生动，鸟目刻画简单，却炯炯有神。现藏于广州南越王墓博物馆。

西汉兽面形灯，1983 年广州象岗出土。高 17.2 厘米，宽 57.2 厘米。形制为兽面形，面扁如蟹盖，瞪目露齿。顶上双角间有一烛插。发须向两旁延伸纠结，两端各有一烛插。此灯塑造极其怪异，颇具民俗或神话寓意。

西汉长信宫灯，1968 年出土于满城西汉中山靖王刘胜妻窦绾墓，高 48 厘米。灯的形象为跪地执灯的年轻宫女，通体鎏金。宫女头上梳髻，戴头巾，身穿长衣，衣袖宽大，面目端庄清秀，目光十分专注，头略向前倾斜，神情恭谨、小心翼翼，表现出一个下层年轻宫女所特有的神态。宫女左手持灯盘，右臂上举，袖口下垂成灯罩。灯盘可以转动，灯盘上的两片弧形屏板可以推动开合，以调节灯光的亮度和照射方向。宫女身体中空，烟灰经右臂进入体内，以保持室内清洁。灯的各部分还可以拆卸，便于清洗。此灯上面刻有“长信尚浴”等铭文共65字，应是皇帝或太后所赐皇宫长信宫中物品，所以被命名为“长信宫灯”。长信宫灯将灯的实用功能、净化空气的科学原理和优美的造型有机地结合在一起，整个造型自然优美、舒展自如、轻巧华丽，是一件既实用、又美观的灯具珍品。

西汉长信宫灯

东汉错银牛灯，1980年江苏邛江甘泉山出土。高46.2厘米，长26.7厘米。形制为牛俯首探角，似欲抵触，尾翘起作螺形。牛背设灯座，上为有短柄的灯盘。灯罩有窗棂，并加环耳，可以转动。灯顶有烟管，与牛首相通。通身饰错银云气纹。该灯造型别具特色，装饰考究，极尽奢华。现藏于南京博物院。

东汉人形弔灯，1974年湖南长沙征集。高29厘米，长28厘米。灯饰掛链连于半球形盖。盖缘又有三链，接在人形两肩和臀际。人形昂首前视，手托灯盘，身足向后平伸，做飞翔状。其布局巧妙，颇具艺术特色。现藏于湖南省博物馆。

东汉人形弔灯

内清质以昭明，光辉象夫日月

铜镜是古代人照面饰容的日常生活用器，工艺精湛，形态美观，纹饰华丽，铭文内容丰富，极具历史、艺术、科学和民俗价值。铜镜和其他文物一样，在不同程度上反映了各个历史时期的政治、经济、文化的特征和人们的思想意识，是我国文学、书法艺术宝库中的一份重要遗产，开启了中国古代艺术新的领域，是中国古代先民的卓越创造，闪耀着古代劳动人民智慧的光芒，是中国文化史上光彩夺目的明珠。今天，铜镜虽然已经退出了历史舞台，但它们的神韵却不因时间的流逝而消失，它的瑰丽、神奇和辉煌，将千秋万代地留在人们的记忆之中。

铜镜于齐家文化开始出现，从战国时期开始较为广泛地使用，直至明清时期，由于玻璃镜的出现和普及而退出历史的舞台。铜镜基本上与中国古代封建社会相始终，绵延3000余年。铜镜不仅种类繁多，数量巨大，而且以精湛的工艺、漂亮的纹饰、优美的铭文成为中国古代文化遗产中的珍品。铜镜形体虽小，但其方寸之间却凝聚了浓郁的历史文化内涵，反映着中华优秀传统文化与民族精神，具有很高的历史价值和艺术价值。而且，铜镜在考古学研究中，有着重要的地位，它是我国古代墓葬中常见的随葬品。由于每个历史时期铜镜的时代特征非常鲜明，所以，它又成为古代墓葬断代的标准器之一。中国古代铜镜独树一帜，极具民族特点，是中国古代文明重要代表遗存物之一，因而也受到世界各国研究者的重视。

齐家文化七角星纹镜

考古发掘资料证明，中国古代铜镜最初在青海、甘肃地区的齐家文化（夏代至商代初期）中已经出现。如1976年青海贵南尕马台M25出土的七角星纹铜镜，圆形，直径8.9厘米，厚约0.3厘米，重109克。它是背带小钮的铜镜，开启了中国古代铜镜在形制上的民族特点。此后，商周时期这种早期铜镜在中原地区也有少量发现。如安阳殷墟妇好墓就出土了4面铜镜。但夏商周王朝乃礼制社会，“作淫声异服奇器以疑众者杀”（《礼记·王制》），可见，商代铜镜的使用并不普遍，而是一种相当稀罕的物品。虽然，商代铜镜发现只不过4～5件，但它在中国铜镜发展史上的意义是相当大的，亦为以后铜镜的发展奠定了基础。

迄今为止，西周的铜镜共发现16件，均为圆形。镜面平直或微凸，体薄，为素镜、重环纹镜、鸟兽纹镜三类。西周铜镜的数量比商代铜镜稍多一些，分布也较广。商代铜镜仅殷墟有发现，而西周铜镜在陕西、河南、北京、内蒙古等地均有发现，比商代广阔。考古发现的实物资料表明，夏商周时期，铜镜的铸造尚处在萌芽阶段。

战国时期，铜镜发展成熟，《战国策·齐策》所记“邹忌讽齐王纳谏”的故事早已脍炙人口，足以证明战国时期铜镜已开始较为广泛地使用。究其原因，主要是因为此时中国古代贵族礼制社会没落，开始向封建社会过渡，因而青铜礼器衰落了，但青铜生活日用品，诸如货币、灯具、铜镜等得以发展起来。另一方面，到了战国时期，中国古代青铜冶铸工艺已有了高度的发展，为铜镜的成熟提供了技术基础。战国铜镜比起此前齐家文化等早期铜镜来说，已有了本质上的提高，可以说已是真正意义上的铜镜了。

战国嵌玉琉璃镜

从考古发现来看，中原地区生产的青铜复合镜、镶嵌玉琉璃镜、鎏金镜、漆绘镜等十分精致。而南方楚文化地区出土的山字纹镜、蟠螭纹镜、羽地纹兽纹镜等也十分精美。据统计，长沙地区有四分之一的楚墓随葬铜镜，说明楚地铜镜生产的发达。进入秦汉时期，封建大一统帝国的建立、经济文化的繁荣、汉民族文化的初步形成，为铜镜的大发展奠定了政治、经济与文化基础。汉代铜镜得到广泛使用，据统计，洛阳地区二分之一的汉墓随葬铜镜。汉代铜镜种类繁多，主要有日光镜、昭明镜、博局镜、连弧纹镜、四叶镜、多乳禽兽纹镜、龙纹镜、神兽镜、画像镜等。

汉镜的特点之一是镜上铸有铭文，并日趋发达。铭文的内容主要表达当时人们尊崇神，祈求吉祥富贵和子孙繁昌的愿望，反映了汉代人们的思想意识以及社会历史状况，具有重要的历史价值。如“见日之光，天下大明”；“内清质以昭明，光辉象夫日月，心忽扬而愿忠，然壅塞而不泄”；“尚方作镜真大好，上有仙人不知老，渴饮玉泉饥食枣，浮游天下敖四海，寿如金石为国保”。从王莽时期开始出现了纪年铭镜，如“始建国天凤二年作好镜，常乐富贵庄君上，长保二亲及妻子，为吏高迁位公卿，世世封传于毋穷”；“吾作明镜，幽宫商，周缘官象，五帝天皇，伯牙弹琴，黄帝除凶，朱鸟玄武，青龙白虎，君宜高官，位至三公，子孙繁昌，建安十年朱氏造”。这些铭文使得铜镜在考古学的断代与分期研究中具有了重要的学术价值。特点之二，汉代铜镜在纹饰的主题与装饰手法上，已摆脱了战国中时期青铜礼器纹饰的影响，出现了铜镜自己的主题纹饰，主要是青龙、白虎、朱雀、玄武四神与东王公、西王母等。一般是单层纹饰，不用地纹。西汉时期大多用单线勾勒纹饰轮廓，为平面纹饰。东汉中期以后出现高浮雕纹饰。从装饰手法上，一般分为内外两区和宽缘，多采用中心对称的四分法布局。西汉晚期以后，宽缘多加饰纹饰或铭文带。汉镜总的艺术风格是图案化，质朴严谨。

总之，汉代铜镜具有重要的艺术价值，是研究汉代美术史的重要资料，三国时期，长江中下游地区社会比较安定，而湖北鄂城又是孙权始都的武昌城之所在，其遗址在今鄂州市城东一带。因此，鄂州是三国时期南方铜镜的生产中心之一。中华人民共和国成立以后，鄂州出土了许多精美的神兽镜和画像镜，如吴孙权黄武六年（227 年）重列神兽镜（铭文表明乃山阴匠师鲍唐作）、孙权黄龙元年（229 年）半圆方枚神兽镜及佛像纹镜等，都具有重要的历史价值和艺术价值。

孙权像

三国魏晋时物期，据《三国志·魏志·倭人传》所载，魏明帝景初二年（238 年）

赐给日本国女皇卑弥呼“铜镜百枚”，正始元年（240 年）魏遣使诣倭国，赐金、帛、刀以及铜镜等物，因此铜镜在日本被视为神器宝物。近百年来日本的古坟中出土了数百枚三角缘神兽镜，中日学者作了广泛而深入的研究，或认为乃魏主所赐，或认为乃东渡日本的吴匠所造，或认为系古代日本仿制等等。总之，此时铜镜是中日两国文化交流的使者，是中日历史上长期友好的见证。

唐葡萄镜

唐代是中国封建社会的繁荣时期，不但国家强大、经济文化空前繁荣，而且中外文化交流繁盛，长安已是国际性的大都会，中国古代铜镜发展到了全盛阶段。铜镜形式多样，除圆镜、方镜之外，新出现了菱花镜、葵花镜、有柄镜等。并且个大厚重，质地精良，多呈银白色。同时还制作了金银平脱镜、嵌螺钿镜、金背镜、银背镜等特种工艺镜。

唐代铜镜的种类主要有四神镜、瑞兽镜、狻猊（狮子）葡萄镜、双鸾衔镜、雀绕花枝镜、宝相花镜、盘龙镜、月华宫镜、飞仙镜、真子飞霜镜、三乐镜、狩猎纹镜、打马球镜、八卦镜等。其纹饰总的特点是，已从图案发展为绘画，题材以花鸟及民间故事为主，采用写实的手法，并且纹饰极其华美生动，具有很高的艺术价值。唐代铜镜总的时代风格是雍容大度，饱含太平盛世的神韵，令人心旷神怡。

根据《旧唐书 · 玄宗本纪》等的记载，唐玄宗千秋节时，君臣互相赐贡铜镜。而唐代孟棨《本事诗 · 情感》记载了南朝陈太子舍人徐德言与妻乐昌公主破镜重圆的故事，表明此时铜镜已成为爱情的信物与嫁妆。这些都说明此时铜镜在社会生活中占有了更为重要的地位。此外，隋唐一些铜镜上又铸有优美的铭文，如“光流素月，

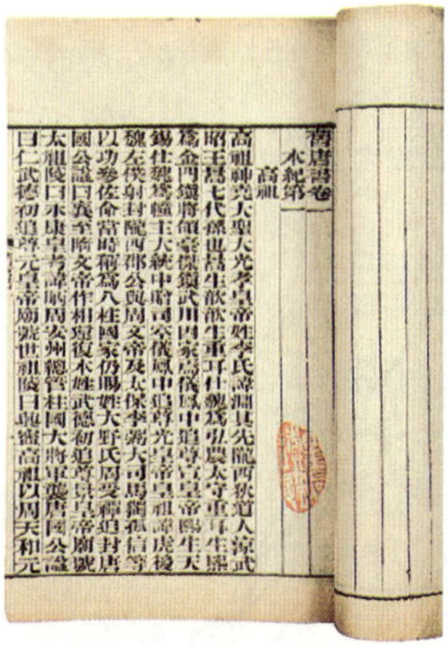

《旧唐书》书影

质禀玄精，澄空鉴水，照迥凝清，终古永固，莹此心灵”；“炼形神冶，莹质良工，如珠出匣，似月停空，当眉写翠，对脸传红，依窗绣晃，俱含影中”；“照日菱花出，临池满月生，官看巾帼整，妾映点妆成”。不仅书法十分精美，而且具有很高的文学价值。

唐代丝绸之路畅通，中外文化交流进入了一个新的阶段。一方面域外文化对唐代铜镜产生了许多影响，如狻猊葡萄镜中的狻猊（狮子）即来源于今斯里兰卡，古称狮子国，而鸟纹显然是受到了波斯（今伊朗）文化的影响。另一方面唐代铜镜受到各国人民的喜爱，因而又成为丝绸之路的重要遗存，在日本、朝鲜、蒙古、俄罗斯、哈萨克斯坦、吉尔吉斯斯坦、塔吉克斯坦、乌孜别克斯坦和伊朗等地均发现了唐代铜镜，成为研究古丝绸之路的重要文物。

宋代以后，中国封建社会进入了后期，庶族地主和市民阶层兴起，商品经济有所发展，而铜镜的发展也随之进入了一个新阶段。虽然铜镜从工艺上看的确衰落了，艺术价值不高，但实际上铜镜的使用则更为普遍了。宋画上描绘的走街串巷的磨镜者就是例证。并且，此时铜镜进一步商品化了，宋代湖州镜上的商标性铭文如“湖州真石家念二叔照子”等就是明证。明清时期玻璃镜逐渐普及，结束了铜镜的发展历程。但铜镜作为中国古代一类重要文物，仍将永放光辉。

铸造铜镜的第一道工序是制范。范为两片对合，在一侧留一小孔便于灌注熔化的铜液，灌进的铜液冷却后取掉范就得到铸出的铜镜了。

造范时一般先制作一件铜镜的模型，以此用泥翻成范，正面镜范要平坦如砥，才能使镜面光滑，背面范要合理设置钮和花纹，才能使镜精

丝绸之路示意图

美。在范上刻画花纹及铭文，是专业性和艺术功力很强的技术工作，反映了匠师高超的技艺和社会风俗习惯及审美特征等。从考古发掘资料来看，安阳殷墟出土的铜镜是用陶范铸成的，而大量的铜镜铸造则是用泥范。宋代以后，尤其是明代，人们还经常用汉唐铜镜翻造，即用汉唐铜镜在泥板上压印成范。这样方便，省掉许多工序，但铸出的铜镜图案模糊，线条呆板，毫无生气。

做镜的第二道工序是熔炼铜液进行浇铸。铜镜的原料是铜、锡、铅合金。铜的可塑性好，但熔点高达1083℃；锡的伸展性好，熔点为232℃，铅的熔点为327℃。纯铜中若加入15%的锡，熔点便降为960℃，加至25%，熔点是800℃。加锡不仅可以降低熔点，还可以增加硬度，并使之有光泽。而加铅还有另外几个作用，首先是使合金熔液的流动性好，因为铅的比重较铜锡为大，可以迅速充满整个范中，使铜镜表面匀称整齐，同时可以减少熔液中的气泡，避免了镜子上出现泡斑。其次，利用铅在冷却时不收缩的特性，使铜镜的图文整齐清晰。关于青铜合金的比例，《周礼·考工记》记载，“金锡半，谓鉴燧之齐”。即铜与锡各占一半，是铸镜用的配方比例。汉代，合金的配置比例为铜占60%～70%，锡占23%～25%，铅占4%～6%。唐镜与汉镜的比例基本一致。从铜镜的质量看，汉唐的比例是合适的。铜液熔化后，浇入合好的镜范中，待冷却后，取下泥范，一件铜镜就铸好了。而要使其光亮照人，还需打磨开光甚至加涂反光材料才行。

每个历史时期都有一些铜镜，其花纹制作工艺特殊，漂亮非凡却数量极少，成为中国古代铜镜艺术中的珍品，人类古代文明的瑰宝。如商朝出现的漆绘镜，战国中晚期流行的彩绘镜，用红、绿等油彩绘画，色彩鲜艳，花纹美观。又有一种透雕镜，其制作手法更为特殊。另外，战国中期的金银错镜，属于珍品中的珍品。即把金、银丝嵌入镜背作为纹饰，制作十分精巧，线条流畅生动。汉代及其以后，还有在镜上鎏金的，经过这种工艺的处理，镜子光彩夺目。

唐代制造了一些花纹更加富丽堂皇的铜镜，特种工艺显得更为娴熟。如金银平脱镜，其纹饰是用漆粘贴金银花饰片构成。这种铜镜不仅现在是稀世之宝，即使在当时，亦是极端奢华之物。为了倡导节俭风尚，唐

唐漆绘羽人飞凤花鸟纹金银平脱铜镜

肃宗、代宗还曾明令禁止用此工艺造这种镜子，使我们今天难以见到唐开元天宝之后的金银平脱镜。与金银平脱镜基本同时或稍后出现的还有螺钿镜，其制作方法是用漆将螺蚌贝壳饰片粘贴在镜背上，构成一幅图案。螺钿是中国的传统工艺，考古发现证明早在西周就有了螺钿漆器，到了崇尚奢华的唐代，这种工艺可以说到了炉火纯青的程度。螺钿镜上有饰片镂空刻画，有的饰片雕刻细纹，加上螺片本身那晶莹的光彩，所以其装饰效果比金银平脱更为鲜艳华丽。此外，还有错金镶料、嵌银镜等。从文献资料看，这类铜镜是专供皇族使用的珍品。

铜镜发明以后，人们根据不同的需要而制作了形制大小不同的镜子，还制作出了凸面镜。安阳殷墟妇好墓出土的4面镜子中，有两面镜面微凸，说明远在殷商时期，古人就掌握了凸面镜的原理。与凸面镜相比，平面镜的铸造要简单得多。但若镜子很大，而影像又不变形，这样难度就大了。所以我们今天所看见的铜镜面径不过30厘米，多数为20厘米左右，特大的铜镜实为珍品。1980年山东淄博市出土了一面汉代长方大镜子，长约120厘米，宽约21厘米，背面纹饰繁缛富丽，被称为“铜镜王”，这一珍贵的考古实物资料，充分佐证了汉代匠师们的卓越技艺。

谈到中国古代铜镜艺术中的瑰宝，古今中外闻名遐迩、令人痴迷的汉代“透光镜”就不得不说了。所谓“透光镜”，就是把镜面对着日光或灯光时，从反射在墙上的光影中能清晰地看出镜背的花纹和铭文。这种“透光镜”主要有汉武帝至王莽时的“日光镜”和“昭明镜”。“日光镜”有“见日之光，天下大明”铭；“昭明镜”有“内清质以昭明，光辉象夫日月……”铭。据研究，该镜的铸造是运用了光线的曲率折射的原理。

上述这些特殊的铜镜，是中国古代先民智慧的结晶，是他们精湛技艺的表现，这些不朽的历史文化遗物，总是令人思绪澎湃而倍加珍视。

铜镜各部位的称谓分为形制、镜面、背面、钮、钮座、内区、中区、外区、边缘、圈带、铭带、镜铭、主题纹饰等。

古代铜镜的形制一般为圆形，此外，铜镜也有方形、菱形、葵花形、有柄形等。通常铜镜正面打磨得非常光亮，背面往往装饰着题材丰富的纹饰，但是，也有素纹的。镜的钮座多装饰在镜背中央。钮的形状有球形、弓形、半环形、长方形、桥形、兽形等。

铜镜的背面多有花纹图案，一般是铸造的，有线条式、宽带式、浅浮雕式及浮雕式等。古代铜镜的纹饰题材非常广泛，主要有几何纹、动物类、植物类、神话故事等。

清光绪费晓楼绘对镜理发

1. 齐家文化铜镜纹饰：素纹、七角星纹。

2. 殷代铜镜纹饰：叶脉纹、多圈凸弦纹、平行线纹。

3. 西周铜镜纹饰：素纹、重环纹、鸟兽纹。

4. 春秋战国铜镜纹饰：素纹、弦纹、羽状地纹、云雷地纹、叶纹、花瓣纹、花叶纹、三山纹、四山纹、五山纹、六山纹、菱纹、兽面纹、兽纹、凤鸟纹、禽兽纹、蟠螭纹、四叶蟠螭纹、蟠螭菱形纹、羽鳞纹、连弧纹、彩绘纹、漆绘纹、透雕纹、金银错纹狩猎、金银错虺龙纹、雷纹、三角勾连雷纹、蛛网纹。

5. 汉代铜镜纹饰：蟠螭纹、方格四虺纹、连弧蟠虺纹、四乳草叶纹、四乳花瓣草叶纹、规矩草叶纹、星云纹、日光铭连弧纹、昭明铭连弧纹、清白铭连弧纹、铜华铭连弧纹、日有熹铭连弧纹、日光铭重圈纹、昭明重圈铭纹、宜佳人铭重圈纹、四乳四虺纹、四乳禽兽纹、四乳四神纹、博局纹、多乳四神禽兽纹、多乳禽鸟纹、多乳禽兽纹、云雷连弧纹、长宜子孙连弧纹、素连弧纹、变形四叶兽首纹、变形四叶夔纹、变形四叶八凤纹、重列式神兽纹、环绕式神兽纹、历史人物画像纹、神人车马画像纹、神人禽兽画像纹、四神禽鸟画像纹、夔凤纹、双头龙凤纹、双夔凤纹、龙虎纹、盘龙纹。

6. 三国魏晋南北朝铜镜纹饰：重列式神兽纹、环绕式神兽纹、画文带佛兽纹、变形四叶鸾凤纹、变形四叶佛像鸾凤纹、变形四叶兽首纹、夔凤纹、瑞兽纹。

7. 隋唐铜镜纹饰：四神十二生肖纹、十二生肖纹、四神纹、瑞兽铭带纹、瑞兽花草纹、葡萄蔓枝纹、瑞兽葡萄纹、瑞兽鸾凤葡萄纹、瑞兽鸾鸟纹、雀绕花枝纹、对鸟纹、宝相花纹、花枝纹、亚字形花叶纹、月宫纹、飞仙纹、真子飞霜纹、三乐纹、狩猎纹、盘龙纹、八卦纹、万字纹，此外，还有特种工艺的金银平脱镜、螺钿镜、贴金贴银镜。

8. 五代、宋铜镜纹饰：都省铜坊铭纹、千秋万岁铭纹、素纹、缠枝花草纹、花鸟纹、神仙人物故事纹、蹴鞠纹、海舶纹、八卦纹、纪名号铭纹。

9. 金代铜镜纹饰：双鱼纹、历史人物故事纹、盘龙纹、瑞兽纹、瑞花纹。

10. 元代铜镜纹饰：缠枝牡丹纹、神仙人物故事纹、至元四年双龙纹、寿山福海铭纹、素纹。

中国古代铜镜的纹饰艺术蕴藏着丰富的文化艺术内涵，是中国古代物质文化和精神文化的载体。纷然于镜上的珍禽异兽、花鸟虫鱼、仙凡人物，以及浩瀚无垠天地，构成一幅幅绚丽奇妙的画卷，使我们看到了由铸造工艺提高而折射出来的生产力的发展之轨迹，亦能看到古代先民的审美意趣、风俗民情及社会心态，在探究远古时代部落生活场景的同时，进而体味奴隶时代和封建时代的社会制度，探讨先民的思想意识及社会生活状况。

1. 幻想动物纹。幻想动物是中国古代先民丰富幻觉中的奇异动物，它是超自然想象力的东西。这种幻想动物纹饰主要有龙纹、凤纹、夔纹、兽面纹（饕餮纹）、蟠螭纹、蟠虺纹、麒麟纹等。

考察研究历代铜镜的装饰题材，可以发现龙凤一直是重要的题材。从战国时期的透雕双龙纹镜到东汉中晚期出现的盘龙镜，历经三国、两晋、隋唐、宋元乃至明清时代腾云驾雾的云龙，作为中华民族象征的龙的形象始终未曾在铜镜上消失。从战国时代稚气可掬的凤鸟，到唐代生机盎然的双鸾，直至宋代以后凌空舒翅的飞凤，凤的形象也时常出现在铜镜上。

龙，古代人眼中神话般的怪物，能隐形也能现身，能大也能小，能短也能长；春分时节登天，秋分以后入水。能水中游、云中飞、陆上行，能呼风唤雨、行云播雾。

秦汉至隋唐，龙的形象装饰特征为有双贴身小翅，鳞身脊棘，头大而长，尖吻，鼻、目、耳均小，大眼眶，高眉弓，锐牙，前额突起，长脸无须，颈细腹大，尾尖长，尾梢做三角形，整个形体大而粗短，四肢强壮，足多作三趾，俨然一个爬行走兽。唐、宋、辽、金、元、明、清，龙的躯体拉长成蛇躯鳞身，翅变为火焰从肩部飞腾起来，开始有须、髯、鬣、肘毛等，趾 4 个或 5 个。

凤，是由火、太阳、各种鸟类复合而成的奇妙动物。从战国时期开始，下迄宋代，凤鸟纹一直作为较常见的花纹被装饰于铜镜上，有的以凤鸟纹作主题纹饰，用花草来衬托；也有的凤鸟和花草一起作为主题纹饰。

秦汉至隋唐，把集长足、蛇颈、秀丽的身翼、鸡嘴、孔雀翎冠翎尾集于一身的鹄类视作凤；辽、金、元至明清时期，在鸷凤与朱雀的基础上，以鸡为原型加以变异附丽，使之目光更锐利，头爪更有力，尾更巨大飘逸。

龙凤图案纹饰之所以成为铜镜纹饰装饰之永恒之题材，是因为它们象征着美好、和谐、幸福、镇邪去恶、降生吉祥。

2. 动物纹。铜镜中的动物纹，也是常见不衰的装饰题材。这些动物是自然界中存在的，如鼠、牛、虎、兔、蛇、马、羊、猴、鸡、狗、猪、喜鹊、鱼、蛙、蜂、蝶等，这些动物各有深刻含义，虎是避邪之物，鹿通禄，羊通祥，蛙有子孙旺盛、繁衍不息的含义，鱼有年年有余、吉庆有余的寓意，喜鹊寓意喜事临门等。

3. 植物纹。铜镜中用植物纹来装饰的流行时间最长，而且所占的比例也很大。形式一般有花叶、花瓣、花朵，又有花草、花枝、树木和枝蔓等，而且常与其他图案纹饰及人物等配合表现，使画面内容丰富多彩而又极具生动之情感。

4. 几何纹。几何纹是中国乃及世界迄今发现最早的艺术之一，是由点、线、面组成的具有审美价值的图形。几何纹饰形式多样、生动传

战国六山镜

神，具有很强的装饰性，体现了一种形式美的内涵。主要有弦纹、连珠纹、方格纹、直条纹、斜线纹、连弧纹、三角纹、横条纹、云雷纹等，如齐家文化时期的七角星纹镜，就是运用了弦纹和三角纹来构成七角星形图案；商代后期妇好墓出土的叶脉纹镜，在镜周饰连珠纹，内饰以由斜线构成的叶脉形图案；妇好墓出土的多圈凸弦纹镜，在镜背装饰弦纹6周，弦纹之间填上了密排的竖直短线；妇好墓出土的平行线纹镜，钮外及边缘有凸弦纹两周，内填34条节状凸线，中心区圆面均匀地分为4等分，每一等分有长短不同的凸线10条，相邻等分的平行线互相垂直。又如，汉代的博局镜、日光镜上的连弧纹、斜线纹也体现了线条美、形式美。

5. 神仙人物纹。在铜镜的纹饰中，人的形象也是重要题材。大致可以分为三类，一类是反映现实生活的，如狩猎、织布、泊海、蹴鞠等；第二类是历史上的传说故事，如伍子胥、孔夫子问答等；第三类是神话故事，如东王公、西王母等。如河南洛阳金村出土的战国时期金银错狩猎纹镜，其主题纹饰是骑士与猛虎搏斗的场面；云梦睡虎地第九号墓出土的战国狩猎纹镜，主纹是两个头戴盔甲、赤膊光足的武士手持盾剑与双豹搏斗的场景。

战国四兽镜

汉代，神仙人物故事纹大量出现，把镜上人物图案题材推向高潮，这种内容题材的装饰，体现了当时人们对现实世界的热情追求和向往，因为仙人形象与传说，是人们对美好生活的幻想与期待。而得道升仙、长生不老和荣华富贵，则是体现了封建阶级的世界观。所以说汉代铜镜上的神仙人物形象反映了当时社会的心理状况。如东王公、西王母，在汉代他们是神话的中心人物。传说中，西王母有多子多福的神通，并且，东王公与西王母夫妇又有不死药能使人长生不老，又能使人们子孙昌盛，更重要的是掌握着脱凡成仙的大权，所以他们便成了人们追求美好境界的最大希望，故铜镜上出现这种神仙形象也就不足为怪了。追求人间美好情感的愿望，同样出现于汉镜上，如神兽镜中出现的伯牙与钟子期的形象便是最好的佐证资料。俞伯牙是齐国大夫，钟子期则是一位山间樵夫，对音乐的共同认识和爱好使他俩成为难得的知音，可惜钟子期英年早逝，而伯牙也发誓不再弹琴。由这个故事而产生的民乐《高山流水》，至今仍在陶冶着人们的情操。

俞伯牙与钟子期

有爱便有恨，汉代画像镜上描绘伍子胥的形象，借此歌颂忠臣，抨击昏君，体现了人们强烈的爱憎观念。越王勾践被吴王夫差打败，仅在弹丸之地会稽苟延残喘，在发愤图强的同时，采用了范蠡的计谋，选了西施和郑旦两位美女送给吴王，以迷惑吴王，使他贪于女色而

伍子胥像

元十二弧葵瓣镜拓片

嫦娥奔月

不务政事。吴王很高兴，但伍子胥却坚决反对，说贤明聪慧的人是国家的财富，而美女则是国家的祸水，夏代因为有了妹喜，殷代有了妲己，周代有了褒姒，而先后灭亡，所以请大王不要收下这两人。但是吴王不听，反认为伍子胥不忠而杀害了他，伍子胥临死之时说："把我的眼睛挂在东门上，我要看着越国的兵马打进来。"后来越国果然把吴国消灭了，吴王此时才明白伍子胥是忠臣，在自杀时以衣服蒙上眼，表示没脸去地下见伍子胥了。这正是以史为鉴、史鉴结合的典范。

嫦娥奔月这一家喻户晓、脍炙人口的故事，是唐镜的主要题材之一，表达了唐代人们追求恬淡自然的高雅情趣及审美理念。传说尧帝时期，天帝的 10 个太阳儿子不像以前那样轮流巡回，而是一起出现在天空，天下大旱，民不聊生，上帝便派天神羿携妻嫦娥下凡以解除百姓的疾苦，羿一鼓作气射下了 9 个太阳并诛杀了许多妖魔鬼怪，使人们重新过上幸福安宁的日子，但因为他没有按天帝的嘱托去吓唬一下这些太阳的儿子，而是不教而诛，使得天帝不太高兴，竟没有把他们召回天宫。嫦娥受此连累不免时常发点牢骚，为此两口子时常闹别扭，羿还与美丽的洛神有过一段恋情。

和好之后羿历尽艰难去西王母处讨回了不死之药，两人分吃可以长生不老，一个人吃了便可以回到天上。嫦娥在怨恨之下竟一个人偷吃了仙药，当她轻飘飘地往上升时，可能感觉背叛丈夫有点绝情，怕天仙耻笑，想上月宫暂避一阵子，谁想一落脚便成了鼓腹瞪眼的蟾蜍。这个故事曾引起历代人们的无限遐想。唐人唯美，或是同情嫦娥，所以仍塑造了一个美貌的仙女。

宋代铜镜上神仙人物故事题材纹饰也很常见，如仙人仙鹤纹、航海图纹与蹴鞠图纹。仙人龟鹤镜上的仙人仙鹤、不老青松、千年灵龟，都寄托了人们祈求延年益寿的愿望。

金代铜镜的人物图，取材于广为流传的民间传说，如柳毅传书的故事。洞庭龙王的小女远嫁泾河龙王三太子，夫君暴虐无常又风流成性，龙女备受欺凌，常化作民女在道旁牧羊，内心痛苦不堪。赶考落榜的书生柳毅路过此地，见到这位凄楚憔悴的女子，非常同情，听说了龙女的悲惨身世后，慨然允诺替龙女向父王传递书信。他不负龙女厚托，使得洞庭龙王得知了小女的不幸，由其叔父出马救出了龙女。为报答柳毅的见义勇为，龙王招他为乘龙快婿，终与美丽的龙女结为伉俪，过上了幸福的生活。

元明时期，随着铜镜艺术更趋衰微，铜镜上的人物图案较少见，而到了清代便几乎绝迹了。

据考古发现，从战国末期开始，铜镜的铸造便有了铭文这样一种装饰，它较花纹的隐喻表达更直接明了，成为镜背装饰的一部分，它与花纹一样表现了人们的思想状况及社会现实等。古代铜镜的铭文，表示祝愿性质的吉祥语句最多，即祝愿高官厚禄、荣华富贵、延年益寿、多子多福、长乐未央等。同时表达男女相思爱慕之情的也屡见不鲜，还有反映铸造单位、时间及夸耀铜镜质量的铭文。这些铭文是了解研究当时的社会思想意识变化、经济生产活动、文学发展和书体演变等的

清磨镜图

重要资料。

汉镜爱情相思铭文：

“常富贵，乐未央，长相思，毋相忘。”

“常乐未央，幸毋相忘。”

“愿长相思。”

美好的爱情是艺术创作的永恒主题，铜镜的铸造也不例外，即使在铜镜这方寸之地上，它也占据了重要的位置。只是表现在铭文上，由于时代的不同，人们的社会生活及风俗不同，故用词和表达的意义便不尽相同。

唐镜爱情相思铭文：

“赏得秦王镜，判不惜千金。非关欲照胆，特是自明心。”

“冬朝日照梁，含怨下前床。维寒以叶带，镜转菱花光。会是无人觉，何用早红妆。”

“既如愁里日，不宽别时要。唯有相思苦，不共体俱消。”

“兰闺婉婉，宝镜团团。曾比双目，经舞孤鸾。光流粉黛，采散罗纨。可怜无尽，娇羞自看。”

“凤凰双镜南金装。阴阳各为配，日月恒相会，白玉芙蓉匣，翠羽琼腰带。同心人，心相亲，照心照胆保千春。”

“月样团圆冰样清，好将香阁伴闲身。青鸾不用羞孤影，开匣当如见故人。”

上述镜中的句句铭文，犹若一首首情曲，有的倾诉了痴情男子对爱人的不尽相思；有的道出了闺中少妇思念远行亲人的心曲；有娇怯轻怨的低语，有的大胆表露爱的心扉与追求，充分展现了唐代太平盛世时人们对美满爱情的赞颂。

汉镜中自夸铭文：

“见日之光，天下大明。”

“内清质以昭明，光辉象夫日月。”

“冶炼铜镜清且明。”

这些赞美铜镜的铭文，文字优美简约，颇具时代特色。

汉纪氏铭文镜铭文：

“朱氏”、“许氏”、“吕氏”、“赵氏”、“吴尚里伯氏”、“王金”、“青羊”、“三羊”、“张氏”“周氏”、“龙氏”、“李氏”等。

汉镜祈祷长寿、升官发财、家族兴旺的铭文：

“天纪元年岁在丁酉，师徐伯所作明镜，买者宜子孙，寿万岁，大吉。”

“赤乌元年五月廿十日造作明镜，百□清铜，服者君侯，长乐未央，造□先师名为周公。”

《女史箴图》局部

以上历代铜镜铭文的种种内容，皆说明了当时人们的普遍心理，又从一个个侧面反映出一些社会现实问题。

铜镜是中华民族的伟大创造，是中国文化史上光彩夺目的篇章。古代铜镜的应用十分广博，铜镜文化更是渗透到了当时社会生活的多个领域之中。从齐家文化时期铜镜出现开始，它就既是照容用品，也是奢侈的装饰品。当社会生产力发展到一定的阶段后，铜镜便成为人们物质生产与精神创造的对象。由于生产技术的普遍提高及人们思维心理的变迁，铜镜文化也历经了由兴盛至衰萎的过程，但其文化内涵传承至今，绵亘不断，构成了文化史上壮美的篇章。而其中所凝结着的民族精神，正是铜镜文化永恒生命力的根本原因。

中国铜镜文化体现在物质文化、礼仪制度、精神因素等方面及生活的各个领域之中。

在物质文化方面，铜镜作为古代生产技术的杰出代表，在人类社会发展史上有着重要的地位。在青铜文化尚不发达的齐家文化时期，人们便铸造出了铜镜。而随着技术水平的不断提高，各种铜镜款式纷纷涌现，精湛的铸造、曼妙的造型、华丽的纹饰，以及一些特殊工艺，异彩纷呈。由此，铜镜文化在生产领域中亦衍生出其他的文化形式，如在日常生活领域中用来照容装饰、随身佩挂、聚光取火，用作时尚用品等。

在礼仪制度文化方面，婚嫁时铜镜可作为聘礼和嫁妆；丧葬时铜镜随葬入墓以示不忘生死；爱恋时铜镜也作为男女之间的定情信物或夫妻互赠以寄托缠绵悱恻的相思。皇帝甚至还将铜镜赏赐给群臣，以示圣恩。

在精神文化方面，巫术活动时，铜镜曾经是巫师们随身佩带的招徕鬼神的道具。后来又有高悬明镜驱除阴暗鬼邪的迷信活动，如在房中悬挂或在墓中高置铜镜。铜镜在制造时也反映了当时社会存在的巫术思想，如八卦、咒语、四神等有镇邪作用的图纹，还有“洞心照胆，屏除妖孽”的铭文，都是人们巫术思想的体现。信仰民间习俗也与巫术活动紧密相连，如以镜驱邪、祈祷风调雨顺及子孙繁衍的习俗，反映了幻想世界与现实生活要通过铜镜这种媒介来实现神秘的整合，构成了民间文化的另一个层面。在口头传承文艺方面，有关铜镜的种种神奇故事及神话传说，是精神文化领域中的宝贵财富。在娱乐方面，铜镜以其精美的造型、别致的装饰和典雅的铭文，吸引人们去鉴赏、去收藏它，而它那瑰丽的、神奇的诗篇给人以艺术之享受。

宋白沙 1 号墓壁画贵妇照镜

中国铜镜文化历经千古，神州传诵，其持久的生命力就在于它永不枯竭的功能。作为一种文化现象，它在社会组织、人伦观念、神话思维、宗教情感、哲学观念、巫术迷信、生产活动、艺术创作以及生活风俗中充分展现，有着许多文化功能，即实用功能、审美功能、装饰功能、组织功能、宣传教化功能、认识功能等。

例如，铜镜的发明和铸造，揭示了人类从荒蛮走向文明的历史进程，古往今来，爱美之心人皆有之，这是铜镜的实用功能。铜镜的形状款式和纹饰设计，是铜镜蕴藏的审美功能。铜镜的纹饰如何设计，是图案抑或是铭文？这就是铜镜的装饰功能。铜镜的铸造，需要许多人来共同配合完成，这是它的组织功能。关于宣传教化功能，有一个有趣的例子，即《战国策 · 齐策》中邹忌讽齐王纳谏的故事。邹忌早晨对着镜子整理衣冠，欣赏自己的英俊相貌，并分别问妻子、妾和客人：是自己长得美还是齐国有名的美男子城北徐公美？他们的回答都是邹忌美。后来邹忌又用镜子反复观察自己，并与徐公加以比较，发现自己其实不如徐公美。他苦苦思索终于悟出：妻子爱他，小妾怕他，客人则有求于他，所以都说他比徐公美。后来，邹忌就用自己悟出的道理来劝谏齐威王虚心纳谏，终使齐国富强起来。又如，唐太宗以镜为鉴的故事也广为流传。唐代初年，魏征原是太子李建成手下有名的谋士，他多次建议李建成除掉李世民，可谓李世民的仇人。但魏征为人耿直，有才干，是个忠臣。李世民成为皇帝后不记前仇，任用他为谏议大夫。魏征不断向李世民提出好的建议，使李世民对他十分佩服，经常将魏征请入居室，询问得失，魏征愈来愈被重用，先后被提升为秘书监、侍中、宰相，并被封为魏国公。魏征去世后，李世民说，用铜制成的镜子，可以照见衣帽是否端正；以古史为镜子，可以参照政治的兴衰；用人作为镜子，可以知道自己的成绩与过错。我经常照这三面镜子，现在魏征去世了，我少了一面镜子。关于认识功能，这里讲一个“破镜重圆”的故事。南朝陈将被灭亡时，驸马徐德言预料妻子乐昌公主可能会因战乱与自己离散，就打破一面镜子，各执一半，作为日后重见的凭证，并约定正月十五卖镜于市，借此相互探听音讯和处境。陈亡后，乐昌公主为杨素所有。徐德言如约持镜至京城，正月十五果然遇到一人叫卖破镜，与所藏半镜相合，遂写了一首诗：“镜与人既去，镜归人不归。无复嫦娥影，空留明月辉。”公主见诗，悲泣不食，以泪洗面。杨素知道后，便送公主与徐德言重新团圆，二人偕归江南，及老而终。

魏征与唐太宗

当然，中国古代铜镜的文化功能远不限于上面所举几点。总之，虽然铜镜的铸造已经成为过去，但古代铜镜大量出土而重见天日，仍以特有的历史价值、艺术价值、科学价值、民俗价值吸引着无数的历史研究者、收藏者和爱好者，我们可以无比自豪地说，中国古代铜镜文化的灵光仍将闪耀，正如一面铜镜的铭文曰：“七星朗耀通三界，一道灵光照万年。”

金鼓锵锵

铜鼓，是苗、瑶、侗、壮、布依等族的打击乐器，也是重要的礼器。主要流行于滇、黔、川、粤、桂、湘等省、区。

在祖国美丽富饶的土地上，少数民族的先民们创造了丰富的物质财富和精神财富，留下了许多珍贵的文化遗产。铜鼓便是这些珍贵文化遗产中最令人敬仰和思慕的伟大杰作，是中国少数民族文化遗产中值得骄傲的无价之宝。

关于铜鼓的起源，说法不一。铜鼓在春秋时期就已经出现，一般认为它是由作为炊具的铜釜演变而来。云南楚雄万家坝古墓（公元前 6 世纪，约春秋晚期）出土铜鼓，鼓身似釜，表面有烟痕；云南祥云大波那古墓（公元前 4 ～前 3 世纪，约战国中晚期）出土铜鼓，制作也较粗糙、古朴，接近于铜釜，或另有铜釜伴出，是鼓釜兼用阶段的遗物。至秦汉之际铜鼓已盛行于各地。主要用于祭祀和乐舞伴奏，也用于传信报时、婚丧活动、战阵助威等，为富贵人家所拥有，是社会身份和财富的象征。

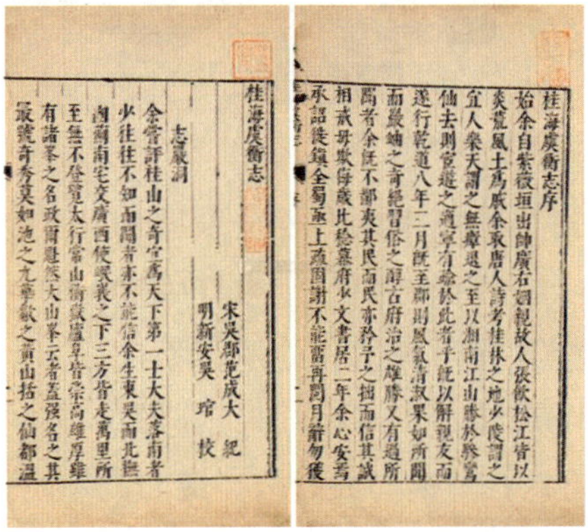
桂海虞衡志序
始余自紫薇垣出帥廣右姻親故人張飲松江皆以
炎荒風土爲戚余取唐人詩考桂林之地少陵謂之
宜人樂天謂之無瘴退之至以湘南江山勝於驂鸞
仙去則宦遊之適寧有逾於此者乎既以解親友而
遂行乾道八年三月既至郡則風氣清淑果如所聞
而巖岫之奇絕習俗之醇古府治之雄勝又有過所
聞者余既不鄙夷其民而民亦矜予之拙而信其誠
相戒毋欺侮歲比稔幕府少文書居二年余心安焉
承詔徙鎮全蜀亟上疏固謝不能留再閱月辭勿獲

桂海虞衡志
宋吳郡范成大　紀
明新安吳　琯　校
志巖洞
余嘗評桂山之奇宜爲天下第一士大夫落南者
少往往不知而聞者亦不能信余生東吳而北撫
幽薊南宅交廣西使岷峨之下三方皆走萬里所
至無不登覽太行常山衡嶽廬阜皆崇高雄厚雖
有諸峯之名政爾魁然大山峯云者蓋強名之其
最號奇秀莫如池之九華歙之黄山括之仙都温

《桂海虞衡志》书影

晋代裴渊《广州记》载：“俚僚铸铜为鼓，鼓唯高大为贵，面阔丈余，方以为奇。”唐代刘恂《岭表录异》载：“蛮夷之乐有铜鼓焉……贞元中，骠国进乐有玉螺、铜鼓，即知南蛮酋首之家，皆有此鼓也。”南宋范成大《桂海虞衡志》载：“其制如坐墩，而空其下，满鼓皆细花纹，极工致，四角有小蟾蜍。”宋李昉等辑《太平御览》、元马端临撰《文献通考》都把铜鼓列入乐部之中。

铜鼓通体用铜铸成，呈圆墩形。鼓面圆而平，下接鼓身，连接部分略外凸，曲腰，中空，圆形敞口底，两侧有耳。不同时期和地区有不同类型的铜鼓，每个类型中又有多种形式。鼓面主体多为太阳纹，即中心呈放射状光芒，其周围为多层同心环带，由宽窄不等的图案组成，称晕圈。花纹装饰繁缛多彩，有的鼓身四周铸有虫鱼、鸟兽、花卉、舟船图案或青蛙、骑士立像。其形态典雅、庄重，具有独特风格。如广西贵县罗泊湾一号墓出土铜鼓，鼓面主体纹饰为翔鹭衔鱼纹，又有芒纹、菱形纹、锯齿纹等。胴与腰间铸四个绳纹钮，饰有羽人划船、羽人舞蹈纹。通高 36.5 厘米，面径 56.5 厘米，为西汉时期制品，广西壮族自治区博物馆藏。广西岑溪出土铜鼓，鼓面中心有十二角芒光体，其边缘铸六个立体青蛙。胴与腰间铸四个绳纹钮。鼓面及周身饰五铢钱纹。此类鼓形体较大，通高 57.2 厘米，面径 90 厘米。广西民族博物馆珍藏的冷水冲型铜鼓，桂平县鹤岭出土，面径 81 厘米，高 58.5 厘米。面沿铸有 4 只青蛙，蛙背饰线带纹；蛙间另有一人喂马雕像；太阳纹 12 芒；鼓面主纹为变形羽人纹和变形翔鹭纹；辫纹扁耳两对。广西民族博物馆收藏的另一面冷水冲型铜鼓，1974 年于桂平县出土，面径 73 厘米，高 52 厘米；面沿铸有 4 只青蛙，相对的两只蛙间各有一乘骑雕像，逆时针环列；太阳纹 12 芒，芒间坠形纹；鼓面主纹为变形羽人纹和变形翔鹭纹；扁耳两对，半环耳两只，极富特色。全国各地收藏的铜鼓已达1400 面，其中，广西民族博物馆珍藏了 365 面，云南省博物馆珍藏了 100 多面，贵州省博物馆亦珍藏 100 多面；而分散在中南、西南各地民间的还有 400 余面。中国是世界上发现铜鼓数量最多、铸造和使用铜鼓时代最早、历史最长的地区。

西盟型铜鼓

关于铜鼓的形状结构，宋人有过形象的描述。做过桂林通判的周去非在《岭外代答》中说：“其制正圆，而平其面，曲其腰，状若烘篮，又类宣座，面有五蟾，分踞其上。”

铜鼓主要分为面、胸、腰、足、耳 5 个部分。

鼓面平展正圆，相当于革鼓的皮面。但铜鼓和革鼓不甚相同，只有一个鼓面，与鼓面相对应的另一端是空的，所以人们说它“中空无底”。

鼓面中心被敲击的地方稍微隆起，称“光体”，光体的四周有向外辐射的光芒，简称为“芒”。芒数多少不等，常见的有12芒，其次是8芒和10芒，也有4芒、5芒、6芒、7芒、11芒、14芒、16芒的，最多的有32芒。光体与光芒合起来称为“太阳纹”。太阳纹之外，有由内向外逐渐扩散开来的同心圆组成的宽窄不等的圈带，称为“晕圈”。同心圆有一道或几道的，分别叫“单弦”、“双弦”、“三弦”。弦与弦之间的空位称为“晕”，此处可填置各种花纹图案。晕圈的次序以鼓面中心为起点，由内向外数，分别为第1晕、第2晕、第3晕……一般是几晕或10多晕，最多的可达20多晕。有的鼓面常常在晕外塑造青蛙圆雕，个别的是骑士、牛、鸟、龟，等距离旋转排列。鼓面边缘一般与鼓身相衔接，浑然如一，有的鼓面小于鼓身，有的鼓面则大于鼓身。大于鼓身的鼓面有伸出鼓身之外的面檐，有的面檐下垂，形成“垂檐”，或称“裙边”。

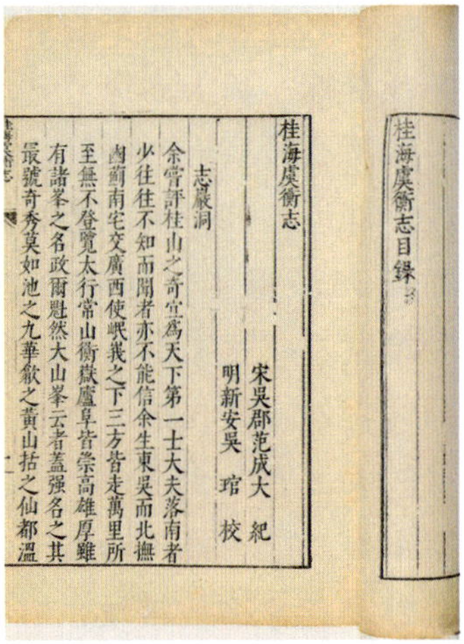
桂海虞衡志目錄

桂海虞衡志
宋吴郡范成大 紀
明新安吴 琯 校
志巖洞
余嘗評桂山之奇宜爲天下第一士大夫落南者少往往不知而聞者亦不能信余生東吴而北撫幽薊南宅交廣西使岷峩之下三方皆走萬里所至無不登覽太行常山衡嶽廬阜皆崇高雄厚雖有諸峯之名政爾魁然大山峯云者蓋强名之其最號奇秀莫如池之九華歙之黄山括之仙都溫

《桂海虞衡志》书影

鼓身就是从鼓面边缘以下至鼓足的部分，一般分为3节。最上1节和鼓面相连，称为胸部或胴部。鼓胸略微外凸，形成一定球状弧度。胸部之下稍内敛是谓腰部，一般为直筒形，上下两端有界线与胸部和足部分隔开来。鼓腰之下称为足部，一般上小下大，略为外撇。

在鼓胸与鼓腰之间对称的两侧，垂直嵌置两对鼓耳。每两只鼓耳靠近，供悬挂用。鼓耳形状常为扁形，也有圆形的，以素纹、辫纹或装饰蛇纹环绕，背部脊骨凸起有节，两端各有三爪，与鼓身相连。

但凡了解或接触到中国西南与东南亚民族文化的人们，都可以真切地感受到，铜鼓是他们生活中不可或缺的一部分，这种神奇的金属质地的打击乐器，是他们的文化财富和精神财富，自古沿用迄今，绵延两千多年从未中断，为世界文明发展史中所罕见。

铜鼓分布于华南的滇、黔、桂、粤、湘、渝、川、琼等8个省、市、自治区，以及东南亚的越南、老挝、柬埔寨、缅甸、泰国、马来西亚、新加坡、印度尼西亚和东帝汶等国家。可见，使用铜鼓的民族分布的地域十分辽阔。

从文献记载的铜鼓地名和铜鼓出土的地点来看，广东和海南的铜鼓主要分布在北江以西地区，包括韶关、肇庆、佛山、湛江地区和海南岛。湛江地区出土铜鼓最多，几乎每个县市都有铜鼓发现，其中尤以与广西毗邻的廉江、高州、信宜一带出土最多，仅中华人民共和国成立以后就出土铜鼓 60 多件。其他如徐闻、海康、化州、茂名、阳江、阳春等县、市也都有出土。海南岛发现铜鼓的地方也多，如琼山、文昌、万宁、陵水、澄迈、昌江和东方等县都曾出土铜鼓。肇庆地区的罗定、云浮、高要、广宁、德庆和郁南，都有铜鼓出土。佛山地区和韶关地区位于铜鼓分布地区的东侧，除南海区有铜鼓出土以外，中山、开平、台山、高鹤、乐昌、曲江、连山、清远、佛冈等地目前只有铜鼓地名。北江以东地区铜鼓显著减少，揭阳一座明墓中曾出土 1 件铜鼓，惠来出土了 1 件铜鼓，则是十分例外的，普宁、丰顺只有铜鼓地名。

广西境内铜鼓的分布地区要比广东大许多。桂东南、桂西南各县都有铜鼓，桂东北自贺县、昭平、蒙山以南都有铜鼓出土，桂西北自龙胜、三江沿桂黔、桂滇边境各县，迄今仍有较多的民族在使用铜鼓。只有桂北少数几个县不是铜鼓的分布区。铜鼓出土最密集的地区是玉林地区、钦州地区、梧州地区南部、柳州地区和南宁地区，传世铜鼓最多的地区是河池地区和百色地区。

云南是铜鼓的发祥地，滇池周围是古老铜鼓最集中的地区，楚雄、昌宁、弥度、曲靖、晋宁、江川、广南出土了许多汉代及以前的铜鼓，西部中缅边境地区是晚期铜鼓的分布区，西盟、沧源佤族地区传世的铜鼓最多，分布区域西到德宏自治州的路西，南到澜沧、孟连、勐海、思茅、普洱、景洪、勐腊等县，东到文山壮族苗族自治州的文山、广南和富宁。

铜鼓在贵州的分布范围很广，几乎遍及全省，贵阳、遵义、安顺、毕节、黔西南、黔南、黔东南、六盘水、铜仁等八个地区都有铜鼓，其中以黔南、黔西南、安顺、贵阳 4 个地区最为集中，至今布依、苗、水等民族仍在使用铜鼓。

铜鼓在四川的分布区域也较广，西自安宁河、大渡河上游，东至乌江流域的彭水、黔江、酉西、秀山等县，北至嘉陵江流域的南部、阆中等县。就时代而言，川西南地区的铜鼓较早且多，川东北地区的铜鼓较晚且较少。

湖南在历史上也有关于铜鼓出土和使用的记载。《宋史·蛮夷传》说：乾德四年（966年）“南洲进铜鼓内附。下溪州刺史田思迁也以铜鼓、虎皮、麝脐来贡”。下溪州就是如今的永顺，这里历史上一直是土家族聚居的地区，田氏是土家族的大姓之一。宋人朱辅《溪蛮丛笑》载：“麻阳有铜鼓，盖江水掘得。”宋时麻阳即今麻阳、凤凰、芷江一带。清嘉庆《湖南通志》记述古代苗族祭祀白帝天王（即竹王）的盛况，引用王阮亭的诗说：“竹公溪口水茫茫，溪上人家赛竹王。铜鼓蛮歌争日上，竹林深处拜竹王。”竹王庙在城北五里雅溪，即今湘西土家族苗族自治州首府吉首附近。新晃侗族自治县于1979年出土过1面铜鼓。以上各县与贵州、四川交界，可见，湖南铜鼓主要分布于湘西南地区。

与我国毗邻的国家，如越南、老挝、缅甸、泰国、柬埔寨也有不少铜鼓出土，再远一点的马来西亚、印度尼西亚，也有铜鼓分布。按铜鼓的数量来说，越南是仅次于中国的第二个铜鼓大国。

铜鼓作为可移动的历史文化遗存，从产生的那一天起，就很快向周边地区传播。除了世代在使用它的民族之间流传外，还通过掳掠、赏赐、纳贡、买卖等手段传播到不使用铜鼓的地区去，以至现今国内许多城市都有铜鼓的遗存。据文献资料记载，洛阳、郑州、沈阳、南京、武汉、南昌、西安、天津、杭州、开封、福州、厦门、合肥、济南、临沂、上海、北京等地皆有铜鼓遗存。

上海不是铜鼓的分布区，但上海博物馆已收藏铜鼓230多件，其收藏铜鼓之数量超过了广东、云南、贵州，仅次于广西民族博物馆。上海所藏的铜鼓有征集的、拨交的、捐赠的以及从废旧物品回收公司拣选的。

北京不是铜鼓的分布区，但有许多研究单位珍藏铜鼓。故宫博物院有铜鼓24件，其中大部分是皇宫旧藏，有的已见《西清古鉴》和《西清续鉴》著录。另外，有3件铜鼓是中华人民共和国成立后广西壮族自治区博物馆赠送的。国家博物馆有铜鼓18件。这些铜鼓有的是征集的，有的是广西壮族自治区博物馆拨交的。中央民族大学博物馆有铜鼓10

中国国家博物馆

件，这些铜鼓都是从广西、云南、贵州的少数民族地区征集的。

台湾虽不是铜鼓的分布区，但也珍藏有10多件铜鼓。

随着资本主义势力的东进，铜鼓也和其他的文物一样，从中国和东南亚等国远渡重洋，流往欧美世界。

据文献资料记载，早在1705年荷兰人罗姆菲尔士就从印度尼西亚带了1件铜鼓到欧洲。1884年，奥地利伯爵韦尔泽又从意大利佛罗伦萨古董商手里买到1件铜鼓，送往维也纳青铜展览会上展出，引起欧洲学者对铜鼓的极大兴趣和关注。1885年1件从中国出土的铜鼓又被送往荷兰阿姆斯特丹的国际博览会。越南和平省沱江地区出土的1件铜鼓，也于1889年被送到法国巴黎国际博览会，然后归法国吉美博物馆收藏。著名的开化鼓出土于我国贵州南部，先为云南开化府一位苗族首领收藏，后来被河内古董鉴赏家莱奥波德·吉莱取走，卖给了奥地利博物馆。

日本也不是铜鼓的分布区，但日本的许多博物馆和大学都收藏有铜鼓。据考察和有关资料显示，日本东京国立博物馆有7件铜鼓，东京国学院大学考古资料馆、东京庆应大学、东京上智大学、东京出光美术馆、大阪市立美术馆、冈山县仓敷市大原美术馆等单位都有铜鼓收藏。从这些铜鼓的形制看，有北流型、灵山型、冷水冲型、麻江型及西盟型，绝大多数来自中国，也有来自越南和泰国等地的。如东京国立博物馆的1件北流型铜鼓是来自中国海南岛，1件西盟型铜鼓是1901年从中国云南西双版纳收集到的。日本学者鸟居龙藏于20世纪初在我国西南少数民族地区考察，也曾将贵阳附近的1件铜鼓带回去，收藏在东京帝国大学理科教研室。

中国和东南亚国家所特有的铜鼓，流失于世界各地，德国的柏林、汉堡、德累斯顿，法国的巴黎，英国的伦敦，瑞典的斯德哥尔摩，奥地利的维也纳，荷兰的阿姆斯特丹，意大利的罗马，美国的纽约、芝加哥，印度的加尔各答等城市的博物馆和私人收藏家手里都有它们的踪迹。

铜鼓的铸造主要有陶范法和失蜡法。

陶范法主要有以下步骤。

1. 制模型。首先用木料做成一个鼓形木模作为范芯骨架，然后敷以掺有谷壳的粗泥料作范芯的底层，再敷上掺有草灰、牛粪的细泥料作表层，使表面光滑并且有较好的透气性和退让性。最后，捏塑四个实心耳安在耳的部位。

2. 翻外范。先在泥模型鼓表面涂以牛油，防止粘连，然后分块（面范一块、身范两块或面范一块、身范四块）敷以细泥料和掺了草盘、麻丝等的粗泥料，形成外范，在外范上按设计留好浇口，拆开外范后在范面刻印花纹。

3. 做芯范（内模）。鼓芯范是由泥模型鼓减薄而成，其做法是在泥模型鼓周身嵌入一定数量的铜芯垫，然后按芯垫印痕厚度刮去一层泥料，磨光即成。

4. 合范。第一种是鼓面向上的合范，第二种是足沿向上的合范。合范后，用泥把各条范缝封严，并以绳索把整个范扎紧，低温烘烤，使泥范中的水分蒸发，干透硬化。

5. 浇注。先将鼓范烘烤预热，达600℃左右，然后从鼓面中央或足沿的浇口杯内注入合金熔液，使之进入型腔。

6. 拆范及整理。浇注之后，拆开外范，取出内范。锯凿掉浇冒口，清除内外壁上的泥料，修饰花纹及立体装饰物，使铜鼓表面光滑，花纹清晰。

7. 定音。铜鼓作为乐器，对音响有一定要求，必须请专门鼓师进行调音，调音合格后，就可以使用了。

失蜡法主要有以下步骤。

1. 做芯范。先做一木模型鼓为底衬，敷以粗细两层泥料，用刮板做成芯范。

2. 做蜡模。首先在芯范上敷蜡并按设计厚度均匀地刮平，然后在蜡面上制花，形成与铜鼓一样的蜡模型鼓。

3. 制外范。把细泥敷在蜡模上做外范，各块都要均匀填实，以保证铸型轮廓和花纹的清晰，又在细泥外敷上一层粗泥料以增加强度。制范时注意在鼓面中心太阳光体处留出浇口，在蛙眼部位穿出气孔，在足沿留出蜡口，使外范成为一个浑然一体的完整铸范。

4. 化蜡。用小火烘烤化蜡，蜡从足沿出蜡口流出后空出型腔，这就是浇铸鼓体的空间。

5. 浇注、拆范和修整。与泥型合范法基本相同，不过拆范时要特别小心留意，以免损伤了立体造型装饰。拆范修整后便竣工了。

铜鼓在其自身的发展过程中，不同的时代、不同的地区、不同的民族的铜鼓形成了各自的特点。研究者考察铜鼓的差异，区别它们的时代和原产地，以及铸造和使用它们的民族，科学地把铜鼓划分为 8 种类型。

1. 北流型。以广西北流市出土的铜鼓命名。其特点是体形厚重硕大，鼓面大于鼓胸，通体饰以精细的云雷纹，鼓面边缘一般装饰 4 只瘦小无纹的青蛙圆雕；太阳纹多为 8 芒，还有钱纹、席纹、水波纹、云雷纹等。面径最大者达 165 厘米，小的也超过 50 厘米，且以 70 ～ 100 厘米的居多。鼓面伸出鼓径外，大于鼓胸，部分鼓的面沿下折形成“垂檐”。鼓胸微凸，最大径偏下，略显斜直。鼓腰呈反弧形，胸腰之际以一浅槽分界，附以耳环两对，少数鼓附偏耳，或在两对大耳环之外另附两个小耳环。流行年代为汉至唐代（1 ～ 8 世纪）。铸造和使用此类铜鼓的民族是古代骆越及其后裔的乌浒、俚人等。主要分布在桂东南和粤西南地区，以北流、信宜一带为中心。

灵山型铜鼓

2. 灵山型。以广西灵山出土

的铜鼓命名。造型与北流型相似，高大厚重，但鼓胸圆，最大径偏中；一律附以扁耳；面沿多立6只三足的累蹲蛙，而且蛙背饰旋涡纹。在纹饰上灵山型鼓较北流型丰富多彩，太阳纹多为10芒或12芒，以两弦分晕，鼓面常饰变形羽人纹、鸟纹、兽纹、“四出”钱纹、连线纹、瓣花纹、席纹、虫纹、蝉纹、云雷纹等，有的还附有牛、鹿、鸟等圆雕。流行年代为东汉至唐（3～10世纪）。古代岭南的乌浒、俚人为此型铜鼓的铸造者和使用者。

3. 西盟型。以云南西盟地区流传和使用的铜鼓命名。体型高瘦但器壁薄，鼓身近乎直筒形，纹饰有雷纹、鸟鱼、团花、栉纹、米粒等，鼓面常见2～3只累蹲青蛙圆雕，有的鼓身还有纵列的象、螺蛳、花树等圆雕。制造年代为唐中期至清末（8～20世纪），至今云南西南部少数民族仍在使用。

4. 石寨山型。以云南晋宁县石寨山出土的铜鼓命名。它由万家坝型铜鼓演变而成，其造型雄伟，鼓身增高，鼓面增宽，胸部突出，纹饰丰富华丽，布局对称。主要纹饰有斜线纹、锯齿纹、圆圈纹、翔鹭纹、羽人舞蹈纹、方格纹、划船纹等。流行年代为战国至东汉初（前5～1世纪）。滇、夜郎、句町、骆越等地的少数民族是石寨山型铜鼓的创造者和使用者。

5. 冷水冲型。以广西藤县濛江乡横村冷水冲出土的铜鼓命名。由石寨山型铜鼓演变而成，体型高大而轻薄，胸径略大于面径或相当于面径，腰上部内收成筒形，足部高，鼓耳宽大或间半环耳。鼓面多铸4只大蛙，蛙间饰乘骑、马、牛群、鸭、鸟、龟、鱼等圆雕。鼓身纹饰瑰丽繁缛，主要有太阳纹、翔鹭纹、划船纹、水波纹、象眼纹、羽人舞蹈纹、复线交叉纹、细方格纹、圆心垂叶纹等；鼓面中心太阳纹基本为12芒，芒间夹实心双翎眼坠形纹。流行年代为东汉初至北宋年间（1～12世纪），“僚人”是此型铜鼓铸造者

广西句町铜鼓像

与使用者。

6. 遵义型。以贵州遵义市杨粲夫妇墓出土的铜鼓命名。鼓面无青蛙圆雕，但有蛙爪纹。面延伸于鼓颈之外，面径、胸径、足径相差甚微；胸、腰、足各部的高度相当接近，鼓胸至腰际逐渐收缩，没有明显的分界线。纹饰简化，主要纹饰有游旗纹、几何纹等。是冷水冲型向麻江型发展的过渡形态，流行于宋元时期（10 ～ 14 世纪）。广西、云南、四川也有出土。为古代的“僚人”铸造和使用。

7. 麻江型。以贵州麻江县出土的铜鼓命名。鼓型体小偏矮，面径略小于胸径，边沿微伸出胸外，腰部凸起一道而分为上下两节。主纹多见游旗纹、十二生肖、符箓纹、人物、花卉、吉祥语及纪年铭文，铸造年代为南宋至清（12 ～ 19 世纪），当代壮、瑶、苗、彝等民族仍在使用。

8. 万家坝型。以云南楚雄县万家坝春秋战国时期墓葬出土的铜鼓命名。其特点是体型与鼓面较小，鼓胸膨胀外凸，鼓腰极度收束，鼓足很矮，但足径特大，足沿内多有一周折边，胸腰之际 4 只扁耳很小，器表粗糙，或通体无纹，或只有简略的花纹。年代为春秋初至战国早期（前 8 ～前 5 世纪）。“濮人”与“骆越人”是这种类型铜鼓的创造者与使用者。

铜鼓作为一种打击乐器，具有独特的储存、共鸣和传声结构。敲击鼓面，能发出金属特有的音响。鼓面和突出的鼓胸呈可供储声、共鸣的拱形。鼓声经过圆柱形的鼓腰，最后到达宽敞得像喇叭口一样的鼓足，向外传送出去。这种结构的主要作用是为了发出洪亮的声音，制造热闹的场面。一面铜鼓，敲击鼓面中心和鼓面边缘，可以发出两个不同的音，而由这两个音构成简单的音程，再加上声音的强弱、节奏的快慢，并与其他乐器配合，就会创造出丰富多彩的乐章，形成铜鼓独特的音乐。

石寨山型铜鼓

铜鼓的音乐性能，具体体现在音量、音色和音调上。如宋代陈旸《乐书》曰，铜鼓“击之响亮，不下鸣鼍”。宋代王象之《舆地纪胜》曰，铜鼓“声骇村落”，说明铜鼓

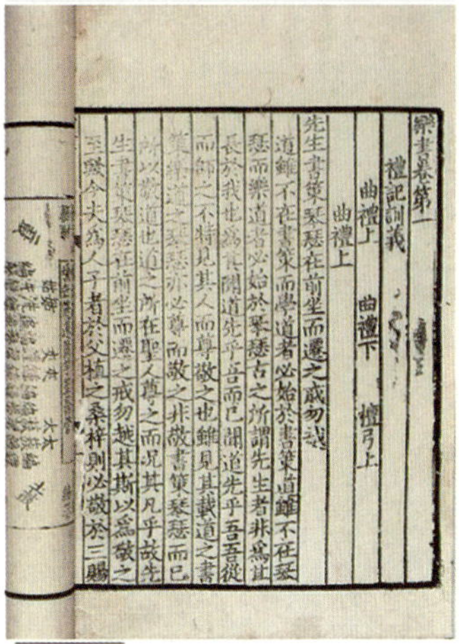
樂書卷第一
禮記訓義
曲禮上 曲禮下 檀弓上
曲禮上
先生書策琴瑟在前坐而遷之戒勿越
道雖不在書策而學道者必始於書策道雖不在琴
瑟而樂道者必始於琴瑟古之所謂先生者非爲其
長於我也爲其聞道先乎吾而已聞道先乎吾吾從
而師之不特見其人而尊敬之也雖見其載道之書
策琴瑟之器亦必尊而敬之非敬書策琴瑟而已
所以敬道也道之所在聖人尊之而況其凡乎故先
生書策琴瑟在前坐而遷之戒勿越其斯以爲敬之
至歟今夫爲人子者於父植之桑梓則必敬於三賜

《乐书》书影

的音量宏大。有的古书又说铜鼓“悬于水上，用栖木槌击之，声极圆润”，南海神庙铜鼓“叩之渊渊”，说明了铜鼓的音色优美。

1982 年，文化部文学艺术研究院中国音乐研究所的研究人员与云南省博物馆和广西壮族自治区博物馆的文物研究人员一起，对云南和广西出土的典型铜鼓进行了测音研究。

万家坝铜鼓有平整的鼓面，这是板振动乐器的基本条件。鼓面与鼓胸构成的共振腔，也改善了铜鼓的发音条件。而且，鼓心与鼓边厚度有明显的差异，敲击鼓心与鼓边可得到两个不同频率的基音。测音结果表明，两音间音程关系为小二度，音分值为 109 音分，与纯律小二度大半音标准值 112 音分比较，仅差 3 音分。按误差在 5 音分可视为同律之音的通则，其音分值差与纯律大半音相同，其生律法倾向亦当属纯律的范畴。

石寨山型铜鼓，鼓面增大，胸最大径上移，腰部收束较明显，使鼓面与鼓胸构成的共振腔更有利于振动发声。鼓面已完全平整，除凸出的太阳纹鼓心外，已出现饰有翔鹭等纹饰的晕圈。晕圈一般分宽晕和内外两区窄晕，宽晕是主晕，在鼓面半径的二分之一处。铜鼓的振动方式之一，是鼓面按同心圆节线形成的不同区块此上彼下地往复振动。鼓面晕圈密布，可能反映了人们已经运用了节线的原理。测音结果表明，石寨山型铜鼓两音间的音程关系，与万家坝铜鼓不协和的小二度关系不同，而以纯五度、小三度协和音程占主导地位。其声律倾向接近于三分损益律。

冷水冲型铜鼓，体大、腰直且高，鼓面的圆雕装饰较其他类型的铜鼓更为复杂，供敲击的部位比较集中。它的音乐性能又有其特殊之处。在鼓腰两对鼓耳之间还有 1 对半环小耳，在胸部和足部的内壁相对两边与鼓耳同侧，常设有半环小耳一对或两对。这种半环小耳不便于承受铜鼓本身的重量，它们所处的位置也不适于提举之用，这种半环小耳的设置应与调节音响效果有关。

北流型铜鼓和灵山型铜鼓，体硕大厚重，很是雄奇。这类铜鼓一般是陈设在寺院庙堂敲击，它的调音问题更不可能靠垂直悬挂、下映以水和侧悬以接音桶接音来解决。研究中发现，不少北流型铜鼓在鼓面内壁中心有四个呈扇形的锤压角，这些锤压角以鼓面中心点为中心，两相对称，而且中心有两对角，正对着鼓身上的两耳，当铜鼓横挂时，四角正好位于上下左右四方，锤压角大小依几何学上对顶角相等的原理，两两相等。通常是上下两锤压角和锤压面较小，左右两锤压角和锤压面较大。敲击的时候，由于敲击的部位不同，相邻的两个锤压角和锤压面不等，声音就不同。相对的两个锤压角，因夹角和锤压面相等，只要打击的方法相同，声音就相同。鼓声的大小，通常同锤压角内的夹角大小和锤压面的大小有关，而且互成反比，最高音是在近鼓边处，最低音是在近鼓心处。上下两个锤压角中因夹角和锤压面较小，声音较硬而高，左右两个锤压角中，因夹角和锤压面较大，声音软而低。在各个锤压角内按所处的晕圈位置不同，一晕一个音，内晕音较低，外晕音较高，最低的音在鼓的脐部。一个锤压角内可发 3 ～ 5 个音，相邻的两个锤压角内，因夹角和锤压面不相等，可发 6 ～ 10 个音。这些情况表明，制造这种扇形锤压角完全是从变音的角度考虑的。北流型的铜鼓鼓面宽阔，敲响后波动时间较长，由于有对称的扇形锤压角，可以与没有锤压的部位错开震动，此起彼伏，使得音色抑扬顿挫，似高山潺潺流水，时而高时而低，有种别样的雄浑的美。

麻江型铜鼓较小巧。鼓腹内壁没有半环小耳装置，鼓面内壁也没有扇形锤压角设施。为了克服声音单调的缺陷，有的民族在击打鼓面的同时，以另一小棍击打鼓身作为配音；有的民族则于正悬铜鼓之下，置盛器以助音，或在侧悬铜鼓之后用木制共鸣桶助音，以控制音量大小和余音之长短。这种用木桶制音的方法灵活多变，应是最进步的制音方法。

麻江型铜鼓

铜鼓较流行的演奏方式是将鼓悬挂在木架或树杈上，用特制球形鼓槌敲击。一人击鼓，另一人持木桶在鼓底晃动，以改变音量和音色；也常平置地面击奏或由两人抬鼓边走边以手拍击；有的在鼓下置一水桶，盛水过半，使鼓声清纯悦耳；还有的将小型铜鼓挎在身上敲击。铜鼓音色粗犷洪亮，音量较大，鼓声可传数里。

铜鼓既可单独演奏，也可群鼓合奏，还可与象脚鼓、铓锣、钹、拍板、葫芦笙合奏。二鼓合奏，比起单鼓独奏更能奏出悦耳动听的乐章，因为它可以由二鼓不同的音程构成和声。广东省博物馆收藏的1件铜鼓鼓面上铸有4件铜鼓并排放在一张案桌上，由一人敲击的画面，为铜鼓合奏提供了佐证资料。如今，广西南丹县的少数民族在他们的民间节日时，还将4件铜鼓架在一起，由4人分别各击1鼓进行演奏。铜鼓演奏时还和其他乐器配合使用，这在考古发现中和当代民族生活中可找到大量的例子。云南楚雄万家坝1号墓，1件铜鼓与6件羊角钮钟伴出，铜鼓在腰坑正中，羊角钮钟散置在铜鼓一侧；广西西林普驮铜鼓墓葬，四件铜鼓与两件羊角钮钟伴出。这些都是铜鼓和羊角钮钟合奏的实证。羊角钮钟是战国时期流行于我国云南、广西、广东、贵州和越南北部的一种特殊的民族乐器，它与铜鼓几乎同时起源于云南中部偏西地区，并和铜鼓一起从滇西往红河和西江流域传播开来。铜鼓声音悠扬雄壮，羊角钮钟声音清脆悦耳，两者合奏所达到的音乐美感激荡人心。

铜鼓也和铜锣合奏。《宋史》曰：“黔南溪峒夷僚疾病，击铜鼓、沙锣以祀鬼神”。

铜鼓还与吹奏乐器葫芦箫合奏。云南祥云县大坡那木椁铜棺墓除了出土铜鼓之外，还有伴随物即半环钮钟和葫芦箫一道出土。铜鼓与葫芦箫合奏的情况，文献上也有记载，宋人乐史《太平寰宇记》说：“亲戚宴会，即以匏笙铜鼓为乐。”

此外，有的民族在敲铜鼓时还吹牛角和喇叭。《旧唐书·南蛮传》曰：“宴聚则击铜鼓，吹大角，歌舞以为乐。”《皇清职贡图》说苗人“遇节序则击铜鼓吹角赛神”。

上述铜鼓与其他乐器的合奏，极具本土民俗文化风情，极大地丰富了祖国的乐器文化艺术宝库。

中国南方的少数民族民间传统节日类别繁多，异彩纷呈。每当节庆时，人们打铜鼓奏乐，载歌载舞，欢乐无比。特别是那铜鼓声声，洪亮、激昂、澎湃，令人陶醉，霎时，人潮涌动，人们闻声而动，随着鼓点起舞。鼓声叩开了人们的心扉，它像纯厚甘甜的美酒，点燃了人们情感热烈的火焰，汇成了人的海洋、鼓的海洋、歌的海洋、舞的海洋、幸福的海洋。

铜鼓的纹饰主要有以下几类。

1. 动物纹。主要有蛙纹、鱼纹、鸟纹、虫纹、兽形纹、蝉纹、水牛纹、田螺纹、怪兽纹、龙形纹、鹭鸶纹、鹿纹、龟纹、变形翔鹭纹、马纹、牛纹、羊纹、犬纹、鸭纹。

2. 植物纹。四瓣花纹、柿蒂纹、花叶纹、兰花纹、梅花纹、莲花纹。

3. 几何纹。主要有水波纹、钱纹、弦纹、云雷纹、席纹、云纹、辫纹、歧爪纹、雷纹、缠丝纹、五铢钱纹、栉纹、角形、四出钱纹、连线纹、网纹、乳钉纹、同心圆圈纹、半圆纹、竖条纹、斜线角形纹、勾连雷纹、勾连云纹、锯齿纹、绞丝纹、芒间坠形纹、芒间心形纹、复线交叉纹、定胜纹、蛙爪纹、圆心垂叶纹、芒间复线翎眼纹、符箓纹、游旗纹、菱形纹、如意云头纹、云坠纹、米粒纹。

4. 人事活动纹。主要有羽人纹、变形羽人纹、羽人划船纹、羽人舞蹈纹、船纹、双重变形船纹、骑士纹、耕田图、弯弓射箭、驰马持刀人像、屋舍图、佛像。

5. 日月星象纹。主要有太阳纹。

6. 占卜纹、坎卦纹。

7. 文字符号纹。主要有“文”、“第榜子子孙孙永宝”、“寿”、“万代进宝”、“永世家财”、“道光八年建立”、“福如东海，寿比南山”、“福寿进宝”、“天元孔明”、“孔明鼓”、“万宝家财”、“孔明将君”、“下帘遮红”、“大吉大利”。

8. 圆雕。蛙、鱼、鸟、马、牛、羊、人、人坐像、人喂马、牛拉橇、动物乘骑、人乘骑、背小孩乘骑、花树、人抱小孩乘骑、仓囷、人骑牛、群鸟（5 只鸟）。

9. 十二生肖纹。龙、虎、蛇、牛、羊、猪、兔、狗、鼠、马、鸡、猴。

铜鼓的社会功能主要有以下几个方面。

1. 陈设品。铜鼓作为权力重器常用于酋邦邑聚会所的陈设。如云南石寨山出土贮贝器器盖雕塑场面显示，集会的干栏式房屋上层是议事或聚宴的场所，内有16件铜鼓，排列房间三边，它们被用于号令部众，以此增强王权的神圣与威严。

2. 祭祀、祭祖。每当祭祀、祭祖或丧礼，铜鼓皆用于祭神、送鬼祛病。如《宋史》里的《蛮夷传》载："溪峒夷僚疾病，击铜鼓、沙锣，以祀鬼神。"又如，水族在九月节举行招魂仪式后，就把藏在家中的铜鼓悬挂在门前，先用三杯酒供神，经过一段时间后，再以酒喷洒于鼓上，然后击鼓。苗族在悬挂铜鼓之前，先由一男子含口酒喷在鼓面上，然后才悬挂。布依族则在敲奏铜鼓之前，将一小杯酒全浇在鼓面上。佤族在使用铜鼓之前，要先杀鸡祭祀铜鼓，将鸡血滴在铜鼓上，并把鸡毛拔下，用鸡血将鸡毛粘在铜鼓的四周。

3. 奏军乐、鸣信号。铜鼓也被用来奏军乐和报时信号。铜鼓由于音高声大，传播辽远，古时用于军乐和传信。如宋代文学家陆游《老学庵笔记》载："铜鼓……南蛮今用之战阵。"宋人周去非《岭外代答》载："（铜鼓）广西州县用以为更点。"《隋书·地理志》说，俚人"欲相攻，则鸣此鼓，到者如云"。到明代，四川南部的"都掌蛮"仍靠铜鼓声来集合部众，统一号令。谈迁在《国榷》中说："始出劫，必击鼓高山，诸蛮闻声四集。"在少数民族看来，鼓声既是信号，也是命令，闻之而动，不可懈怠。

陆游像

4. 娱乐。自古迄今，铜鼓常常用于娱乐。如宋乐史《太平寰宇记》载："太平军（今广西合浦）……夷人号越迤，多采珠及甲香为业。亲戚宴会，即以匏笙、铜鼓为乐。"明代魏浚《西事珥》也说"夷俗最尚铜鼓，时时击之以为乐"。清代屈大均《广东新语》说"粤之俗，凡遇嘉礼，必用铜鼓以节乐"。这些记载表明了铜鼓在我国南方某些民族中是一种很普遍的传统乐器。

5. 权威、财富。“国之大事，在祀与戎。”由于战争和祭祀都由部落、氏族公社的头人主持，铜鼓逐渐由一般的乐器上升为礼器，成为铜鼓占有者身份地位的象征。中国西南地区的少数民族更是以铜鼓作为权威与财富的象征。如《隋书 · 地理志》曰：“自岭以南二十余郡……并铸铜为大鼓……有鼓者，号‘都老’，群情推服。”铜鼓既作为财富的象征，也就可以拿来做装载财富的“聚宝盆”。云南石寨山出土的铜鼓有的满盛当时作为货币的海贝。

6. 赏赐品、贡品。铜鼓还作为珍贵物品被少数民族首领赏赐给有功者，借以表达自己对属下的信任和重视。《唐书 · 南蛮传》说，东谢蛮“赏有功者以牛马铜鼓”。他们还把铜鼓作为贡品进献给皇帝，以表示自己对朝廷的忠顺，争取中央对自己的信任。《宋史 · 蛮夷传》说：“乾德四年（966 年），南州进铜鼓内附，下溪州刺史田思迁亦以铜鼓、虎皮、麝脐来贡。”淳化元年（990 年）南丹州蛮酋帅莫洪皓袭称刺史，派他的儿子向中央贡银碗、铜鼓，也是为了争取中央对他袭称刺史的承认。直到明代亦若此。

7. 陪葬品。铜鼓既然这般贵重，在人间享受拥有铜鼓特权的贵族统治者，也想在死后把这种特权带到阴间去，因此，铜鼓也不免用来作死者的陪葬品。在云南晋宁、江川、楚雄，广西贵县，贵州遵义等地的古墓中出土的铜鼓就是作为陪葬品埋入地下的。广西西林普驮还用 4 个铜鼓相套合作为葬具盛放人骨和陪葬品，更是特殊的葬仪。

总之，由铜鼓崇拜而引申出来的种种社会功能，真可谓史不绝书。

铜鼓的文化艺术主要可从以下几方面进行鉴赏。

1. 造型艺术。铜鼓的形制是正圆、面平、曲腰、两侧有耳、足外撇、中空。据考古实物资料和研究表明，铜鼓是由炊具铜釜演化而来的。云南西部古代“濮人”就是从敲击铜釜这种炊具受到启发，进而创作了专门用来打击的乐器——铜鼓。所以，原始形态的铜鼓似倒置的铜釜。

最早的铜鼓或许是按追求与铜釜的神似或者比铜釜更美观更便于敲击的要求铸造的。作为乐器的铜鼓，整体上是铜釜的倒转。人们鉴赏铜鼓，首先看到的是鼓面，然后才是鼓胸、鼓腰和鼓足，视线的游动作了相反的走向。但从总体来看，刚从铜釜脱胎出来的早期铜鼓总免不了带有铜釜的个性。

铜鼓是传统的纯手工铸造品，为一模一器，并且，它的外形还富于变化，异彩纷呈，体现了不同的美感。例如，万家坝的铜鼓，有高矮胖瘦之分，各有不尽相同的美感。高瘦的挺拔、伟岸，矮胖的古朴凝重。这里亦充分说明了，任何艺术创作，都要经过一定的时间，在不断地实践、探索后，总结出一套审美的原则，这样才能达到和谐、完美的境界，从而创作出最美的艺术品。我国古代的《诗经》、《考工记》、《乐记》、《礼记》、《史记》等著作，也有关于这方面的记载。汉代《周髀》的“勾三、股四、弦五”即“勾股定律”表明，古人早已掌握了一件器物各个部位的和谐比例关系。所以，铜鼓的最佳音响效果，铜鼓的优美造型，便是铜鼓匠师们的不懈努力和追求的目标。由此，我们今天看到的各类铜鼓的形制都有着一种别样的美。

2. 雕塑艺术。我们知道，铜鼓本身就是一件奇妙的雕塑艺术品。其平面曲腰，中空无底，胸腰之间附耳，整个外形颇显对称和谐，起伏有次，富有曲线美和韵律美。在这极富曲线美的铜鼓外表上，装饰着浅刻的平面花纹和浮雕的立体塑像，就显得更加富丽堂皇、瑰丽迷人。

冷水冲型铜鼓

铜鼓上最普遍、最广泛的雕塑品是青蛙的圆雕塑像。蛙饰姿态万千，活泼生动，显示了古代工匠极高的艺术造诣和捕捉自然界生物的洞察能力。此外，在冷水冲型铜鼓上还有人骑马、人喂马、母子马、牛拉橇、牛群、斗蛙、龟、双鱼、水禽的塑像；在灵山型铜鼓足部有双鸟、双骑的塑像；在西盟型铜鼓的腰部至足部有圆雕小象、田螺等。铜鼓上的雕塑题材丰富新颖，构思精巧，是对铜鼓平面花纹装饰的补充和烘托，为铜鼓的装饰艺术增添了声色，具有浓厚的乡土气息。

3. 画像艺术。铜鼓上的画像主要有自然物、动物、人体动作等。

画像艺术是石寨山型铜鼓的主体装饰，亦是最精华的体现。

铜鼓的画像都是在做模子时制作的，它是手工直接镂刻或用印版技术压印到鼓坯上的。技艺超群的制鼓匠师们在铜鼓有限的平面和曲面里造景布局，设计各种图案，巧妙运用几何线条，遂使得鼓面和鼓身画面丰富多彩，寓意深厚。

如铜鼓上常见的竞渡船纹，是华南与东南亚民族今天仍常见的赛龙舟的写照。

在石寨山型铜鼓上，常见头戴羽冠、身披羽饰、手舞足蹈的人物形象，这种羽人舞蹈纹，体现了当时的现实生活的一个画面，即身上插满羽毛化装成鹭鸟的“舞人”模仿鹭鸟跳舞的姿态。广西贵县罗泊湾出土铜鼓和西林普驮出土铜鼓的腰部皆有羽人纹图案。

云南江川李家山24号古墓出土的铜鼓纹饰中有“打秋千”的图案，今天云南的彝族和傣族过年时仍举行“打秋千”，这证明了推磨式的高低旋转秋千的民族体育活动至少在两千多年前就出现了。

云南广南铜鼓有剽牛图像，这是西南民族中最重要的礼俗之一，如苗族在秋收时节要聚集起来吹芦笙、歌舞跳神，并杀牛祭神，回报神赐的丰年。

上述画像都是写实的，采用浅地浮雕，用阴线表现物体的外部轮廓。综观许多画面，工匠娴熟灵活地运用各种曲线、直线、点、圆组合各种图案，其形象都惟妙惟肖，栩栩如生，尤其是人物和动物的形态，刻画得更是生动逼真，神形兼备。

4. 抽象艺术。冷水冲型铜鼓体型高大，鼓面的立体圆雕塑像特别发达，鼓面及鼓身纹饰丰富，有许多写实的艺术画面，也有抽象的艺术画面，其中，变形翔鹭纹、变形羽人纹、变形船纹是人们有幸鉴赏到的古代人创作的抽象的艺术画面。

铜鼓艺术是现实生活的客观反映，是人的意识强加于物的表象。画像中所塑造的艺术形象不是生活的简单复制品，而是经过了提炼加工的，是情感的升华。总之，铜鼓中的抽象艺术画面，反映了古代人对现实生活的体验，以及对未来美好生活的无限憧憬和追求。

5. 几何纹样艺术。几何纹饰是以线、点以及圆形、方形、三角形等构成的图案。铜鼓上的几何纹样，有的作为主体纹饰，表现了一定的主题思想；有的组成丰富的几何纹带，作为装饰，起着陪衬烘托、美化主体的作用；有的遍及全身，给人一种清丽的美感。

铜鼓上的几何纹样纷繁多变，如百花齐放，争芳斗艳。据粗略统计，万家坝铜鼓有网格纹；石寨山铜鼓有圆圈纹、栉纹、勾连雷纹、三角齿纹；冷水冲型铜鼓有复线交叉纹、细方格纹、羽纹、栉纹、同心圆圈纹、水波纹、菱形纹、圆心垂叶纹；麻江型铜鼓有栉纹、回纹、乳钉纹、同心圆圈纹；北流型铜鼓有云纹、雷纹、水波纹、席纹、钱纹；灵山型铜鼓有席纹、钱纹、云纹；西盟型铜鼓有云纹、雷纹、水波纹等。

这些几何纹饰与其他的纹饰一起，在铜鼓上构成了一种完整的图案，这种装饰颇具艺术韵味，有着纯厚的乡土文化和艺术魅力。

这些几何纹饰，是人们经过深思熟虑精心绘制的，它代表了一种美、一种文化、一种追求。它们或来源于对某种具体形象或事物的摹写，或是受动物、植物、日月星辰、落花流水启迪而创作，抑或是民族的一种图腾、符号的组合。总之，许多的纹饰蕴藏着一定的民族文化寓意，那奥秘有待于人们进一步地去研究去破解。

古时铜鼓的防腐也是非常重要的。由于长期埋藏于地下，经过千年的水浸土埋，产生各种物理和化学的反应，青铜器会产生质变，形成铜锈。由于铜质的差异以及水、土壤条件的不同，锈色有红、绿、蓝、黑、紫、灰等各种颜色，斑驳陆离。

铜锈主要有 5 类，即贴骨锈、发锈、釉锈、浮锈、糟坑锈。这 5 种铜锈会使得铜鼓由表面至里面长锈或凹陷，或被分解成锈片状，或被腐蚀成粉状甚至脱落。

桐油是一种优良的带干性植物油，具有干燥快、比重轻、光泽度好、附着力强、耐热、耐酸、耐碱、防腐、防锈、不导电等特性，用途广泛。它是制造油漆、油墨的主要原料，大量用作建筑、机械、兵器、车船、渔具、电器的防水、防腐、防锈涂料，并可制作油布、油纸、肥皂、农药和医药用呕吐剂、杀虫剂等。

1991 年，柳州市博物馆馆藏的数面残损汉代铜鼓被送到柳州铁路局科技研究所检测，经过检测，发现有诸多的汉代铜鼓鼓面及内壁皆涂

柳州市博物馆

抹了桐油。在铜鼓上施放桐油，不仅能使铜鼓光泽闪亮，同时，又能使铜鼓不直接接触空气，不易生锈而损坏。这样便可长久保存，传诸子孙。早在两千多年前，在社会生产力如此落后的情况下，这种防腐措施，亦算是高科技手段了。

铜鼓的价值在诸多方面有所体现。古代铜鼓的冶炼和铸造，运用了一定的合金比例，根据科学的测定，铜鼓的鼓面、鼓身、鼓足部位所含铜、锡、铅的比例皆有所不同，采用了不同的配比标准，反映出南方古代先民的冶炼技术已经达到了相当的高度，具有冶金史发展中较为重要的价值。

铜鼓的铸造采用了陶范法合范来铸造，所以铜鼓形制规范端庄，表面光洁致密，纹饰清晰漂亮。此外，有的铜鼓还使用了两次或多次的分铸法，或局部嵌铸法，如鼓面的立蛙、群鸟、鱼、龟、牛雕等，都是采用了分铸法的嵌铸工艺。所以，一件铜鼓的成功铸造，工序比较繁杂，如其合金成分的配比、形状、纹饰题材、厚薄、背部的刮音控制等，要运用到多门学科的知识，故铜鼓的铸造技术科技含量较高，有较高的铸造技术价值。

公元前 7 世纪前后，即春秋时代中期，是铜鼓的萌芽期，生活在云南中部地区的“濮人”受炊具铜釜之启迪，发明创造了打击乐器铜鼓；公元前 5 ～ 1 世纪，即战国初期至东汉初期，是铜鼓的发展期，万家坝型铜鼓东传到滇池周围，生活在滇池的滇民，从造型和纹饰上对铜鼓进

滇池风光

一步升华和美化，使铜鼓艺术发展成熟，从而成就了石寨山型铜鼓；公元 1 ~ 7 世纪，即东汉至唐代，是铜鼓的鼎盛期，生活在广西浔江流域的“僚人”铸造了鼓面有蛙、牛、羊、马等动物和人形圆雕装饰的冷水冲型铜鼓；公元 9 ~ 17 世纪，即宋代至明清时期，铜鼓进入衰落期，以麻江型铜鼓为代表，制作已经趋于商品化，昔日那礼器的庄重、神器的神秘逐渐消失。铜鼓经历了漫长的岁月而今能完整地保存下来，可见这古代的铜鼓所蕴藏的历史价值。

铜鼓有准确的音阶、音律，能独奏和合奏，所发出的旋律威武洪亮而激荡人心，引人陶醉而痴迷。这种民族性的乐器，地方特色浓郁，能给人以深刻的影响，对于中国音乐发展史来说，占有重要的一席之地，有一定的音乐艺术价值。

综观各类铜鼓，皆造型端庄，纹饰装饰的图案有的富丽堂皇，有的异常工丽，有的华丽繁缛，充满了生活的欢乐气息。如竞渡船纹、羽人纹舞蹈、衔鱼翔鹭纹、人抱小孩乘骑圆雕、牛拉橇圆雕、群鸟、花树等，多种的装饰手法及艺术风格，异彩纷呈，艺术效果十分强烈，有着较高的美术艺术价值。

铜鼓的纹饰题材内容非常丰富广泛，文化内涵深厚，其中，羽人舞蹈纹再现了古代南方少数民族的节日庆典上人们载歌载舞的欢乐场面，这种乐舞的图像，反映了古代南方民族舞蹈的一个侧面，但我们仍能窥见其舞蹈种类 之多，而且，它对于南方少数民族舞蹈产生了极为深远的影响，以至于我们在民族志中仍可找到其不少的踪迹。所以，有一定的舞蹈艺术研究价值。

汉代的铜鼓鼓身的竞渡船纹，让人们有幸目睹古代南方少数民族划船竞渡的精彩场面，这些远古的人们生活中的体育赛事，真实、自然、淳朴，颇具资料价值，是汉代南方少数民族体育发展的一个缩影，使人们能够了解当时的体育活动、体育竞技，所以它具有一定的体育发展史研究价值。

竞渡船纹还使我们了解到，早在汉代，岭南地区的先民就已经开始造船，可见，汉代有竞渡船纹的冷水冲型铜鼓是多么珍贵的古代造船史实物资料。

结 语

“世界意义的中国发明”丛书之《中国光辉的青铜时代》经过近一年的努力终于完稿了，我深感欣慰和激动。在即将付梓之际，首先我要感谢著名学者、北京故宫博物院资深研究员、青铜器与金文研究鉴定大家杜迺松先生。因为，在本书写作过程中，先生给予了热情的帮助，并悉心予以指导。在此，谨向恩师致以深深的敬意和感谢。

中山大学张镇洪教授、曾骐教授和内蒙古鄂尔多斯青铜器博物馆副研究员李军平在本书的写作中也给予了支持和帮助。撰稿过程中柳州市博物馆程州馆长、邝智晟馆员给予了鼓励和帮助。责编王丽璇女士从选题开始直到最后定稿，自始至终都给予了极大的帮助，才使本书能够顺利完成。值此书出版之际，谨向他们以及一切关心本书出版的各方面朋友致以衷心感谢。

青铜器是较早出现于中国文明的瑰宝，多年来我有幸以一位专业人员的身份近距离地触摸它，每一次出土鉴定，每一次征集收购，每一次修复复原，每一次展览和研究，每一次给学生授课，都是一次内心激荡的历程。远古走来的中国各族先民，把智慧和文明铸造于青铜器，几千年的历史烟尘，改变了多少沧海桑田，淹没了多少亭台楼阁，唯有青铜器，仍在静静地述说着曾经的觥筹交错、铁马金戈！今天，我终于有机会把其中最灿烂的一部分呈现给读者。

迄今，我在广西柳州市博物馆从事文物工作近 30 年，亦在广西科技大学任兼职教师 12 年。在学校，我给学生上选修课中国古代青铜器鉴定，与恩师杜迺松在北京大学给硕士生上的是同一门课程。长期以来，深受杜老的影响和教诲，我对先秦青铜器研究情有独钟。每篇青铜学术论文的撰写，每个学期的授课，光辉的青铜时代都令我遐想无限而心潮澎湃。

中国，一片神奇的土地，濒临海洋，屹立东方。这里有奔腾不息的纵横江河，有连绵不尽的雪域高原；有异彩纷呈的民族风情，有辉煌悠久的青铜文化。这是一片山水相连，青铜文化卓著的大陆，是一座创造文明、传承文明的人类家园。

2012 年 10 月，我荣幸地被邀请参加了这套丛书的撰写工作。经过深思熟虑，书稿提纲很快就出来了，经出版社的编辑审阅通过后，我便开始了撰写工作。初稿仿佛就像一本《青铜器概论》，有骨却缺少肉，为此，有一阵子我颇感迷茫。后通过与出版社总编和责编的多次沟通，加之他们的引导、提示和帮助，我很快调整思路，渐入最佳写作状态，每篇章节的撰写，都令我激动莫名。

我们伟大的祖国是世界上人类文明发祥最早的国家之一，勤劳、睿智、善良的古代各民族劳动人民创造了光辉灿烂的古代文化，青铜文化便是其中最令人惊羡的。

尽管中国在青铜冶铸史上的起步稍晚于两河流域的美索不达米亚和尼罗河流域的古代埃及，但是它创造出的奇迹却震惊世界，如气魄宏伟的后母戊鼎；构思巧妙、文化意蕴浓郁的摇钱树、莲鹤方壶；圆雕艺术超群的青铜大立人、青铜盘龙神树、造型奇特的青铜纵目面具；音律和谐，音频准确的“王孙诰”甬钟；富于民族特色的爵、斝、方彝、觚、觥、鼎、簋、卣、盘等，再配以中国古代常用的兽面纹、龙凤纹、夔纹等纹饰，无不彰显着古代匠师的独具匠心和这个东方古国独特的风格，使中国的青铜器成为世界青铜冶铸史上的绚烂奇葩，绽放着璀璨耀眼的光芒。

陈列在中国各地博物馆里数以千计的造型精美、工艺精湛的青铜器，历尽千年沧桑，构成一幅丰富多彩、光辉灿烂的中国青铜文化的历史画卷，是中国古代文明的象征。

以历史唯物主义观点看，即便是最普通的青铜器，也是当时的尖端科技成果。铜的冶炼和青铜器的铸造，是中国科技史上光辉的一页。青铜器的发明铸造和使用，促进了农业、手工业的发展，促进了社会的进步。在距今三千多年前，中华民族的远祖进入了青铜时代，中国与西亚、南美成为世界青铜文化的发源地。随着城市的出现、甲骨文字的产生以及青铜器的大量铸造，中国进入文明时代。

中国是利用铜最早的国家之一，最早独自冶炼出黄铜，且冶炼铜的水平最高，先后发明石范铸造、泥范铸造、陶范铸造、失蜡法铸造等多种铸造技术。如最晚于春秋时期已采用的失蜡法铸造，即现代的熔模铸造，是中国对世界铸造技术做出的重大贡献。春秋时代成书的《考工记》所记“六齐”，指六种铜锡比例的青铜合金配方，是目前所知世界上最早的合金配方。

夏商周时期是人类青铜文化史上至为重要的年代，古代青铜铸造在商代晚期进入鼎盛阶段，先民们在金属冶炼、铸造及合金技术、加工技术、热处理和表面处理技术等方面都取得了极其伟大的成就。

这些光彩照人的青铜器曾经照亮了上古时代。大胆的夸张和奇异的构思以及奢华的装饰达到了后人难以企及的高度，敦厚的质地、凝重的造型、奇妙的纹饰，直到今天仍然焕发着古拙苍劲的气韵，令人过目难忘。

自古以来，中国文化有着极强的凝聚力，并且，事实证明，中国古代先民的勤劳、智慧及创造发明的辉煌成就是无与伦比的。多少次梦回青铜时代，每次都是一次内心激荡的历程。中华民族有着悠久灿烂的文明，长期居于世界文明发展的先进行列。习总书记指出，实现中华民族伟大复兴，就是中华民族近代以来最伟大的梦想。今天，我们重新审视中国的古代文明，去追寻青铜文明的足迹，去重新审视青铜文化的历史价值及世界意义，对于实现中华民族伟大复兴，实现中国梦有着深远的影响。

参 考 文 献

[1] 梁诗正. 钦定西清古鉴 [M]. (钦定四库全书)影印本. 1749(清乾隆十四年).

[2] 阮元. 积古斋钟鼎彝器款识 [M]. 影印本. 扬州: 石门梵山沈铁甫藏, 1804(清嘉庆九年).

[3] 徐渭仁. 随轩金石文字 [M]. 刻本. 上海:1868(清同治七年).

[4] 潘祖荫. 攀古楼彝器款识 [M]. 影印本. 北京: 滂喜斋, 1872(清同治十一年).

[5] 吴云. 两轩彝器图释 [M]. 刻印本. 春在堂, 1873(清同治十二年).

[6] 王昶. 金石萃编 金石续编 [M]. 石印本. 上海: 醉六堂, 1883(清光绪九年).

[7] 朱之榛. 积古斋钟鼎款识稿本 [M]. 稿本. 1890(清光绪十六年).

[8] 汪氏. 钟鼎字源 [M]. 刻本. 西谿草堂(清光绪).

[9] 孔祥星, 刘一曼. 中国古代铜镜 [M]. 北京: 文物出版社, 1984.

[10] 中国美术全集编辑委员会. 中国美术全集 [M]. 北京: 文物出版社, 1986.

[11] 夏鼐. 大百科全书·考古学 [M]. 北京: 中国大百科全书出版社, 1986.

[12] 蒋廷瑜. 铜鼓艺术研究 [M]. 南宁: 广西人民出版社, 1988.

[13] 马承源. 中国青铜器 [M]. 上海: 上海古籍出版社, 1988.

[14] 李先登. 商周青铜文化 [M]. 北京: 中共中央党校出版社, 1991.

[15] 杜迺松. 中国青铜器发展史 [M]. 北京: 紫禁城出版社, 1995.

[16] 昭明, 洪海. 古代铜镜 [M]. 北京: 中国书店出版社, 1997.

[17] 彭钟麟. 中国通史(图文版)[M]. 北京: 光明日报出版社, 2002.

[18] 高蒙河. 铜器与中国文化 [M]. 上海: 汉语大词典出版社, 2003.

[19] 鄂尔多斯博物馆. 鄂尔多斯青铜器 [M]. 北京: 文物出版社, 2006.
[20] 谢崇安. 壮侗语族先民青铜文化艺术研究 [M]. 北京: 民族出版社, 2007.
[21] 杜迺松. 中国艺术品收藏鉴赏全集 · 青铜器 [M]. 长春: 吉林出版集团有限责任公司, 2008.
[22] 覃国宁. 柳州馆藏文物选集 · 青铜器 [M]. 南宁: 广西美术出版社, 2012.
[23] 故宫博物院. 故宫青铜器馆 [M]. 北京: 故宫出版社, 2012.

“世界意义的中国发明”丛书（第一辑）

“世界意义的中国发明”，不仅是通常所说的四大发明，更加涵盖中华民族所有的智慧和创造力，诸如粟作稻作、农具农耕、筹算珠算、天文仪器、机械制造、钻井探矿、油煤开采、青铜冶铸、钢铁冶炼、建筑营造、造船航海、陶器瓷器、雕塑髹漆、蚕桑丝绸、纺织印染、发酵酿造、中医中药等方面……每个发明的领域都代表了中华文明传统科技文化的某一个侧面，反映中国人对某一种自然的认识以及其对于世界的意义。本丛书能让更多的中国人更了解自己的科技与文明，也让世界更了解中国的科技与文明。